此书系山东省高校人文社科研究计划思想政治教育专题研究项目“地方高校大学生形势政策教育研究”（J11SY55）的最终研究成果

大学生形势与政策教育

孟庆义　高常营　刘　宗◎编著

新华出版社

图书在版编目（CIP）数据

大学生形势与政策教育/孟庆义，高常营，刘宗编著.—北京：新华出版社，2018.5
ISBN 978－7－5166－4157－6
Ⅰ.①大…　Ⅱ.①孟…②高…③刘…　Ⅲ.①时事政策教育—高等学校—教材　Ⅳ.①G641.41
中国版本图书馆 CIP 数据核字（2018）第 100704 号

大学生形势与政策教育
作　　者：孟庆义　高常营　刘　宗

责任编辑：徐文贤
封面设计：人文在线

出版发行：新华出版社
地　　址：北京石景山区京原路 8 号　　**邮　　编：**100040
网　　址：http：//www.xinhuapub.com
经　　销：新华书店
购书热线：010－63077122　　**中国新闻书店购书热线：**010－63072012

照　　排：北京人文在线文化艺术有限公司
印　　刷：北京市金星印务有限公司
成品尺寸：170mm×240mm　1/16
印　　张：17.25　　**字　　数：**261 千字
版　　次：2018 年 7 月第一版　　**印　　次：**2018 年 7 月北京第一次印刷
书　　号：ISBN 978－7－5166－4157－6
定　　价：62.00 元

目 录

序 …………………………………………………………………………………… 1

国内篇

第一章 新时代坚持和发展中国特色社会主义的政治宣言
——深入学习和领会习近平新时代中国特色社会主义思想 …………… 3
一、中国特色社会主义进入新时代的理论分析 ……………………… 3
二、全面认识深刻领会习近平新时代中国特色社会主义思想 ……… 6

第二章 中国共产党党章的修改及意义 ………………………………… 19
一、十九大党章修改的原因背景 ……………………………………… 19
二、十九大党章修改的主要内容 ……………………………………… 22
三、十九大党章修改的鲜明特点 ……………………………………… 28
四、十九大党章修改的重大意义 ……………………………………… 30

第三章 全面从严治党永远在路上 …………………………………… 33
一、全面从严治党提出的社会历史条件及其意义 …………………… 33
二、全面从严治党的时代内涵及特点 ………………………………… 38
三、全面从严治党的基本理路 ………………………………………… 43

第四章 全面认识“一带一路” …… 49
一、“一带一路”与古丝绸之路的区别 …… 50
二、“一带一路”倡议的背景 …… 52
三、“一带一路”的具体方案 …… 53
四、“一带一路”倡议对中国的意义 …… 57
五、“一带一路”的发展现状 …… 58
六、“一带一路”面临的机遇与挑战 …… 60
七、进一步推进“一带一路”建设的方向 …… 61

第五章 供给侧结构性改革与当前经济形势 …… 64
一、供给侧结构性改革 …… 64
二、当前经济形势 …… 72

第六章 推进生态文明 建设美丽中国 …… 80
一、生态文明的内涵及推进生态文明建设的重大意义 …… 80
二、我国生态文明建设的发展历程 …… 83
三、我国生态文明建设面临的问题 …… 86
四、新时代生态文明建设的基本理路 …… 89

第七章 中国国际地位的提升 …… 93
一、中国国际地位显著上升 …… 93
二、外国视角下的中国国际地位 …… 95
三、如何认识中国国际地位的提升 …… 98

第八章 大国软实力 …… 100
一、大国为什么要构建自己的软实力 …… 101
二、中国具备哪些软实力 …… 103
三、提升中国软实力的对策 …… 106

国际篇

第九章 欧洲热点问题 …… 111
一、巴尔干问题 …… 111
二、车臣问题 …… 124
三、欧洲一体化 …… 133
四、北约东扩 …… 142

第十章 非洲热点问题 …… 151
一、达尔富尔问题 …… 151
二、索马里海盗 …… 157

第十一章 非传统安全问题 …… 165
一、恐怖主义 …… 165
二、环境问题 …… 175
三、粮食问题 …… 187
四、人口问题 …… 195
五、能源问题 …… 204

现实篇

第十二章 中国传统雕塑艺术与大学生人文素养 …… 215
一、形式特征 …… 216
二、雕塑的艺术分类 …… 219
三、雕塑艺术的一般审美特征 …… 221

第十三章 中国绘画艺术与大学生人文素养 …… 227
一、中国绘画艺术的一般审美特征 …… 228

二、中国绘画艺术的工具材料 …… 232
三、中国传统绘画独特的表现手法 …… 235
四、中国传统绘画独特的美学观点及范畴 …… 239

第十四章　大学生职业规划与就业形势分析 …… 250
一、大学生职业规划 …… 250
二、大学生就业形势分析 …… 253
三、大学生职业规划对就业的影响 …… 261

后　记 …… 264

序

形势与政策课是高校思想政治理论课的重要组成部分，具有鲜明的时效性，是大学生的必修课程，是对大学生进行“三观”教育的主渠道、主阵地，在大学思想政治教育中担负着重要使命，发挥着不可替代的重要作用。2017年2月，中共中央、国务院印发了《关于加强和改进新形势下高校思想政治工作的意见》。《意见》强调指出，高校肩负着人才培养、科学研究、社会服务、文化传承创新、国际交流合作的重要使命。加强和改进高校思想政治工作，事关办什么样的大学、怎样办大学的根本问题，事关党对高校的领导，事关中国特色社会主义事业后继有人，是一项重大的政治任务和战略工程。为认真学习贯彻党的十九大精神，进一步把贯彻落实全国高校思想政治工作会议和《中共中央国务院关于加强和改进新形势下高校思想政治工作的意见》精神引向深入，大力提升高校思想政治工作质量，2017年12月教育部党组特制定《高校思想政治工作质量提升工程实施纲要》。《纲要》中提出：大力推动以“课程思政”为目标的课堂教学改革，优化课程设置，修订专业教材，完善教学设计，加强教学管理，梳理各门专业课程所蕴含的思想政治教育元素和所承载的思想政治教育功能，融入课堂教学各环节，实现思想政治教育与知识体系教育的有机统一。

我国高校自从1987年开设形势与政策课以来，在有些高校不同程度地存在教学内容安排上比较随意、教学组织上也不太规范、学生学习积极性不高等问题。面对新时代、新思想、新使命，如何深入推动习近平新时代中国特色社会主义思想进教材、进课堂、进头脑是一项紧迫的任务。精心规划好这门课程的教学内容，增强课程的针对性、实效性和吸引力、感染力，是当前值得研究的重要课题，尤其是出版一部真正适合大学生需要的形势与政策教材就显得十分必要。

“形势”与“政策”二者存在和反映的特性，决定了该课程在思想政治类课程体系中的特殊性。“形势”指事件存在的状态和趋势。就事件的存在看，形势是现实的、直接的；从状态和趋势说，形势是或然的、未知的。“政策”系国家机关在分析判断国内外发展形势基础上作出的制度设计、管理方案等计谋。作为制度设计和管理方案，它体现了一个国家的执政理路，具有一定的稳定性、连续性；作为制度设计和管理方案的计谋，由于主客观原因的介入，它又具有可变性、灵活性。由此，“形势与政策”课程形成了自身学科和课程教学的特殊性。

“形势与政策”课程包括国内“形势与政策”教育教学要点和国际“形势与政策”教育教学要点两部分。该课程之所以具有如此重要的地位与作用，是与以下因素分不开的。

首先，开设“形势与政策”课程是贯彻《中共中央国务院关于加强和改进新形势下高校思想政治工作的意见》和教育部党组制定的《高校思想政治工作质量提升工程实施纲要》的重要举措。党中央国务院之所以做出上述重大决定，是充分认识到加强和改进高校思想政治工作，事关办什么样的大学、怎样办大学的根本问题，事关党对高校的领导，事关中国特色社会主义事业后继有人，是一项重大的政治任务和战略工程。“形势与政策”课程是哲学社会科学的重要组成部分，要充分发挥哲学社会科学育人功能。《意见》指出：强调要加强哲学社会科学学科体系建设，积极构建中国特色、中国风格、中国气派的哲学社会科学学科体系，强化马克思主义理论学科的引领作用；同时它又是大学生了解和认识当今世界的重要平台，所以我们应该更加重视和关注该课程的教学研究和建设。

其次，世界迈入21世纪后，全球经济一体化、政治多极化进程的加快，世界各国之间在经济、政治、文化等方面的联系愈来愈密切，相互作用日益加强，逐渐形成了一个互相联系，相互依赖又相互制约、相互矛盾的整体。世界上任何一个国家都不可能脱离国际大家庭而孤立地生存和发展。中国几代领导人反复强调：中国的发展，要吸收和借鉴全人类的文明成果。“中国的发展和进步，离不开世界的文明成果，不管是哪种社会制度下创造的文明成果，只要是进步的优秀的东西，都应积极学习和运用。”“形势与政策”课程的国际教育教学要点部分恰恰介绍了诸如此类的内容，如经济全球化深入发展，深刻认识我国面临的机遇和挑战等。通过讲述不仅可以开阔大学生的视野、增长大学生的国际知识，同时可以使大学生进一步增强为祖国服务的本领。21世纪的大学生在不久的将来会成为我国全面建成小康社会，开创中国特色社会主义事业新征程的栋梁，因此大学生不仅要对当今世界有一个基本的正确的认识，而且也要能够对当代世界经济与发展变化有一个冷静观察，认真分析，并具有正确判断的能力。要获得这种能力就必须帮助广大学生正确了解世界、认识世界，也只有如此，才能使大学生坚定中国特色社会主义道路的信心和决心。“形势与政策”这门课程恰恰全面论述了世界多极化继续演进，深刻认识大国关系格局呈现的特点等内容。它能够使大学生全面了解自20世纪中期以来世界的经济与政治演变的脉络，为其充分认识和了解世界提供了一个快捷而方便的平台。

再次，“形势与政策”课程还是对当代大学生全面正确理解党的路线、方针和政策教育的重要渠道。因为该课程的重要内容便包括了什么是社会主义、怎样建设社会主义和科学发展观、构建和谐社会等内容。通过上述内容讲述，使大学生能够充分了解我国是如何由一个贫穷落后的“一穷二白”的国家，发展成为今天一个综合国力和国际地位在世界上举足轻重的大国。究其根本原因，是我们一直坚持在中国共产党领导下走中国特色社会主义道路，同时也与我们坚持走改革开放的道路分不开的。通过该门课程的学习，可以增强当代大学生对祖国和党的热爱、增强民族凝聚力和民族精神，因为爱国主义和民族精神是一个民族赖以生存和发展的精神支撑。“一个民族，没有振奋的精神和高尚的品格，不可能自立于世界民族之林。在五千多年的发展中，中华民族形成了以爱国主义为核心的团结统一、爱好和平、勤劳勇敢、自强不息的伟大民族精神。这个民族精神，博大精深，源远流长，是中华民族生命机体中不可分割的重要成分。这个民族精神，同我们党领导人民在长期革命，建设和改革中形成的优良传统和时代精神结合在一起，是中华民族生生不息、发展壮大的强大精神动力。而对世界各种范围各种思想文化的相互激荡，必须把弘扬和培育民族精神作为文化建设极为重要的任务，纳入国民教育全过程，纳入精神文明建设全过程，使全体人民始终保持昂扬向上的精神状态。”

最后，“形势与政策”这门课程也是适应21世纪所需人才素质结构的需要。21世纪的人才素质结构应具有如下几个特征：思想意识和行为的开放性；具有强烈的求知欲和完善的知识结构，宽厚的知识基础；具有较强的社会适应能力；具有强烈的成就欲、竞争欲和进取精神；具有远大的理想、社会责任感；具有健康的心理和高尚的人格等。大学生通过对国内和国际形势与政策的学习，不但可以培养学生思想意识和行为的开放性，而且也可以进一步扩大知识面以及竞争意识等，正所谓“胸怀祖国，放眼世界”，使学生在改革开放的环境中，在复杂的国际形势面前，能够保持清醒的头脑，具有敏锐的国际观察力以及较强的适应能力。形势与政策教育旨在帮助学生全面认识国家的政治、经济形势和改革发展所处的国际环境及时代背景，深刻认识和正确理解党的基本路线、重大方针和政策，激发学生的爱国主义热情，增强其民族自信心和社会责任感，珍惜和维护国家、社会和学校的稳定，抵制错误思想的侵袭，从而提高其综合素质，促进全面成长。因而，形势与政策教育的功用是其他思想政治教育所不能替代的。

在当今如此错综复杂的形势面前，大学生靠自己正确认识形势，绝非易事。大学生正处于世界观、人生观、价值观形成的关键时期，科学思辨能力不强，容易受到错误的、腐朽思想的侵蚀。大学生又是青年人中最敏感、最勤于思考的群体，他们总是鲜明地感受着正在发生的国内外重大时事。作为高校的形势与政策课教育必须紧跟社会现实和学生思想实际，既对当前形势与政策以及重大事件进行理论阐述，又针对学生的思想实际问题进行指导，帮助学生正确分析认识党和国家面临的政治、经济形势和国际形势，以及现实社会、经济中存在的问题，增强学生辨别是非的能力，引导学生正确认识社会热点和难点问题。深入学习习近平总书记系列重要讲话精神；引导师生深刻领会党中央治国理政新理念新思想新战略新举措，坚定中国特色社会主义道路自信、理论自信、制度自信、文化自信。培育和践行社会主义核心价值观，把社会主义核心价值观体现到教书育人全过程，引导师生树立正确的世界观、人生观、价值观，对中国特色社会主义和中华民族伟大复兴中国梦充满信心。

国内篇

第一章　新时代坚持和发展中国特色社会主义的政治宣言

——深入学习和领会习近平新时代中国特色社会主义思想

党的十九大是在全面建成小康社会决胜阶段、中国特色社会主义进入新时代的关键时期召开的一次十分重要的大会，也是不忘初心、牢记使命、高举旗帜、奋勇前进的一次大会。党的十九大报告是一篇闪耀着马克思主义光辉的纲领性文献，是我们党进入新时代、踏上新征程、书写新篇章的政治宣言和行动纲领。报告宣示了我们党正以一种永不懈怠的精神状态和一往无前的奋斗姿态，吹响了夺取新时代中国特色社会主义伟大胜利的前进号角。认真学习、深刻领会和贯彻落实党的十九大精神，特别是习近平新时代中国特色社会主义思想，是当前和今后一段时期一项重大政治任务，对于凝聚全党全国各族人民的思想共识和智慧力量，决胜全面建成小康社会，夺取新时代中国特色社会主义伟大胜利，实现“两个一百年”奋斗目标、实现中华民族伟大复兴的中国梦具有重大而深远的意义。

一、中国特色社会主义进入新时代的理论分析

习近平总书记在十九大报告中指出：经过长期努力，中国特色社会主义进入了新时代，这是我国发展新的历史方位。这一重大政治论断，是报告的一大亮点，贯穿报告全篇。之所以作出这样一个重大政治判断，是改革开放以来我国经济社会发展进步的必然结果；是我国社会矛盾运动的必然结果；是世情、国情、党情变化的必然结果；是我们党团结带领人民开创美好未来的必然要求。

一是党的十八大以来党和国家事业发生了历史性变革，我国发展站到

了新的历史起点上，中国特色社会主义进入了新时代。这个阶段既同改革开放近40年来的发展一脉相承，又有很大的不同，党的执政方式和方略有重大创新，发展理念和发展方式有重大转变，发展环境和发展条件发生深刻变化，发展水平和要求更高。

二是党的理论创新实现了新飞跃。即形成了习近平新时代中国特色社会主义思想，这在马克思主义中国化进程中具有开创性意义和鲜明时代特色，开辟了马克思主义中国化的新境界、开辟了中国特色社会主义的新境界、开辟了世界社会主义的新境界。

三是从党的十九大到二十大，是“两个一百年”奋斗目标的历史交汇期，中国特色社会主义要从第一个百年迈向第二个百年。也就是说，到2020年建党100周年时，国内生产总值和城乡居民人均收入在2010年的基础上翻一番，全面建成惠及十几亿人口的小康社会，并在此基础上乘势而上到本世纪中叶，即中华人民共和国成立100周年时，建成富强民主文明和谐美丽的社会主义现代化强国。

四是我国社会主要矛盾发生了变化。党的十九大指出，当前我国社会的主要矛盾已经转化为人民日益增长的美好生活需要和不平衡不充分的发展之间的矛盾。虽然说经济建设依然是党和国家的中心工作，但要更加注重抓全面协调可持续发展，着力解决发展不平衡不充分问题。

党的十九大报告对于当前我国社会主要矛盾的新判断新表述，标志着中国特色社会主义进入新时代。其原因主要有以下三个方面：

第一，经过改革开放近40年的发展，我国社会生产力水平明显提高，社会生产能力在很多方面进入世界前列，“落后的社会生产”的提法已经不能真实反映我国发展的现状和实际。

第二，人民生活显著提高，对美好生活的向往更加强烈，不仅对物质文化生活提出了更高要求，而且在民主、法治、公平、正义、安全、环境等方面的要求日益增长，如果只讲“物质文化生活需要”显然已经不能真实全面反映人民群众的愿望和要求。随着人民生活水平的不断提高，人民群众的需要呈现多样化、多层次、多方面的特点，“期盼有更好的教育、更稳定的工作、更满意的收入、更可靠的社会保障、更高水平的医疗卫生服务、更舒适的居住条件、更优美的环境、更丰富的精神文化生活。”同时，人民群众的民主意识、公平意识、法治意识、参与意识、监督意识、维权意识在不断增强。这表明，人民群众对美好生活的期待越来越强烈。

第三，影响满足人民群众美好生活需要的因素有很多，但主要是发展不平衡不充分问题。对社会主要矛盾作出新判断新表述，必须找准制约满足人民美好生活需要的主要因素，这是社会主要矛盾的主要方面。综合分析，当前和今后一个时期制约满足人民美好生活的主要因素是发展不平衡不充分问题，其他问题归根结底都是由这个问题造成或派生的。

发展不平衡，主要指各区域各领域各方面发展不够平衡，包括经济社会发展各个领域各个方面不够平衡，存在“一条腿长、一条腿短”的失衡现象，制约了全国发展水平提升。发展不充分，主要指一些地区、一些领域、一些方面还存在发展不足的问题，发展的任务仍然很重。

现阶段，我国发展不平衡不充分问题表现在很多方面。

从社会生产力来看，我国既有世界先进甚至世界领先的生产力，也有大量传统的、相对落后甚至原始的生产力，而且不同地区、不同领域的生产力水平和布局很不均匀。这说明，进一步推动我国发展，既要从全局上解决生产力布局不平衡问题，也要解决部分地区、部分领域生产力发展不平衡不充分问题。

从“五位一体”总体布局来看，经济发展水平是国家发展水平的主要体现，但不是全部。只有在推动经济发展的同时全面推动国家各方面发展，实现平衡发展、充分发展，才能在更高水平上满足人民日益增长的美好生活需要。

从城乡区域发展来看，我国东部地区、中部地区、西部地区之间，城市和乡村之间，发展水平差距自然较大，在东部地区和一些大城市，发展水平同西方发达国家差不多，有些方面甚至超过它们，但在农村和中西部地区，特别是老少边穷地区，经济社会发展还比较落后。

从收入分配来看，虽然我国人均国民收入在世界上处在中等偏上行列，绝大部分人已经解决了温饱问题，但收入分配差距仍然较大，而且有几千万人口尚未脱贫，城市还有很多困难群众，在社会上还存在一些弱势群体。

这些发展不平衡不充分问题相互掣肘，带来很多社会矛盾和问题，是当前和今后一个时期制约我国发展和满足人民日益增长的美好生活需要的主要问题，是现阶段各种矛盾交织的主要根源。发展是动态过程，不平衡不充分是永远存在的，但当发展到了一定阶段后不平衡不充分成为社会主要矛盾的主要方面时，我们就必须下功夫去解决它。①

二、全面认识深刻领会习近平新时代中国特色社会主义思想

（一）中国特色社会主义新时代的内涵

习近平总书记在党的十九大报告中作出的中国特色社会主义进入新时代这一重大政治判断，主要是从党和国家事业发展的角度来判断的，不是历史学上时代划分的概念。

那么中国特色社会主义新时代是一个什么样的新时代？在十九大报告中，习近平总书记用五个“是”，对新时代的本质内涵作了高度凝练和科学概括，进行了深刻的阐释。习近平总书记指出：“这个新时代，是承前启后、继往开来、在新的历史条件下继续夺取中国特色社会主义伟大胜利的时代，是决胜全面建成小康社会、进而全面建设社会主义现代化强国的时代，是全国各族人民团结奋斗、不断创造美好生活、逐步实现全体人民共同富裕的时代，是全体中华儿女勠力同心、奋力实现中华民族伟大复兴中国梦的时代，是我国日益走近世界舞台中央、不断为人类作出更大贡献的时代。”②

习近平总书记的这一政治判断，从五个层面科学概括了中国特色社会主义新时代的本质内涵：

第一个“是”主要从伟大事业的角度，讲的是新时代的历史脉络，说明中国特色社会主义是党和人民96年来奋斗、创造、积累的根本成就，社会主义在中国展现出强大的生命力。第二个“是”主要从发展目标的角度，讲的是新时代的实践主题，从现在到2020年，是全面建成小康社会决胜期，决胜就是冲锋号、就是总动员，全党全国各族人民必须为之不懈奋斗。第三个“是”主要从人民幸福的角度，讲的是新时代的人民性，人民对美好生活的向往，始终是我们党的奋斗目标。这充分体现了我们党以人

① 《党的十九大报告辅导读本》，人民出版社2017年版，第127—128页。

② 习近平：《决胜全面建成小康社会　夺取新时代中国特色社会主义伟大胜利》，人民出版社2017年版，第10—11页。

民为中心的发展思想，体现了我们党全心全意为人民服务的根本宗旨，体现了中国特色社会主义的本质要求。第四个“是”主要从民族复兴的角度，讲的是新时代的民族性，今天的中国比历史上任何时期都更接近、更有信心和能力实现中华民族伟大复兴的目标。第五个“是”主要从人类贡献的角度，讲的是新时代的世界性，历史上，中国曾为人类文明作出过卓越贡献，在中国特色社会主义新时代，中国一定能为世界的和平与发展、人类的繁荣与进步作出新的更大贡献。

简言之，中国特色社会主义进入新时代，本质上就是中华民族实现强起来的时代，我们要在全面建成小康社会基础上，分两步走在本世纪中叶把我国建设成为富强民主文明和谐美丽的社会主义现代化强国，实现中华民族伟大复兴的中国梦。

“中国特色社会主义进入了新时代”是贯穿党的十九大报告的主线，是我们党对我国发展新的历史方位的科学判断。习近平总书记在党的十九大报告中用“三个意味着”，从中华民族、科学社会主义、人类社会三个维度，深刻阐明了中国特色社会主义进入新时代的标志性意义。

第一，“意味着近代以来久经磨难的中华民族迎来了从站起来、富起来到强起来的伟大飞跃，迎来了实现中华民族伟大复兴的光明前景。”①

1840 年鸦片战争后，中华民族遭受帝国主义列强的欺凌，国家贫弱，民不聊生。新中国的成立，实现了民族独立和人民解放，中国人民由此站了起来。社会主义制度的建立，奠定了中华民族走向富强的基础。改革开放以来，中国共产党始终把建设中国特色社会主义作为团结带领全国各族人民进行改革开放和现代化建设的旗帜。经过近四十年的不懈奋斗，推动我国经济实力、科技实力、国防实力、综合国力进入世界前列；推动我国国际地位实现前所未有的提升，党的面貌、国家的面貌、人民的面貌、军队的面貌、中华民族的面貌发生了前所未有的变化，中华民族正以崭新姿态屹立于世界的东方。

尤其是党的十八大以来的五年间，我国经济保持中高速增长，在世界主要国家中名列前茅，国际影响力和人民获得感显著提升。中国特色社会

---

① 习近平：《决胜全面建成小康社会 夺取新时代中国特色社会主义伟大胜利》，人民出版社 2017 年版，第 10 页。

主义制度更加完善，国家治理体系和治理能力现代化水平明显提高，全社会发展活力和创新活力明显增强，民主法治建设、思想文化建设取得重大进展，人民生活不断改善，这些历史性成就和历史性变革，标志着我国发展站到了新的历史起点上，对党和国家事业发展具有重大而深远的意义。

第二，“意味着科学社会主义在二十一世纪的中国焕发出强大生机活力，在世界上高高举起了中国特色社会主义伟大旗帜。”①

一百年前，十月革命一声炮响，给中国送来了马克思列宁主义。中国先进分子从马克思列宁主义的科学真理中看到了解决中国问题的出路，中国共产党应运而生。从此，中国人民谋求民族独立、人民解放和国家富强、人民幸福的斗争就有了主心骨，党领导人民经过新民主主义转变到社会主义的光明大道上来，又经过艰辛而曲折的探索，找到了中国特色社会主义的道路。

改革开放以来，中国特色社会主义事业取得了举世瞩目的伟大成就，中国特色社会主义道路、理论、制度和文化显示了强大的生命力。中国特色社会主义这面光辉的旗帜，正在吸引着全世界越来越多人们的目光，其影响力越来越大。

第三，“意味着中国特色社会主义道路、理论、制度、文化不断发展，拓展了发展中国家走向现代化的途径，给世界上那些既希望加快发展又希望保持自身独立性的国家和民族提供了全新选择，为解决人类问题贡献了中国智慧和中国方案。”②

邓小平同志在 1985 年 8 月 21 日，会见坦桑尼亚联合共和国总统尼雷尔时曾经预言：中国的改革“如果成功了，可以对世界上的社会主义事业和不发达国家的发展提供某些经验。”③ 习近平总书记曾就全面深化改革总目标问题指出：“我国的实践向世界说明了一个道理：治理一个国家，推动一个国家实现现代化，并不只有西方制度模式这一条道，各国完全可以走出自己的道路来。可以说，我们用事实宣告了‘历史终结论’的破产，

① 习近平：《决胜全面建成小康社会　夺取新时代中国特色社会主义伟大胜利》，人民出版社 2017 年版，第 10 页。

② 习近平：《决胜全面建成小康社会　夺取新时代中国特色社会主义伟大胜利》，人民出版社 2017 年版，第 10 页。

③ 邓小平：《邓小平文选》第三卷，人民出版社 1993 年版，第 135 页。

宣告了各国最终都要以西方制度模式为归宿的单线式历史观的破产。”①

党的十八大以来，中国全面推进、深入开展全方位外交，始终做世界和平的建设者、全球发展的贡献者、国际秩序的维护者，始终秉持共商共建共享的发展理念，使我国的国际影响力、感召力、塑造力进一步提高，为世界的和平与发展作出新的重大贡献。而中国特色社会主义的成功，使得越来越多的发展中国家对中国模式表现出浓厚的兴趣，越来越多的发展中国家开始学习和借鉴中国的经验。今后，“中国将继续发挥负责任大国作用，积极参与全球治理体系改革和建设，不断贡献中国智慧和力量。”②

这“三个意味着”，深刻阐明了中国特色社会主义进入新时代的历史意义、政治意义、世界意义。

（二）习近平新时代中国特色社会主义思想产生的时代背景

马克思指出：任何真正的哲学都是自己时代精神的精华。换句话说，任何一种科学理论都是时代的产物，都植根于深刻地时代背景，绝不是某个思想家个人头脑的天才创造。习近平总书记在党的十九大报告中用一句富含哲理的名言：时代是思想之母，实践是理论之源，概括地说明了习近平新时代中国特色社会主义思想产生的时代背景。

党的十八大以来，国内外形势发生深刻复杂变化。从国际上来看，世界经济复苏乏力，发达国家贸易保护主义抬头，“逆全球化”倾向滋长，局部冲突和动荡频发，全球性传统与非传统安全问题加剧，大国地缘战略矛盾进一步上升，我国周边地区热点问题增多，安全形势极为严峻，全球治理体系面临新的考验。从国内来看，我国国内面对经济发展进入新常态等一系列深刻变化，经济下行压力加大，经济增长速度由高速增长转变为中高速增长，经济结构需通过推进供给侧结构性改革优化升级，经济增长动力需从要素驱动、投资驱动转向创新驱动，民生改善面临难题，改革处于攻坚期，社会矛盾明显增多，反腐败斗争面临的形势依然十分严峻。以习近平同志为核心的党中央科学把握当今世界和当代中国的发展大势，顺

---

① 习近平：《在省部级主要领导干部学习贯彻十八届三中全会精神全面深化改革专题研讨班上的讲话》，2014 年 2 月 17 日。

② 习近平：《决胜全面建成小康社会　夺取新时代中国特色社会主义伟大胜利》，人民出版社 2017 年版，第 60 页。

应实践要求和人民愿望，以巨大的政治勇气和强烈的责任担当，坚持稳中求进工作总基调，迎难而上，开拓进取，提出一系列新理念新思想新战略，出台一系列重大方针政策，推出一系列重大举措，推进一系列重大工作，取得了改革开放和社会主义现代化建设新的重大成就。

这些新情况新变化，给我们党提出了一个重大课题，那就是在新时代条件下坚持和发展什么样的中国特色社会主义、怎样坚持和发展中国特色社会主义。正是围绕回答这一重大理论和实践课题，形成了习近平新时代中国特色社会主义思想。这一思想创造性地从理论和实践结合上系统回答了新时代坚持和发展什么样的中国特色社会主义、怎样坚持和发展中国特色社会主义这个重大时代课题。

（三）习近平新时代中国特色社会主义思想的内涵

习近平新时代中国特色社会主义思想内涵丰富，内容涉及改革发展稳定、内政外交国防、治党治国治军，对新时代坚持和发展中国特色社会主义的总目标、总任务、总体布局、战略布局和发展方向、发展方式、发展动力、战略步骤、外部条件、政治保证等基本问题做出了系统的回答，并且根据新的实践对经济、政治、法治、科技、文化、教育、民生、民族、宗教、社会、生态文明、国家安全、国防和军队、“一国两制”和祖国统一、统一战线、外交、党的建设等各方面作出了科学的理论分析和政策指导，提出了“十四个坚持”的基本方略，为新时代更好坚持和发展中国特色社会主义提供了基本遵循，构成了一个完整严密的理论体系。党的十九大报告分别从理论和实践两个层面用“八个明确”和“十四个坚持”作了科学概括。

在理论层面上，习近平新时代中国特色社会主义思想主要是围绕回答新时代坚持和发展什么样的中国特色社会主义？

第一，明确了坚持和发展中国特色社会主义，总任务是实现社会主义现代化和中华民族伟大复兴，在全面建成小康社会的基础上，分两步走在本世纪中叶建成富强民主文明和谐美丽的社会主义现代化强国。实现现代化是近代以来中国人民不懈的追求，实现中华民族伟大复兴是近代以来中华民族最伟大的梦想，因此，党的十九大报告提出从全面建成小康社会到基本实现现代化，再到建成社会主义现代化强国，是新时代中国特色社会主义发展的战略安排。

第二，明确了新时代我国社会主要矛盾是人民日益增长的美好生活需要和不平衡不充分的发展之间的矛盾，必须坚持以人民为中心的发展思想，不断促进人的全面发展、全体人民共同富裕。

第三，明确了中国特色社会主义事业总体布局是“五位一体”、战略布局是“四个全面”，强调坚定道路自信、理论自信、制度自信、文化自信。

第四，明确了全面深化改革总目标是完善和发展中国特色社会主义制度、推进国家治理体系和治理能力现代化。

第五，明确了全面推进依法治国总目标是建设中国特色社会主义法治体系、建设社会主义法治国家。

第六，明确了党在新时代的强军目标是建设一支听党指挥、能打胜仗、作风优良的人民军队，把人民军队建设成为世界一流军队。

第七，明确了中国特色大国外交要推动构建新型国际关系，推动构建人类命运共同体。

第八，明确了中国特色社会主义最本质的特征是中国共产党领导，中国特色社会主义制度的最大优势是中国共产党领导，党是最高政治领导力量，提出新时代党的建设总要求，突出政治建设在党的建设中的重要地位。

这“八个明确”集中体现了习近平新时代中国特色社会主义思想的内涵，深刻回答了新时代坚持和发展什么样的中国特色社会主义的问题。

在实践层面上，习近平新时代中国特色社会主义思想主要回答新时代怎样坚持和发展中国特色社会主义？这就是十九大阐释的“十四个坚持”的基本方略。

第一，坚持党对一切工作的领导。这是习近平新时代中国特色社会主义思想中一个非常突出的特点，在当代中国，没有大于中国共产党的政治力量或其他什么力量。党政军民学，东西南北中，党是领导一切的，是最高政治领导力量。

第二，坚持以人民为中心。人民是中国特色社会主义的主体，是历史的真正创造者，坚守人民立场，强调人民的主体地位是马克思主义唯物史观的基本观点。正如毛泽东所说：”人民，只有人民，才是创造世界历史的动力。”[①] 因此，必须践行全心全意为人民服务的根本宗旨，紧紧依靠人民创造历史伟业。

第三，坚持全面深化改革。在当代中国最鲜明的特点是改革开放，是我们党在新的历史时期最鲜明的旗帜，是党和人民事业大踏步推进的重要法宝。当前，改革已进入深水区和攻坚期，只有通过全面推进和深化改革，才能克服重大阻力，解决重大问题，才能充分发挥中国特色社会主义制度的优越性。

第四，坚持新发展理念。新发展理念是习近平新时代中国特色社会主义思想的重要内容，是我国改革开放近40年来发展经验的概括总结和集中反映。1992年初，邓小平在南巡讲话中指出：“发展才是硬道理。”[②] 发展是解决我国一切问题的基础和关键，是我们党执政兴国的第一要务，必须用发展的办法解决前进过程中存在的矛盾和问题。但新时代的发展是科学发展，不是竭泽而渔的发展，为此必须贯彻创新、协调、绿色、开放、共享的发展理念。

第五，坚持人民当家作主。坚持党的领导、人民当家作主、依法治国有机统一是社会主义政治发展的必然要求，三者是紧密联系、相辅相成、相互促进、不可分割的统一整体。坚持人民当家作主，必须坚持中国特色社会主义政治发展道路，坚持和完善人民代表大会制度、中国共产党领导的多党合作和政治协商制度、民族区域自治制度、基层群众自治制度，巩固和发展最广泛的爱国统一战线，发展社会主义协商民主，健全民主制度，丰富民主形式，拓宽民主渠道，保证人民当家作主具体地体现到国家政治生活和社会生活之中。

第六，坚持全面依法治国。全面依法治国是中国特色社会主义的本质要求和重要保障。习近平总书记在十九大报告中把坚持全面依法治国作为新时代坚持和发展中国特色社会主义基本方略的重要内容，主要着眼于促进国家生活和社会生活的法制化制度化规范化，是实现党和国家长治久安的重要保障。坚持全面依法治国，必须坚持把依法治国和以德治国结合起来，把依法治国和依规治党结合起来，进一步提高全民族法治素养和道德

---

① 毛泽东：《毛泽东选集》第3卷，人民出版社1991年版，第1031页。

② 邓小平：《邓小平文选》第3卷，人民出版社1993年版，第377页。

素质。

第七，坚持社会主义核心价值体系。文化自信是一个国家、一个民族的灵魂，也是其信仰和精神支撑。一个国家、一个民族如果没有强大的文化引领和支撑，就不会成为一个强盛的国家、强大的民族。习近平总书记指出，实现我们的发展目标，不仅要在物质上强大起来，而且要在精神上强大起来。要学会“两条腿走路”，既要物质硬实力，也要文化软实力，否则就会失去发展中更基本、更深沉、更持久的力量。只有坚持社会主义核心价值体系，构筑好中国精神、中国价值、中国力量，才能为人民提供精神指引，为中国特色社会主义事业提供源源不断的精神动力和道德滋养。

第八，坚持在发展中保障和改善民生。民生问题无小事，保障和改善民生问题既是人民最关心最直接最现实的利益问题，也是我们党作为执政党的根本宗旨之所在，事关人民的福祉、社会的和谐稳定。党的十九大报告指出：“为什么人的问题，是检验一个政党、一个政权性质的试金石。带领人民创造美好生活，是我们党始终不渝的奋斗目标。必须始终把人民利益摆在至高无上的地位，让改革发展成果更多更公平惠及全体人民，朝着实现全体人民共同富裕不断迈进。”① 坚持保障和改善民生，就是要多谋民生之利、多解民生之忧，在发展中补齐民生短板、促进社会公平正义，不断增进民生福祉，不断满足人民日益增长的美好生活需要，不断增强人民群众的获得感。

第九，坚持人与自然和谐共生。建设生态文明是关系人民福祉、关乎中华民族永续发展的千年大计，其核心是正确处理人与自然的关系。要坚持人与自然和谐共生，必须树立尊重自然、顺应自然、保护自然的生态文明理念，必须树立和践行绿水青山就是金山银山的理念，还自然以宁静、和谐、美丽，为生产和生活营造天蓝、地绿、水净的良好环境，打赢蓝天保卫战。党的十九大报告把坚持人与自然和谐共生作为习近平新时代中国特色社会主义思想的基本方略之一，进一步明确了建设生态文明、建设美丽中国的总体要求，集中体现了习近平新时代中国特色社会主义思想的生

---

① 习近平：《决胜全面建成小康社会　夺取新时代中国特色社会主义伟大胜利》，人民出版社 2017 年版，第 44—45 页。

态文明观。

第十，坚持总体国家安全观。所谓国家安全，是指国家政权、主权、统一和领土完整、人民福祉、经济社会可持续发展和国家其他重大利益相对处于没有危险和不受内外威胁的状态，以及保障持续安全状态的能力。国家安全是国家生存发展的前提、人民幸福安康的基础、中国特色社会主义事业的保障。当前，我国国家安全形势保持总体稳定，但面临的安全和发展环境更趋复杂。坚持总体国家安全观，就必须坚持国家利益至上，以人民安全为宗旨，以政治安全为根本，坚决维护国家主权、安全、发展利益。

第十一，坚持党对人民军队的绝对领导。建设一支听党指挥、能打胜仗、作风优良的人民军队，是实现“两个一百年”奋斗目标、实现中华民族伟大复兴的战略支撑。实现党在新时代的强军目标，必须坚定不移地全面贯彻党对人民军队绝对领导的一系列根本原则和制度。中国特色社会主义进入新时代，国防和军队建设站在新的历史起点上。面对国家安全环境的深刻变化，只有始终坚持党对人民军队的绝对领导，贯彻习近平强军思想，才能统一全党全军思想和行动，才能完成“打得赢、不变质”两大历史性任务，才能使人民军队真正做到能打仗、敢打仗、打胜仗。

第十二，坚持“一国两制”和推进祖国统一。坚持“一国两制”的方针，推进祖国完全统一，是全体中华儿女的共同愿望，是中华民族根本利益之所在。按照“一国两制”的方针成功解决了香港、澳门问题，事实证明，“一国两制”既是解决历史遗留的香港、澳门问题的最佳方案，也是香港、澳门回归后保持长期繁荣稳定的最佳制度。当前，“一国两制”事业站在新的起点上，要实现祖国完全统一，必须坚持一个中国原则，坚持“九二共识”，推动两岸关系和平发展，推动两岸同胞共同反对一切分裂国家的活动，共同为实现中华民族伟大复兴而奋斗。正如十九大报告所讲的：“解决台湾问题、实现祖国完全统一，是全体中华儿女共同愿望，是中华民族根本利益所在。必须继续坚持‘和平统一、一国两制’方针，推动两岸关系和平发展，推进祖国和平统一进程。”①

---

① 习近平：《决胜全面建成小康社会　夺取新时代中国特色社会主义伟大胜利》，人民出版社2017年版，第56页。

第十三，坚持推动构建人类命运共同体。中国梦同各国人民的梦息息相通，实现中国梦离不开和平的国际环境和稳定的国际秩序。当今世界是一个高度相互依赖的世界，全球化的深入发展，把世界各国的利益紧紧地联系在一起，已经形成“你中有我、我中有你”的命运共同体。党的十九大报告指出：“世界面临的不稳定性不确定性突出，世界经济增长动能不足，贫富分化日益严重，地区热点问题此起彼伏，恐怖主义、网络安全、重大传染性疾病、气候变化等非传统安全威胁持续蔓延，人类面临许多共同挑战。没有哪个国家能够独自应对人类面临的各种挑战，也没有哪个国家能够退回到自我封闭的孤岛。”① 中国作为负责任的大国，始终秉持共商共建共享的全球治理观，积极参与全球治理体系改革和建设，不断为世界的和平与发展提供中国方案、贡献中国智慧和力量。

第十四，坚持全面从严治党。办好中国的事情、解决好中国的问题，关键在党，关键在党要管党、从严治党。因为中国共产党是中国特色社会主义事业的领导核心，中国一切问题的解决，都是在党领导下实现的。在新的时代条件下，党要经受住“四大考验”、应对“四种危险”，要团结带领全国各族人民进行伟大斗争、推进伟大事业、实现伟大梦想，必须毫不动摇地坚持和完善党的全面领导，坚持党要管党、全面从严治党，把我们党建设得更加坚强有力。“不断增强党自我净化、自我完善、自我革新、自我提高的能力，始终保持党同人民群众的血肉联系。”②

习近平新时代中国特色社会主义思想对新时代坚持和发展中国特色社会主义的总目标、总任务、总体布局、战略布局和发展方向、发展方式、发展动力、战略步骤、外部条件、政治保证等基本问题做出了系统的回答，并且根据新的实践对经济、政治、法治、科技、文化、教育、民生、民族、宗教、社会、生态文明、国家安全、国防和军队、“一国两制”和祖国统一、统一战线、外交、党的建设等各方面作出了科学的理论分析和政策指导，提出了“十四个坚持”的基本方略，为新时代更好坚持和发展中国特色社会主义提供了基本遵循，为实现中华民族伟大复兴的中国梦提

---

① 习近平：《决胜全面建成小康社会　夺取新时代中国特色社会主义伟大胜利》，人民出版社 2017 年版，第 58 页。

② 习近平：《决胜全面建成小康社会　夺取新时代中国特色社会主义伟大胜利》，人民出版社 2017 年版，第 26 页。

供了行动指南。

（四）习近平新时代中国特色社会主义思想的历史地位和重大意义

党的十八大以来，以习近平同志为主要代表的中国共产党人，坚持以马克思列宁主义、毛泽东思想、邓小平理论、“三个代表”重要思想、科学发展观为指导，坚持解放思想、实事求是、与时俱进、求真务实，坚持辩证唯物主义和历史唯物主义，站在世界观和方法论的高度，顺应了时代发展的要求，从理论和实践的结合上全面系统地回答了新时代坚持和发展什么样的中国特色社会主义、怎样坚持和发展中国特色社会主义这个重大时代课题和马克思主义基本理论问题，经过艰辛的理论探索，取得了重大理论成果，创立了习近平新时代中国特色社会主义思想。在习近平新时代中国特色社会主义思想指导下，中国共产党领导全国各族人民，统揽伟大斗争、伟大工程、伟大事业、伟大梦想，推动中国特色社会主义进入了新时代。

习近平新时代中国特色社会主义思想在马克思主义中国化进程中、中华民族复兴的历史进程中、人类文明发展的历史进程具有重大而深远的意义。

1. 习近平新时代中国特色社会主义思想开辟了马克思主义中国化的新境界

习近平总书记在十九大报告中指出，“新时代中国特色社会主义思想，是对马克思列宁主义、毛泽东思想、邓小平理论、‘三个代表’重要思想、科学发展观的继承和发展，是马克思主义中国化最新成果，是党和人民实践经验和集体智慧的结晶，是中国特色社会主义理论体系的重要组成部分，是全党全国人民为实现中华民族伟大复兴而奋斗的行动指南，必须长期坚持并不断发展。”[①] 党的十八大以来，以习近平同志为核心的党中央坚持以问题为导向，以马克思主义为指导，着眼于对实际问题的理论思考，着眼于新的实践和新的发展，提出了一系列治国理政新理念新思想新战略，形成了习近平新时代中国特色社会主义思想。习近平新时代中国特色社会主义思想既坚持老祖宗没有变，又说了许多老祖宗没有说过的话，做

① 习近平：《决胜全面建成小康社会 夺取新时代中国特色社会主义伟大胜利》，人民出版社 2017 年版，第 20 页。

了许多老祖宗没有做过的事情，以全新的视野深化了对共产党执政规律、社会主义建设规律、人类社会发展规律的认识，开辟了马克思主义中国化的新境界。

2. 习近平新时代中国特色社会主义思想是全党全国各族人民为实现中华民族伟大复兴不懈奋斗的行动指南

党的十八大以来的五年，我们党以巨大的政治勇气和强烈的责任担当，提出一系列新理念新思想新战略，出台一系列重大方针政策，推出一系列重大举措，推进一系列重大工作，解决了许多长期想解决而没有解决的难题，办成了许多过去想办而没有办成的大事，推动党和国家事业发生历史性变革，改革开放和社会主义现代化建设取得历史性成就。这些历史性成就和历史性变革，推动我国发展站在新的历史起点上，推动中国特色社会主义进入新时代。五年来，我们党之所以能够带领人民成功应对重大挑战、抵御重大风险、克服重大阻力、解决重大矛盾，党和国家事业之所以能够取得历史性成就、发生历史性变革，最重要、最根本的就在于以习近平同志为核心的党中央的坚强领导，就在于习近平新时代中国特色社会主义思想的科学指导。面向未来，我们党要带领全国各族人民决胜全面建成小康社会，开启全面建设社会主义现代化国家新征程，夺取新时代中国特色社会主义伟大胜利，实现中华民族伟大复兴的中国梦，必须坚持习近平新时代中国特色社会主义思想的科学指引。

3. 习近平新时代中国特色社会主义思想为解决人类面临的共同难题贡献了中国智慧，提供了中国方案

习近平总书记在十九大报告中指出，“中国共产党是为中国人民谋幸福的政党，也是为人类进步事业而奋斗的政党。中国共产党始终把为人类作出新的更大的贡献作为自己的使命。”① 前文曾谈到，当前世界经济复苏乏力，发达国家贸易保护主义抬头，“逆全球化”倾向滋长，局部冲突和动荡频发，全球性传统与非传统安全问题加剧，大国地缘战略矛盾进一步上升，我国周边地区热点问题增多，安全形势极为严峻，全球治理体系面临新的考验，国际社会期待听到中国声音、看到中国方案。在这种情境

① 习近平：《决胜全面建成小康社会　夺取新时代中国特色社会主义伟大胜利》，人民出版社 2017 年版，第 57—58 页。

下，中国作为负责任的大国不能缺席，而习近平新时代中国特色社会主义思想恰恰为解决人类面临的这些共同难题贡献了中国智慧，提供了中国方案。

第二章　中国共产党党章的修改及意义

党章是党的总章程，集中体现了党的性质和宗旨、党的理论和路线方针政策、党的重要主张，规定了党的重要制度和体制机制，是全党必须共同遵守的根本行为规范。没有规矩，不成方圆。党章就是党的根本大法，是全党必须遵循的总依据。

——习近平

一、十九大党章修改的原因背景

党的事业和党的建设的发展对党章不断提出新的要求，反过来，党章的与时俱进又推动了党的事业和党的建设的新发展。正如习近平总书记指出：“在90多年的奋斗历程中，我们党总是认真总结革命建设改革的成功经验，及时把党的实践创新、理论创新、制度创新的重要成果体现到党章中，从而使党章在推进党的事业、加强党的建设中发挥了重要指导作用。”① 党历来高度重视制定和完善自己的章程。中国共产党自1921年诞生至党的十九大先后制定、修改过十九次党章，特别是党的十九大将习近平新时代中国特色社会主义思想写入党章，这是十九大党章修改的最大亮点和最突出的历史贡献，体现了我们党在指导思想上的与时俱进。

① 习近平：《认真学习党章 严格遵守党章》载《光明日报》，2012年11月20日01版。

（一）基本的原因：修改党章是党代会的一个重要任务或者重要的职权，也是惯例

按照党章的规定，党代会是我们党的最高权力机关，党代会的一个重要任务或者重要的职权就是修改党章。党的全国代表大会根据党的理论创新和实践发展的需要对党章进行修改，是我们党的一个惯例。现行党章是1982年9月党的十二大修改制定的。35年来在保持党章基本内容稳定的前提下，根据形势和任务的发展变化，党的十三大至十八大都对党章作了不同程度的修改。实践证明，这些修改有利于更好发挥党章的规范和指导作用。

党的十八大以来，以习近平同志为核心的党中央坚持以马克思列宁主义、毛泽东思想、邓小平理论、“三个代表”重要思想、科学发展观为指导，顺应时代发展，集中全党智慧，大力推进理论创新，创立了习近平新时代中国特色社会主义思想，开辟了马克思主义中国化新境界、中国特色社会主义新境界。在习近平新时代中国特色社会主义思想指导下，中国共产党领导全国各族人民，统揽伟大斗争、伟大工程、伟大事业、伟大梦想，推动中国特色社会主义进入了新时代。习近平新时代中国特色社会主义思想的理论意义和实践意义日益显现，得到全党全国各族人民广泛认同和拥护，列入党的指导思想的时机和条件已经成熟。

五年来，以习近平同志为核心的党中央科学把握当今世界和当代中国发展大势，顺应实践要求和人民愿望，坚持以新发展理念引领经济发展，统筹推进“五位一体”总体布局，协调推进“四个全面”战略布局，提出一系列新理念新思想新战略，出台一系列重大方针政策，推出一系列重大举措，推进一系列重大工作，解决了许多长期想解决而没有解决的难题，办成了许多过去想办而没有办成的大事，推动党和国家事业取得历史性成就、发生历史性变革。同时，坚持思想建党和制度治党同向发力，坚定不移推进全面从严治党，着力解决人民群众反映最强烈、对党的执政基础威胁最大的突出问题，形成反腐败斗争压倒性态势，党内政治生活气象更新，党内政治生态明显好转，党自我净化、自我完善、自我革新、自我提高能力显著提高，党执政的社会基础和群众基础更加巩固。

因此，党的十九大对于党章的修改，就是为了总结十八大以来全面从

严治党、以规治党、制度治党的一系列新理念新思想新战略，将这一时期党的建设的制度创新和理论创新成果，将我们党治国理政新经验新做法，用党章修改的方式加以固化。尤其需要将习近平新时代中国特色社会主义思想，作为我们党长期坚持和发展的指导思想，使党的根本制度能够与时俱进，更好地反映党的建设的时代性和创新性。可以说，修改党章是实现党的指导思想与时俱进的客观需要，是新时代推动党和国家事业发展的必然要求，是推进党的建设新的伟大工程的战略举措，是贯彻落实党的十九大精神的现实需要。

党的十九大报告站在历史和时代高度，根据国际形势变化和国内经济社会发展的新特点，阐明了未来一个时期党和国家工作的大政方针和战略部署，提出了一系列新的重要思想、重要观点、重大论断、重大举措。在党章中体现党的十九大报告的重要内容，有利于更好地把学习党章与学习党的十九大精神有机结合起来，扎实推动党的十九大精神学习领会和贯彻落实。

（二）现实的原因：中国特色社会主义进入新时代

习近平总书记在十九大报告中指出："经过长期努力，中国特色社会主义进入了新时代，这是我国发展新的历史方位"①，这一重大政治论断，是报告的一大亮点，贯穿报告全篇。

新时代的依据是什么？之所以作出这样一个重大政治判断，是改革开放以来我国经济社会发展进步的必然结果；是我国社会矛盾运动的必然结果；是世情、国情、党情变化的必然结果；是我们党团结带领人民开创美好未来的必然要求。

这"四个必然"表明，我们党作出的这一重大政治判断是有着充分的理论、实践和历史依据的。

一是党的十八大以来党和国家事业发生了历史性变革，我国发展站到了新的历史起点上，中国特色社会主义进入了新时代。这个阶段既同改革开放近40年来的发展一脉相承，又有很大的不同，党的执政方式和方略有重大创新，发展理念和发展方式有重大转变，发展环境和发展条件发生深

① 习近平：《决胜全面建成小康社会　夺取新时代中国特色社会主义伟大胜利》，人民出版社2017年版，第10页。

刻变化，发展水平和要求更高。

二是党的理论创新实现了新飞跃。“十八大以来，以习近平同志为主要代表的中国共产党人，顺应时代发展，从理论和实践的结合上系统回答了新时代坚持和发展什么样的中国特色社会主义、怎样坚持和发展中国特色社会主义这个重大时代课题，创立了习近平新时代中国特色社会主义思想”① 在马克思主义中国化进程中具有开创性意义和鲜明时代特色，开辟了马克思主义中国化的新境界。

三是从党的十九大到二十大，是“两个一百年”奋斗目标的历史交汇期，中国特色社会主义要从第一个百年迈向第二个百年。也就是说，到2020年建党100周年时，国内生产总值和城乡居民人均收入在2010年的基础上翻一番，全面建成惠及十几亿人口的小康社会，并在此基础上乘势而上到本世纪中叶，即中华人民共和国成立100周年时，建成富强民主文明和谐美丽的社会主义现代化强国。

四是我国社会主要矛盾发生了变化，已经转化为人民日益增长的美好生活需要和不平衡不充分的发展之间的矛盾，虽然说经济建设依然是党和国家的中心工作，但要更加注重抓全面协调可持续发展，着力解决发展不平衡不充分问题。

二、十九大党章修改的主要内容

党的十九大党章是我国进入中国特色社会主义新时代修改完善的一部党章，在党章建设发展历程中具有里程碑的意义。十九大对党章修改完善的主要原则是：坚持以马克思列宁主义、毛泽东思想、邓小平理论、“三个代表”重要思想、科学发展观为指导，深入贯彻落实习近平总书记系列重要讲话精神和治国理政新理念新思想新战略；坚持发扬民主，集中全党智慧，保持党章总体稳定，只修改那些必须改的、在党内已经形成共识的内容，可改可不改的不改，不成熟的意见不改。从党章修改的要求来看，努力使修改后的党章充分体现马克思主义中国化最新成果，充分体现党的

① 习近平：《决胜全面建成小康社会 夺取新时代中国特色社会主义伟大胜利》，人民出版社2017年版，第10页。

十八大以来党中央提出的一系列重大战略思想，充分体现坚持和加强党的领导、全面从严治党的新鲜经验，以适应新形势新任务对党的工作和党的建设提出的新要求，把我们党建设得更加朝气蓬勃、坚强有力，始终保持党同人民群众的血肉联系。

基于此，党中央认为，把党的十九大报告确立的重大理论观点和重大战略思想体现到党章中，实现党章与党的十九大报告的紧密衔接，有利于全党更好地学习领会、贯彻落实党的十九大精神。

据统计，共修改 107 处，其中总纲部分修改 58 处，条文部分修改 49 处。那么党的十九大通过的《中国共产党章程（修正案）》到底修改了哪些内容，把哪些新思想、新论断、新概念写入了党章呢？概括起来，十九大党章修改的主要内容表现在以下方面：

（一）把习近平新时代中国特色社会主义思想写入党章，确立为党的行动指南

习近平新时代中国特色社会主义思想是马克思主义中国化的最新理论成果，是当代中国的马克思主义。

党的十八大以来，习近平总书记以非凡的政治智慧、顽强的意志品质、巨大的政治勇气和强烈的责任担当，团结带领全党全国各族人民进行具有许多新的历史特点的伟大斗争，统筹推进“五位一体”总体布局，协调推进“四个全面”战略布局，推动改革开放和社会主义现代化建设取得历史性成就，推动党和国家事业全面开创新局面、发生历史性变革，赢得全党全军全国各族人民高度评价和衷心拥戴，成为党中央的核心、全党的核心。在领导全党全国推进党和国家事业的实践中，习近平总书记以马克思主义政治家、理论家、战略家的深刻洞察力、敏锐判断力和战略定力，提出了一系列具有开创意义的新理念新思想新战略，为新时代中国特色社会主义思想的创立发挥了决定作用、作出了决定性贡献。基于此，十九大党章在总结党的十八大以来党的理论创新和实践创新的基础上，在总纲部分增写了一段，具体表述为：十八大以来，以习近平同志为主要代表的中国共产党人，顺应时代发展，从理论和实践的结合上系统回答了新时代坚持和发展什么样的中国特色社会主义、怎样坚持和发展中国特色社会主义这个重大时代课题，创立了习近平新时代中国特色社会主义思想。习近平

新时代中国特色社会主义思想是对马克思列宁主义、毛泽东思想、邓小平理论、“三个代表”重要思想、科学发展观的继承和发展，是马克思主义中国化最新理论成果，是党和人民实践经验和集体智慧的结晶，是中国特色社会主义理论体系的重要组成部分，是全党全国人民为实现中华民族伟大复兴而奋斗的行动指南，必须长期坚持并不断发展。在习近平新时代中国特色社会主义思想指导下，中国共产党领导全国各族人民，统揽伟大斗争、伟大工程、伟大事业、伟大梦想，推动中国特色社会主义进入了新时代。①

（二）充实了改革开放以来取得一切成绩和进步的根本原因的内容

中国特色社会主义文化是中国特色社会主义的重要组成部分，是凝聚和激励全党全国各族人民不断前进的强大精神力量。十九大党章在总纲部分，把发展了中国特色社会主义文化同开辟了中国特色社会主义道路、形成了中国特色社会主义理论体系、确立了中国特色社会主义制度一道，作为改革开放以来我们取得一切成绩和进步的根本原因，凸显了文化在中国特色社会主义全局中的战略地位。同时在高举中国特色社会主义伟大旗帜后增写坚定道路自信、理论自信、制度自信、文化自信，贯彻党的基本理论、基本路线、基本方略的内容，彰显了我们党坚持和发展中国特色社会主义的高度自觉和坚定自信；在三大历史任务后增写实现“两个一百年”奋斗目标、实现中华民族伟大复兴的中国梦的内容，体现了我们党高度的历史担当和使命追求。具体表述为：改革开放以来我们取得一切成绩和进步的根本原因，归结起来就是：开辟了中国特色社会主义道路，形成了中国特色社会主义理论体系，确立了中国特色社会主义制度，发展了中国特色社会主义文化。全党同志要倍加珍惜、长期坚持和不断发展党历经艰辛开创的这条道路、这个理论体系、这个制度、这个文化，高举中国特色社会主义伟大旗帜，坚定道路自信、理论自信、制度自信、文化自信，贯彻党的基本理论、基本路线、基本方略，为实现推进现代化建设、完成祖国统一、维护世界和平与促进共同发展这三大历史任务，实现“两个一百年”奋斗目标、实现中华民族伟大复兴的中国梦而奋斗。②

---

① 《中国共产党章程》，人民出版社 2017 年版，第 5—6 页。

② 《中国共产党章程》，人民出版社 2017 年版，第 6—7 页。

（三）调整充实了社会主义初级阶段方面的内容

党的十九大报告作出我国社会主要矛盾已经转化为人民日益增长的美好生活需要和不平衡不充分的发展之间的矛盾这一重大政治理论判断。与之相适应，十九大党章在总纲部分作了相应修改。增写了必须坚持以人民为中心的发展思想，坚持创新、协调、绿色、开放、共享的发展理念；将必须按照中国特色社会主义事业总体布局修改为：必须按照中国特色社会主义事业“五位一体”总体布局和“四个全面”战略布局；增写协调推进全面建成小康社会、全面深化改革、全面依法治国、全面从严治党内容；将新世纪新时代，经济和社会发展目标调整表述为：到建档一百年时，全面建成小康社会；到新中国成立一百年时，全面建成社会主义现代化强国。具体表述为：在现阶段，我国社会的主要矛盾是人民日益增长的美好生活需要和不平衡不充分的发展之间的矛盾。必须坚持以人民为中心的发展思想，坚持创新、协调、绿色、开放、共享的发展理念。必须按照中国特色社会主义事业“五位一体”总体布局和“四个全面”战略布局，统筹推进经济建设、政治建设、文化建设、社会建设、生态文明建设，协调推进全面建成小康社会、全面深化改革、全面依法治国、全面从严治党。在新世纪新时代，经济和社会发展的战略目标是，到建党一百年时，全面建成小康社会；到新中国成立一百年时，全面建成社会主义现代化强国。①

（四）充实完善党的基本路线方面的内容

总纲部分把党在社会主义初级阶段的基本路线的最后一句话调整表述为：为把我国建设成为富强民主文明和谐美丽的社会主义现代化强国而奋斗。增写实施创新驱动发展战略、乡村振兴战略、区域协调发展战略、军民融合发展战略，充分发挥创新作为引领发展第一动力的作用等内容。同时将又好又快发展修改为更高质量、更有效率、更加公平、更可持续发展。增写要全面深化改革，完善和发展中国特色社会主义制度，推进国家治理体系和治理能力现代化，更加注重改革的系统性、整体性、协同性等内容。具体表述为：中国共产党在社会主义初级阶段的基本路线是：领导和团结全国各族人民，以经济建设为中心，坚持四项基本原则，坚持改革

---

① 《中国共产党章程》，人民出版社2017年版，第7—9页。

开放，自力更生，艰苦创业，为把我国建设成为富强民主文明和谐美丽的社会主义现代化强国而奋斗。实施科教兴国战略、人才强国战略、创新驱动发展战略、乡村振兴战略、区域协调发展战略、可持续发展战略、军民融合发展战略，充分发挥科学技术作为第一生产力的作用，充分发挥创新作为引领发展第一动力的作用。要全面深化改革，完善和发展中国特色社会主义制度，推进国家治理体系和治理能力现代化。改革开放应当大胆探索，勇于开拓，提高改革决策的科学性，更加注重改革的系统性、整体性、协同性，在实践中开创新路。①

（五）充实完善中国特色社会主义"五位一体"总体布局方面的内容

在总纲经济建设部分将发挥市场在资源配置中的基础性作用修改为发挥市场在资源配置中的决定性作用，增写推进供给侧结构性改革，建设世界科技强国等内容。在政治建设部分，把健全社会主义法治修改为建设中国特色社会主义法治体系，并增写推进协商民主广泛、多层、制度化发展的内容。在文化建设部分，把弘扬民族优秀传统文化，繁荣和发展社会主义文化修改为推动中华优秀传统文化创造性转化、创新性发展，继承革命文化，发展社会主义先进文化，提高国家文化软实力；增写培育和践行社会主义核心价值观，牢牢掌握意识形态工作领导权，不断巩固马克思主义在意识形态领域的指导地位，巩固全党全国人民团结奋斗的共同思想基础等内容；在社会建设部分，将加强和创新社会管理修改为加强和创新社会治理，增写不断增强人民群众获得感，坚持总体国家安全观，坚决维护国家主权、安全、发展利益等内容。在生态文明建设部分，增写增强绿水青山就是金山银山的意识，实行最严格的生态环境保护制度等内容。

（六）充实国防和军队建设、民族关系、统一战线、外交方面的内容

在总纲部分将中国共产党坚持对人民解放军和其他人民武装力量的领导改为中国共产党坚持对人民解放军和其他人民武装力量的绝对领导，增写贯彻习近平强军思想，坚持政治建军、改革强军、科技兴军、依法治军，建设一支听党指挥、能打胜仗、作风优良的人民军队，切实保证人民解放军有效履行新时代军队使命任务等内容；增写铸牢中华民族共同体意

① 《中国共产党章程》，人民出版社2017年版，第9—11页。

识的内容；将致力于中华民族伟大复兴的爱国者纳入爱国统一战线范畴；增写坚持正确义利观，推动构建人类命运共同体，遵循共商共建共享原则，推进“一带一路”建设等内容。

（七）调整充实党的建设总体要求的内容

党章明确提出坚持党要管党、全面从严治党这一党的建设指导方针，将加强党的执政能力建设修改为加强党的长期执政能力建设；把政治建设、纪律建设纳入党的建设总体布局，并且凸显了党的政治建设在党的建设中的“统领”地位，表述为：以党的政治建设为统领，全面推进党的政治建设、思想建设、组织建设、作风建设、纪律建设，把制度建设贯穿其中，深入推进反腐败斗争。同时，增写了不断增强自我净化、自我完善、自我革新、自我提高能力的内容。在坚持党的基本路线要求中，增写用习近平新时代中国特色社会主义思想统一思想，统一行动的内容。将选拔使用在改革开放和社会主义现代化建设中政绩突出、群众信任的干部修改为培养选拔党和人民需要的好干部。将党的基本理论、基本路线、基本纲领、基本经验修改为党的基本理论、基本路线、基本方略。在坚持民主集中制的基本要求中，增写牢固树立政治意识、大局意识、核心意识、看齐意识，坚定维护以习近平同志为核心的党中央权威和集中统一领导，加强和规范党内政治生活，增强党内政治生活的政治性、时代性、原则性、战斗性，发展积极健康的党内政治文化，营造风清气正的良好政治生态等内容。增写坚持从严管党治党的基本要求，使党的建设的基本要求从四项扩展为五项。

（八）充实了党的领导方面的内容

在总纲最后一段，增写中国共产党的领导是中国特色社会主义最本质的特征，是中国特色社会主义制度的最大优势。党政军民学，东西南北中，党是领导一切的。同时，将党必须加强对工会、共产主义青年团、妇女联合会等群众组织的领导中的群众组织改为群团组织，增写使它们保持和增强政治性、先进性、群众性的内容。

（九）条文部分修改的主要内容

一是充实党员义务和发展党员标准等内容；二是充实党的组织制度、党的中央组织、党的地方组织、党的基层组织部分的相关内容；三是充实干部选拔和领导干部条件等内容；四是充实党的纪律、党的纪律检查机关部分的相关内容；五是充实党组任务等内容。

党章的每一处修改，都凝结着党的十八大以来对实践的丰富探索，也蕴含着党的事业发展和建设在新时代的新要求，是党的前进方向。中国共产党始终以人民为中心，并紧跟时代发展，必将永葆生机与青春活力。

修改后的党章通篇贯穿习近平新时代中国特色社会主义思想，必将成为引领中国共产党在新时代实现历史使命的光辉旗帜，成为夺取伟大胜利的行动纲领。

三、十九大党章修改的鲜明特点

（一）体现了坚持民主集中制这一党的最大制度的优势

坚持发扬党内民主，集中全党智慧，既是党中央确定的十九大党章修改的一条重要原则，也是十九大党章修改工作的一个鲜明特点。2017 年 1 月，在中共中央就党的十九大议题征求意见的过程中，各地区各部门普遍建议党的十九大根据党的理论创新和实践发展、根据形势任务发展变化对党章作适当修改。今年 6 月，中央发出通知，就党章修改工作向各地区各部门征求意见。各地区各部门向中央提交了书面报告，普遍赞成党的十九大对党章作适当修改，并提出了修改的意见和建议。还有一些党内老同志、普通党员给党中央有关部门写信，提出修改党章的建议。

在综合各方面意见的基础上，中央政治局认真研究了这些意见和建议，做出了对党章进行适当修改的决定，并成立党章修改小组。党章修改工作启动后，党中央发出通知，专门就党章修改向各地区各部门征求意见。党章修改小组在认真研究各方面意见和建议的基础上，提出了党章修改方案。中央政治局常委会会议、中央政治局会议先后对党章修改方案进行审议，形成党章修正案征求意见稿。之后，党中央将党章修正案征求意见稿印发各地区各部门和党的十八大、十九大代表征求意见。

党章修改过程中，习近平总书记高度重视、全程指导党章修改工作，6 次主持召开中央相关会议，研究党章修改工作、审议党章修改相关文件；主持召开 6 场座谈会，当面听取对党章修改的意见和建议。党章是党的根本大法，党章修改事关重大、至关重要，广大党员对此寄予很大期望。习近平总书记多次强调，要以对党、对党的事业高度负责的精神做好党章修改工作。

根据各方面反馈的修改意见和建议，党章修改小组又对党章修正案征求意见稿进行了认真修改。在集中全党智慧的基础上，经过党的十八届七中全会审议通过，形成了提交党的十九大审议的党章修正案。党的十九大期间，全体代表进行认真讨论，提出了一些修改意见。党章修改小组综合这些意见，形成了党章修正案表决稿。2017 年 10 月 24 日，大会全体会议一致通过党章修正案。①

可见，这次党章修改工作广泛征求各方面意见，集中了全党智慧，凝聚了全党共识，体现了全党意志，是党中央充分发扬党内民主的一次生动实践。

（二）体现了夺取新时代中国特色社会主义伟大胜利的前进方向

党章修正案系统总结了党的十八大以来的成功实践和理论创新成果，从新时代坚持和发展中国特色社会主义、推进党和人民事业长远发展的高度，充实了改革开放以来我们取得一切成绩和进步的根本原因的内容，充实了社会主义初级阶段方面的内容，充实了党的基本路线方面的内容，充实了经济建设、政治建设、文化建设、社会建设、生态文明建设方面的内容，充实了国防和军队建设、民族关系、统一战线、外交方面的内容，涵盖改革发展稳定、内政外交国防、治党治国治军的方方面面。

这些增写、调整的内容体现了问题导向，是对当前我国发展中存在的突出问题、改革攻坚和加快转变发展方式面临的难点问题、干部群众普遍关注的热点问题的积极回应，有利于进一步增强“四个自信”，更好地凝聚力量，完成新时代赋予的光荣而艰巨的任务。

（三）体现了贯彻以人民为中心的发展思想的战略任务

人民对美好生活的向往始终是我们党的奋斗目标，党章中印刻着我们党不变的初心。

党章修正案牢牢把握当前我国社会发展阶段性特征，紧扣人民群众的

① 资料来源：新华网。

需要多样化多层次多方面特点，增写了必须坚持以人民为中心的发展思想；将我国社会主要矛盾的表述调整为人民日益增长的美好生活需要和不平衡不充分的发展之间的矛盾；将又好又快发展修改为更高质量、更有效率、更加公平、更可持续发展；增写了不断增强人民群众获得感的内容。

我们党的一切奋斗都是为人民谋幸福为民族谋复兴，以人民为中心的发展思想体现在党章修改的方方面面，表明我们党始终不忘初心、牢记使命，始终践行全心全意为人民服务的宗旨。

（四）体现了坚定不移全面从严治党的时代要求

中国特色社会主义进入新时代，我们党一定要有新气象新作为。党章修正案对党的十八大以来管党治党的实践创新和理论创新成果进行梳理提炼，及时固化为制度成果。

在总纲部分，将坚持党要管党、从严治党修改为坚持党要管党、全面从严治党，明确为党的建设指导方针；以党的政治建设为统领，调整充实了党的建设总体布局，明确以党的政治建设为统领，全面推进党的政治建设、思想建设、组织建设、作风建设、纪律建设，把制度建设贯穿其中；增写加强和规范党内政治生活，增强党内政治生活的政治性、时代性、原则性、战斗性，发展积极健康的党内政治文化，营造风清气正的良好政治生态等内容；将坚持从严管党治党作为党的建设必须坚决实现的基本要求之一写入党章，使党的建设目标更加清晰、布局更加完善。

在条文部分，充实了党员义务和发展党员标准等内容；增写了实现巡视全覆盖、中央单位巡视、市县巡察等内容；充实了干部选拔和领导干部条件等内容；充实了党的纪律、党的纪律检查机关部分的内容。

这些重大修改坚持以党的政治建设为统领，把全面从严治党的要求落实到了党的建设各方面、全过程，体现了对新时代推进党的建设新的伟大工程规律认识的深化，彰显了我们党打铁必须自身硬的坚强决心。让我们党在革命性锻造中更加坚强，传承坚持下去必将进一步提升我们的创造力、凝聚力、战斗力。

四、十九大党章修改的重大意义

从十九大修改党章的主要内容看，在中国共产党的历史上，具有划时代的意义，主要有以下五点。

（一）有利于全党进一步统一思想、统一行动，在新的历史起点上进行伟大斗争、建设伟大工程、推进伟大事业、实现伟大梦想

习近平新时代中国特色社会主义思想，是马克思主义中国化的最新成果，是中国特色社会主义理论体系的重要组成部分。把习近平新时代中国特色社会主义思想同马克思列宁主义、毛泽东思想、邓小平理论、“三个代表”重要思想、科学发展观一道确立为党的指导思想并写入党章，顺应了时代和实践的发展，充分体现了我们党在指导思想上的与时俱进，对于全党进一步统一思想、统一行动，在新的历史起点上进行伟大斗争、建设伟大工程、推进伟大事业、实现伟大梦想具有重大现实意义和深远历史意义。有利于更好地把习近平新时代中国特色社会主义思想学习好、贯彻好、落实好，进一步推动党的理论创新，从而更加自觉地坚持习近平新时代中国特色社会主义思想的指导，勠力同心埋头苦干，奋力开拓中国特色社会主义更为广阔的发展前景。

（二）有利于制定党和国家的大政方针和长远战略，有利于全党坚定信心，奋发有为，完成新时代赋予中国共产党的历史使命

党章把我国社会的主要矛盾修改为人民日益增长的美好生活需要和不平衡不充分的发展之间的矛盾，反映了我国社会发展的客观实际。党章修正案中对我国社会主要矛盾的新表述，没有改变我们党对我国社会主义初级阶段所处历史阶段的判断。发展依然是党执政兴国的第一要务。这就要求我们党必须立足社会主义初级阶段这个总依据，紧扣社会主要矛盾变化对党和国家工作提出的新要求，全力推进新时代中国特色社会主义建设事业。因而，把握我国社会主要矛盾的新变化，有利于制定党和国家的大政方针和长远战略。与此同时，党章进一步明确了实现“两个一百年”的奋斗目标和实现中华民族伟大复兴的中国梦的宏伟目标，有利于全党坚定信心，奋发有为，完成新时代赋予中国共产党的历史使命。

（三）有利于全党牢固树立新发展理念，贯彻“五位一体”总体布局和协调推进“四个全面”战略布局

党的十九大党章修正案在总纲部分，增写了坚持创新、协调、绿色、开放、共享的发展理念的内容。新发展理念是习近平新时代中国特色社会主义思想的重要内容，是我国改革开放近40年来发展经验的集中反映，体现了我们党对我国发展规律新认识的理论化制度化，有利于全党更加深刻地认识新发展理念是关系我国发展全局的一场深刻变革，有利于全党更加精准地把握新发展理念的科学内涵和实践要求，有利于全党牢固树立新发展理念。同时党章充实了经济建设、政治建设、文化建设、社会建设、生态文明建设以及国防和军队建设等方面的内容，有利于贯彻“五位一体”总体布局、协调推进“四个全面”战略布局，有利于实现全国人民从站起来、富起来到强起来的历史性跨越。

（四）有利于全党牢固树立“四个意识”，确保党永葆生机和活力

十八大以来，我们党扎实推进全面从严治党，在管党治党方面取得了许多成功经验和重大成果，这次修改党章，吸收充实了这方面的内容，强调从严管党治党。作如此修改，体现了对新的时代条件下推进党的建设新的伟大工程规律认识的深化，彰显了我们党打铁必须自身硬的坚强决心和历史担当，有利于全党牢固树立政治意识、大局意识、核心意识、看齐意识，坚定维护以习近平同志为核心的党中央权威和集中统一领导，增强党内政治生活的政治性、时代性、原则性、战斗性，永葆党的生机和活力、永葆党的强大战斗力。

（五）进一步明确了党在中国特色社会主义事业中的领导核心地位，确保党和人民的事业始终沿着正确方向前进

把习近平总书记关于党的领导的重要思想写进党章，在总纲部分中明确：中国共产党的领导是中国特色社会主义最本质的特征，是中国特色社会主义制度的最大优势。党政军民学，东西南北中，党是领导一切的。作这样的修改，进一步明确了党在中国特色社会主义事业中的领导核心地位，有利于增强全党同志党的意识，实现全党思想上统一、政治上团结、行动上一致，确保党和人民的事业始终沿着正确方向前进，为做好党和国家各项工作提供根本政治保证。

第三章　全面从严治党永远在路上

2012 年 11 月 15 日，党的十八大刚刚闭幕，在十八届中共中央政治局常委同中外记者见面会上，习近平总书记斩钉截铁地指出，“打铁还需自身硬”。五年过去了，在 2017 年 10 月 18 日召开的党的十九大开幕会上，习近平总书记进一步指出，“打铁必须自身硬”。从“打铁还需自身硬”到“打铁必须自身硬”，体现了我们党对全面从严治党的认识提升到了一个新的高度。十九大报告指出：中国特色社会主义进入新时代，我们党一定要有新气象新作为。党要团结带领人民进行伟大斗争、推进伟大事业、实现伟大梦想，必须毫不动摇坚持和完善党的领导，毫不动摇把党建设得更加坚强有力。2018 年 1 月 11 日，习总书记在中纪委十九届二次全会上强调，要全面贯彻十九大精神，以新时代中国特色社会主义思想为指导，增强“四个意识”，坚定“四个自信”，全面推进党的政治建设、思想建设、组织建设、作风建设、纪律建设，不断增强党的创造力、凝聚力、战斗力，为决胜全面建成小康社会、全面建设社会主义现代化国家提供坚强保证。

一、全面从严治党提出的社会历史条件及其意义

中国共产党的近 97 年历史，就是一部一脉相承而又与时俱进的全面从严治党的历史。97 年来我们党始终不忘初心、砥砺前行，经受住了各种风险的挑战和考验，经过长期坚持不懈的努力，取得了优异成绩，赢得了广大人民群众的衷心拥护和国际社会的高度评价。如今，站在新的历史起点上，面对世情国情党情发生的深刻变化，在错综复杂的形势和各种风险挑战面前，我们党正在进行具有许多新的历史特点的伟大斗争。习近平总书记在党的十八届六中全会上深刻指出：全面从严治党是党的十八大以来党

中央抓党的建设的鲜明主题。办好中国的事情，关键在党，关键在党要管党、从严治党。此前在十八届中央纪委六次全会上，习近平总书记强调：全面从严治党永远在路上。

（一）全面从严治党提出的社会历史条件

1. 历史基因：党要管党，全面从严治党根源于党的优良传统和历史经验

毛泽东同志曾形象地说，共产党就是靠经验吃饭的。邓小平同志也曾多次强调指出，要及时总结经验，对的就坚持，不对的赶快改。习近平总书记在党的十八届六中全会上深刻指出：我们党抓党的建设，很重要的一条经验就是要不断总结我们党长期以来形成的历史经验和成功做法，并结合新的形势任务和实践要求加以创新。97 年来，我们党实施了党的建设“伟大工程”和“新的伟大工程”，经历了由“从严治党”到“全面从严治党”的极不平凡历程，积累了许多宝贵的历史经验。我们党正是在不断总结经验教训中，坚持真理、修正错误、继往开来、与时俱进，才从不够成熟走向成熟，不断从胜利走向新的胜利。像延安时期的整风运动、党的八大总结的社会主义革命和建设的新经验、党的十一届六中全会通过的《关于建国以来党的若干历史问题的决议》，都是党在不同时期总结革命、执政经验教训的典范。正是从对历史和实践经验的总结中，深化了我们党对人类发展规律、社会主义建设规律和执政规律的认识，为加强和改善党的领导提供了指导。

党的十八大以来的五年，以习近平同志为核心的党中央，站在新的历史起点上，适应新形势、新任务的要求，总结和运用各方面经验，在推进党的建设新的伟大工程方面，开辟了马克思主义执政党建设新境界。习近平总书记提出：党的领导是中国特色社会主义最本质特征，这一重要论断，科学阐明了党的领导与中国特色社会主义之间的关系；把全面从严治党纳入治国理政的战略布局，把坚持依法治国与制度治党、依规治党结合起来，把思想建党和制度治党结合起来；提出把“权力关进制度的笼子里”；提出党建主体责任等思想。这一系列新理念新思想新战略新举措，推进了中国特色社会主义伟大事业和党的建设新的伟大工程。

2. 现实要求：为推动解决党面临的突出矛盾和问题

（1）世情国情党情决定了我们党必须全面从严治党

从国际看，和平与发展的时代主题没有变，世界多极化、经济全球

化、文化多样化、社会信息化深入发展。同时，国际金融危机深层次影响在相当长时期依然存在，地缘政治关系复杂变化，国际上很多风浪都与一些西方国家策动的“颜色革命”不无关系，外部环境不稳定不确定甚至不可控因素增多。比如，全球范围内的公债、债务、反全球化、民粹主义、恐怖主义等问题，在一定条件下恶化了全球发展环境

从国内看，我国物质基础雄厚、人力资源丰富、市场空间广阔、发展潜力巨大，经济长期向好基本面没有改变。同时，发展不平衡、不协调、不可持续问题仍然突出。习近平总书记在十九大报告指出：“发展不平衡不充分的一些突出问题尚未解决，发展质量和效益还不高，创新能力不够强，实体经济水平有待提高，生态环境保护任重道远；民生领域还有不少短板，脱贫攻坚任务艰巨，城乡区域发展和收入分配差距依然较大，群众在就业、教育、医疗、居住、养老等方面面临不少难题。”① 从党内看，经过90多年的发展，我们党的规模在扩大、结构在优化、素质在提高，但也面临不少新挑战：年轻党员数量和比例较高，年轻党员充满活力和激情，但缺乏党内政治生活的历练，党员意识和党性修养有待加强；随着经济社会发展，流动党员数量很大，有些已被纳入新的组织形式，但还有很多党员没有被有效组织起来，长期脱离组织，难以发挥应有作用；随着社会阶层结构的变迁，越来越多的人从单位人变成社会人，社区党组织等基层党组织无法用行政手段开展工作，如何发挥党员作用还需要破解。因此，在新的时代的条件下党面临的可以预料和难以预料的挑战和风险决定了必须全面从严治党。

（2）解决当前党内突出矛盾和问题需要全面从严治党

习近平总书记指出：“我们党员干部队伍的主流始终是好的。”同时，也要清醒地看到，由于党内外、国内外种种复杂因素的影响，党的健康肌体也感染了不少病菌，一些党员、干部在理想信念、思想政治素质、工作能力、作风状况上都处于亚健康状态，人民群众还有不少意见。一些领域腐败现象仍然易发、多发，一些重大违纪违法案件影响恶劣，反腐败斗争形势依然严峻复杂。特别是周永康、薄熙来、郭伯雄、徐才厚、令计划、

---

① 习近平：《决胜全面建成小康社会　夺取新时代中国特色社会主义伟大胜利》，人民出版社2017年版，第9页。

孙政才等人严重违纪违法案件，不仅暴露出他们在经济上存在严重问题，而且暴露出他们在政治上也存在严重问题。这些案件及近几年来查处的其他许多案件警示我们，党要保持执政资格，永远成为中国人民的主心骨，永远成为中国特色社会主义事业的坚强领导核心，就必须持续推进全面从严治党，特别要下决心根除腐败这个毒瘤。

（3）进一步增强党的创造力凝聚力战斗力、提高党的执政能力要求我们党必须全面从严治党

全面从严治党，是形势所需，是人心所向，是地位所致，是现实向我们党提出的迫切要求。加强中国共产党的自身建设，舍此别无他途。

3. 未来重任：全面从严治党是永远的时代课题

（1）始终保持党的先进性和纯洁性这一党的建设的永恒主题决定了全面从严治党必须永远在路上。这是因为，不具备先进性，党就不可能始终走在时代前列；不具备纯洁性，党就不可能始终立于不败之地。

（2）党肩负的伟大而艰巨的历史使命决定了全面从严治党必须永远在路上。

经过鸦片战争以来170多年的持续奋斗，中华民族伟大复兴正展现出无限光明的前景。但道路不可能一帆风顺，蓝图不可能一蹴而就，梦想不可能一夜成真。习近平总书记指出“实现伟大的理想，没有平坦的大道可走。夺取坚持和发展中国特色社会主义伟大事业新进展，夺取推进党的建设新的伟大工程新成效，夺取具有许多新的历史特点的伟大斗争新胜利，我们还有许多‘雪山’、‘草地’需要跨越，还有许多‘娄山关’、‘腊子口’需要征服，一切贪图安逸、不愿继续艰苦奋斗的想法都是要不得的，一切骄傲自满、不愿继续开拓前进的想法都是要不得的。”①

（3）党面对各种考验和危险，要求必须从严治党。

新形势下，党面临的执政考验、改革开放考验、市场经济考验、外部环境考验是长期的、复杂的、严峻的，精神懈怠危险、能力不足危险、脱离群众危险、消极腐败危险更加尖锐地摆在全党面前。各种未知的困难和风险也将有待我们党团结带领人民去克服、去化解。

---

① 习近平：《在纪念红军长征胜利80周年大会上的重要讲话》，2016年10月。

(二) 全面从严治党的重要意义

全面从严治党，是中国共产党自身建设在新形势下的新要求，也是中国共产党在历史上加强自身建设的传统在新条件下合乎逻辑的继承和发展。其对于保证党的战斗力的增强和执政地位的巩固，对确保党始终成为中国特色社会主义事业的坚强领导核心，对实现“两个一百年”奋斗目标和中华民族伟大复兴的中国梦具有十分重大而深远的意义。

1. 全面从严治党对于保证全面建成小康社会、全面深化改革、全面依法治国目标的实现和任务的完成具有决定性意义

全面从严治党，是以习近平同志为核心的党中央新时期“四个全面”整体战略部署的重要组成部分，也是实现全面建成小康社会目标、全面深化改革、全面依法治国的组织保证、领导保证和根本政治保证。邓小平曾一再重申，办好中国的事，关键在党。因为中国共产党是中国特色社会主义事业的领导核心，中国一切问题的解决，都是在党领导下实现的。如果党自身治理不好，能力、作风、组织状况、干部素质等方面不能适应实际要求，那再好的目标也很难顺利实现。

2. 全面从严治党是新条件下解决好党内问题的必然要求

改革开放以来，特别是这些年来，中国共产党在自身建设中不断更新理念，转变思维方式，探索新的途径，取得了明显成效。但我们也要清醒地看到，由于党的执政环境的变化，党的任务和面临的形势变化，党的建设与现实的要求还存在着一定的差距，存在着很多亟待解决的问题。如党内生活质量不高，民主集中制得不到有效贯彻，党的各项纪律得不到有效执行，腐败现象滋生蔓延，一些地方党的基层组织软弱涣散，党员模范带头作用发挥不充分，一些党员干部理想信念动摇、组织观念淡漠，“四风问题”在一些地方一些党员干部身上表现突出、党群干群关系出现很多新的问题等，这些问题如不能得到及时有效地解决，发展下去，会直接影响党的任务的完成，甚至党的执政地位的巩固。全面从严治党，就是要解决党所面临的这些问题。

3. 全面从严治党是总结中国共产党自身建设历史经验所得出的必然结论

中国共产党已经走过了近 97 年的历程，其间经过了数不清的艰难困

苦，遇到过说不完的坎坷曲折，而且因为缺乏经验等原因，自己也犯过很多错误，但党依然辉煌地走到了今天，其中一个根本原因，就在于中国共产党历史上就坚持了从严治党的原则。我们这个党是按照列宁主义建党原则建立起来的党，列宁主义建党原则的一个本质特征就是强调党的组织性和纪律性。中国共产党在极其艰苦的条件下为夺取政权奋斗了28年，所以就更铸就了党严格的组织纪律性这一特点。正是因为坚持从严治党，中国共产党才赢得了广大人民群众的衷心拥护和爱戴。像延安时期对黄克功、萧玉壁案件的处理，新中国成立初期对刘青山、张子善案件的处理，都表现出在当时情况下我们从严治党的决心。姜太公在《六韬》说："杀一人而三军震者，杀之；赏一人而万人乐者，赏之。"正如毛泽东所说："谁要搞腐败那一套，我毛泽东就要割谁的脑袋，我毛泽东若是搞腐败，人民就要割我毛泽东的脑袋。"正因为这样，我们才能取得政权并巩固政权。

4. 全面从严治党是新条件下进一步巩固党的执政地位的紧迫任务

中国共产党在中国执掌政权，是历史的选择、人民的选择，正因为得到人民群众的支持和拥护，党才能长期执政，并使中国的面貌发生了翻天覆地的变化。党的执政绩效使党赢得群众，而群众的支持和拥护又使党在执政活动中不断创造新的绩效，二者是相辅相成的。但人民群众的支持和拥护不是无条件的，所以党的执政地位也不是一劳永逸的。特别是在改革开放和市场经济条件下长期执政的新时期，外在环境的巨大变化，党面临着很多新的挑战和问题，所以，中央一再告诫全党，执政党最大的危险是脱离群众。这些告诫不是危言耸听，如果党的作风、纪律、干部能力素质、基层组织建设等方面存在的问题得不到及时有效的解决，特别是腐败蔓延的势头得不到有力的遏制，我们就有可能失去人心。从这点上讲，全面从严治党也是赢得民心的工程。

二、全面从严治党的时代内涵及特点

（一）全面从严治党的时代内涵

全面从严治党是党的十八大以来党中央抓党的建设的鲜明主题。习近平强调，全面从严治党，核心是加强党的领导，基础在全面，关键在严，要害在治。要坚定不移全面从严治党，不断提高党的执政能力和领导水平，是党的十九大报告对全面从严治党提出的明确要求，为深入推进全面从严治党指明了方向、提供了遵循。

全面从严治党作为“四个全面”战略布局的重要内容，对党要管党、从严治党提出了更高、更全面的要求。

所谓“全面”，主要包含以下几个方面：一是内容全覆盖，要把全面从严治党的要求落实到党的政治建设、思想建设、组织建设、作风建设、纪律建设和制度建设等各个领域、各个方面，体现党的建设的系统性和整体性。二是主体全覆盖，要把全面从严治党的要求落实到450多万个基层党组织中，落实到全国8900多万党员身上，特别是要落实到管党治党的主体——各级党组织和广大党员干部身上。三是过程全覆盖，要把全面从严治党的要求落实到各个时期、各个阶段、各项工作的始终。

所谓“从严”，就是用严格的标准管党治党，对党员的要求比普通群众的要求更严格，党规党纪严于国家法律，要真管真严、敢管敢严、长管长严。真管真严，就要动真格、不降标准、不走过场，确保全面从严治党要求真正落到实处；敢管敢严，就是要有“明知山有虎，偏向虎山行”的勇气，敢于碰硬、敢于较真，不畏压力、不畏艰险、不避矛盾，敢于“亮剑”；长管长严，就是要持之以恒、善始善终，不松劲、不惜力、不打折扣，坚持不懈。

所谓要害在“治”，就是要通过制度治党、以规治党，执纪“四种形态”，采取对症下药的措施，真正做到标本兼治。要以一种壮士断腕的决心和勇气，拔“烂树”，治“病树”，正“歪树”。拔“烂树”，就是坚决清除违规违纪违法的腐败分子；治“病树”，就是对犯了小错的党员和干部，要对症下药，抓早抓小，惩前毖后、治病救人；正“歪树”，就是对处于“亚健康”状态的党员和干部，要及时警醒，拉回正轨，使其尽快远离违反纪律和规矩的“高压线”。①

（二）全面从严治党的特点

党的十八大以来，以习近平同志为核心的党中央持续发力加压，坚持高标准、严要求，一件事一件事地抓，一个时间节点一个时间节点地抓、

① 《十九大党章学习讲座》，党建读物出版社2017年版，第140—141页。

一年接着一年干，以实实在在的成效践行着对人民的承诺，不辜负历史和人民赋予的重托。回顾党的十八大以来加强党的建设的历程，新形势下全面从严治党呈现许多新特点。

1. 内容全面

从严治党是一个复杂的系统工程，涵盖政治建设、思想建设、组织建设、作风建设、纪律建设、反腐倡廉建设、制度建设等各个领域，具有全面性、系统性、长期性、复杂性。因此，党的各项建设需要同向发力、同时发力。在政治建设方面，强调全党要服从中央，要坚定执行党的政治路线，严格遵守政治纪律和政治规矩，要尊崇党章，完善和落实民族集中制的各项制度，弘扬忠诚老实、公道正派、实事求是、清正廉洁，要加强党性锻炼。在思想建设方面，习近平总书记明确提出，要坚定理想信念，补足共产党人的精神之“钙”，要教育引导广大党员、干部把践行中国特色社会主义共同理想和坚定共产主义远大理想统一起来，做到虔诚而执着、至信而深厚。在组织建设方面，强调要加强党委领导班子建设，加强党的基层组织建设和党员队伍建设，要培养选拔党和人民需要的好干部。在作风建设方面，严格执行“中央八项规定、纠四风”，深入开展党的群众路线教育实践活动、“三严三实”专题教育、“两学一做”学习教育活动和“不忘初心、牢记使命”主题教育，做到抓常、抓细、抓长。在纪律建设方面，习近平总书记提出，加强纪律建设是全面从严治党的治本之策；严明党的纪律，首要的就是要严明政治纪律；严明党的组织纪律，增强组织纪律性；创建党内法规制度，把各项纪律和规矩立起来；使纪律真正成为带电的“高压线”。在反腐倡廉建设方面，习近平总书记明确要求，坚持零容忍态度反对和惩治腐败，坚持“老虎”“苍蝇”一起打，加强党内监督，充分发挥巡视利剑的作用。在制度建设方面，积极推进党的建设制度改革，强调把权力关进制度的笼子里。五年来，党内法规制度建设步入快车道，以党的十八届六中全会通过的《关于新形势下党内政治生活的若干准则》和《中国共产党党内监督条例》为代表，党中央已经修订颁布了90余部党内法规，为全面从严治党提供了坚实保障。

2. 要求严格

“历览前贤国与家、成由勤俭败由奢”，静以修身、俭以养德。党的十八以来，针对一些地方和单位管党治党失之于宽、失之于软的状况，中央政治局作出表率，中央领导同志带头严格执行“八项规定，纠四风”，“不张贴悬挂标语横幅，不安排群众迎送，不铺设迎宾地毯，不摆放花草，不安排宴请”，再到后来中秋抓月饼、端午管粽子、新年限贺卡等，似乎都是小得不能再小的“细节”，然而，“小切口”推动“大变局”，大收获源于小坚持，人民群众的感受是最真切的。

不少网友通过各种渠道纷纷点赞：狠刹公款吃喝公款消费，涤清了社会风气，整饬了党风政风，赢得了民心，最终得实惠的是咱老百姓，学校旁、酒店旁、景点旁，再难看到公务车，感受到更多的是风清气正，发生在身边的细节，都在潜移默化地改变着我们工作与生活。

新加坡《联合早报》这样写道：当时很少人预见到，公款吃喝、文山会海等中国官场的老大难问题，竟然在一年内出现如此明显的改善。

需要强调的是，从严治党首先要严格制度与厉行法制。1935 年 12 月，中央刚到陕北不久，就颁布了《关于惩治贪污浪费行为》的第 26 号训令，重申了首先在中央各机关进行检举贪污运动。1938 年 8 月，制定了《惩治贪污暂行条例》，规定“贪污数目在 500 元以上者，处死刑或者 5 年以上有期徒刑，贪污数目在 300 元以上 500 元以下者，处一年以上三年以下有期徒刑，贪污数目在 100 元以下者，处一年以下有期徒刑，或者劳教”。经试运行后，于 1939 年颁布了《惩治贪污条例》，其中要求“共产党员有犯法者从重治罪”。1943 年 4 月制定了《陕甘宁边区各级政府干部任免暂行条例》，《条例》第四条规定：“有破坏政府法令，危害群众利益以及贪污、腐化、营私、舞弊、处罪有案，未能改过自新者，不得任用为政府干部”。1943 年 5 月公布的《陕甘宁边区政务人员公约》第五条规定：“公正廉洁，奉公守法”。以上法规、条例、制度的建立和实施，对边区党和政府工作人员保持清正廉洁，艰苦奋斗，形成优良作风，起到了应有的作用。

其次，作风上要严，党的作风关系党的形象，关系党的生死存亡。作风是党性的外部表现，党性作为一种内在的质的规定性，不易从外部直接感受，党外人士、群众对党的认识，更直接、更经常的是感受党的作风，也就是党的组织和党员在自己的实际工作生活中表现出来的，中国共产党在历史上之所以能够得到党外各方面社会正义人士的认同，得到广大人民群众的普遍拥护，一个非常重要的原因就是党的优良作风。抗日战争期间，很多民主人士到延安，在很短时间的接触中就对中国共产党高度认同，很多人还在以后的生涯中与中国共产党合作终生，像黄炎培、陈嘉庚等就是这样。他们认同中国共产党的主要原因就是中国共产党的政策和作风。在今天的新形势下，党的作风依然关系到党在群众中树立一个什么样的形象，关系到党能否更好地把各方面的积极因素和进步力量团结凝聚到自己周围，为实现中华民族伟大复兴而共同奋斗。因此，从严治党要严在作风上。

再次，处罚上要严，无规矩不成方圆，有规矩不严格执行同样难成方圆。延安时期，中国共产党不仅提出了“建设廉洁政府”的目标和口号，而且建立健全了一系列反腐倡廉的法规制度，更为重要的是始终坚持法纪面前人人平等的原则，对共产党员，包括有功之臣、领导干部要求更加严格。延安时期的黄克功案件和萧玉壁案件，建国后刘青山、张子善案件就充分证明了这一点。延安时期形成的这一从严治党的思想并没有过时，作为执政党的党员干部，特别是党员领导干部，由于其自身政治地位的特殊性，必须带头模范地遵守党纪国法，如有违法乱纪，就要依法依纪从严惩处，而不是法外施恩。对于那些至今仍不收手、不收敛的领导干部更要严格执法执纪，从重处罚，从而对腐败分子起到巨大的震慑作用。另外，通过构建不敢腐、不能腐、不想腐的体制机制，使各级领导干部对党纪国法心存敬畏，敬畏党纪党规、敬畏国家法律。

3. 主抓少数

全面从严治党，重点是从严治吏，抓领导干部。十八大以来的这五年，从党中央做起，坚持领导带头，以上率下。正人先正己，己不正，焉能正人？正如孔子所说：“政者，正也。子帅以正，孰敢不正？”[①]“善禁者，先禁其身而后人”。风成于上，俗形于下。领导干部以身作则、率先垂范，就能以点带面、以上率下全面从严治党，首先从中央政治局做起，要求别人做到的首先自己做到，要求别人不做的自己坚决不做。农村一直流行这样的顺口溜，“村看村、户看户，村民看干部”。所以，领导不带头，作风问题是很难得到解决的。

1942 年边区处于经济困难时期，毛泽东在工作繁忙之余，还要抽出时

① 《论语·颜渊》。

间参加劳动。朱德总司令也在工作繁忙中抽出时间参加劳动，还把自己骑的马让出参加运输。周恩来在乘火车前往石家庄同卫立煌谈判时，买了普通的硬座票。任弼时同志还被评为纺线能手。边区政府主席林伯渠，不顾年老体弱，在政务工作十分繁忙的情况下，利用早晚时间，参加开荒种地。从中央领导到一般公务员，都是穿粗布衣，吃小米饭。在延安，他们这些以身作则、艰苦朴素的事例数不胜数。中央领导以他们的实际行动教育影响了全党和广大干部。

民主革命时期，延安整风运动的一个重要经验，就是始终坚持把各级领导干部，特别是中高级领导干部作为整风的主要对象。毛泽东同志曾指出，此次整风是全党的，包括各部门各级干部在内，而主要与首先的对象是中高级干部，特别是高级干部。之所以要把高级干部作为从严治党的重点对象，毛泽东同志认为原因有两点：一是犯思想病最顽固的也是这些干部中的人。二是高级干部对纠正错误、端正党的思想路线的作用大。抓紧、抓细高级干部的整风与学习，是延安整风取得成效的重要原因。

党的十八届六中全会通过的党内两部法规，一个显著特色就是都突出了高级干部这个重点，对高级干部提出了更高的标准、更严的要求。“关键少数”以身作则、率先垂范，自然就会有看齐意识，有看齐的行动。

实践表明，推进全面从严治党，关键在主体责任，牢牢抓住主体责任这个“牛鼻子”。

三、全面从严治党的基本理路

（一）用习近平新时代中国特色社会主义思想武装全党

习近平总书记指出，理想信念是共产党人精神上的“钙”，对马克思主义的信仰、对社会主义和共产主义的信念，是共产党人的政治灵魂，是共产党人经受住任何考验的精神支柱，也是保持党的团结统一的思想基础。理想信念坚定，骨头就硬，没有理想信念，或理想信念不坚定，精神上就会“缺钙”，就会得“软骨病”，就可能导致政治上变质、经济上贪婪、道德上堕落、生活上腐化。推进全面从严治党，就是要解决好世界观、人生观、价值观这个“总开关”问题。

党的十九大报告强调，“思想建设是党的基础性建设。革命理想高于天。共产主义远大理想和中国特色社会主义共同理想，是中国共产党人的精神支柱和政治灵魂，也是保持党的团结统一的思想基础。要把坚定理想信念作为党的思想建设的首要任务，教育引导全党牢记党的宗旨，挺起共产党人的精神脊梁，解决好世界观、人生观、价值观这个‘总开关’问题，自觉做共产主义远大理想和中国特色社会主义共同理想的坚定信仰者和忠实实践者。弘扬马克思主义学风，推进‘两学一做’学习教育常态化制度化，以县处级以上领导干部为重点，在全党开展‘不忘初心、牢记使命’主题教育，用党的创新理论武装头脑，推动全党更加自觉地为实现新时代党的历史使命不懈奋斗。”①

（二）严肃党内政治生活，净化党内政治生态

回顾党的历史，无论是民主革命时期出现的“右”倾或“左”倾错误路线，还是“文化大革命”中发生的全局性严重错误，都与党内政治生活不正常直接相关。偏离正确的思想路线，民主集中制遭到破坏，党内搞家长制、个人说了算，甚至“残酷斗争、无情打击”，都为错误政治路线的形成提供温床。而错误的思想路线和政治路线又进一步摧毁正常的党内政治生活，破坏党内政治生态。特别是“一把手”腐败给当地的政治生态造成极其恶劣的影响。

习近平总书记指出：党要管党必须从党内政治生活管起，从严治党必须从党内政治生活严起。严肃党内政治生活、净化党内政治生态，是保持党的先进性和纯洁性、增强党的创造力凝聚力战斗力的必然要求，是我们党管党治党的宝贵经验，是解决当前党内突出矛盾和问题的迫切需要。新的时代条件下，我们党要团结带领人民进行具有许多新的历史特点的伟大斗争，成功应对重大挑战、抵御重大风险、克服重大阻力、解决重大矛盾，迫切需要严肃党内政治生活、净化党内政治生态，持续推进全面从严治党，不断增强党自我净化、自我完善、自我革新、自我提高的能力，把党建设得更加坚强有力。

---

① 习近平：《决胜全面建成小康社会　夺取新时代中国特色社会主义伟大胜利》，人民出版社 2017 年版，第 63 页。

（三）进一步强化坚持和完善民主集中制

民主集中制是党的根本组织制度和领导制度，是中国特色社会主义民主政治的鲜明特点，是党内政治生活正常开展的重要制度保障。坚持民主基础上的集中和集中指导下的民主相结合，坚持集体领导制度，实行集体领导和个人分工负责相结合，任何组织和个人在任何情况下都不允许以任何理由违反这项制度。这是党内政治生活的一个重大原则。十八届六中全会通过的《关于新形势下党内政治生活的若干准则》强调，坚决反对和防止独断专行和各自为政，坚决反对和防止议而不决、决而不行、行而不实，坚决反对和防止以党委集体决策名义集体违规，这些都有很强的现实针对性。

毛泽东、邓小平都说过，民主集中制执行的不好，党是可以变质的，国家也是可以变质的，社会主义也是可以变质的。现在一些地方和单位搞“一言堂”、个人专断，党员的主体地位和民主权利得不到切实保障，“一把手”权力太大又缺乏必要的监督，民主集中制的具体制度形同虚设，致使重大决策失误，也是一些领导干部跌入犯错误甚至犯罪深渊的重要原因。

习近平总书记在十九大报告中指出：“完善和落实民主集中制的各项制度，坚持民主基础上的集中和集中指导下的民主相结合，既充分发扬民主，又善于集中统一。”[①] 当前，我们党要夺取具有许多新的历史特点的伟大斗争的胜利，更需要推进全面从严治党，运用好党内政治生活的重要法宝，坚持民主集中制，发扬党内民主，开展好批评和自我批评，严格党的组织生活，维护好党的团结统一。

（四）加强组织建设，落实从严治党主体责任

党的组织建设是党的建设的重要内容。习近平总书记强调，党的力量来自组织，组织能使力量倍增。党的组织工作是党的全部工作的基础，是党的战斗力是的源泉。加强党的组织建设，首先，强化组织原则，增强党的凝聚力。加强党组织建设，核心是加强党的执政能力建设。只有全面提升党的自我净化、自我完善、自我革新、自我提高的能力和水平，严格落

① 习近平：《决胜全面建成小康社会　夺取新时代中国特色社会主义伟大胜利》，人民出版社 2017 年版，第 62 页。

实民主集中制，才能把全体党员和广大群众团结凝聚在党的周围，使党员自觉维护党、紧跟党，使群众自觉信赖党、依靠党。其次，建设规模适度、结构合理、质量优秀、作用突出的党员干部队伍，夯实党执政的组织基础。再次，加强基层组织建设，推进全面从严治党向基层延伸。党的基层组织是党的全部工作和战斗力的基础，是党的建设的一个“窗口”，是党联系群众的“纽带”，是党团结带领群众完成各项工作任务的”堡垒”。“要以提升组织力为重点，突出政治功能，把企业、农村、机关、学校、科研院所、街道社区、社会组织等基层党组织建设成为宣传党的主张、贯彻党的决定、领导基层治理、团结动员群众、推动改革发展的坚强战斗堡垒。”① 习近平总书记多次强调，各级党组织要担负起全面从严治党主体责任。落实主体责任，是中央从巩固党的执政地位、永葆党的先进性和纯洁性的政治高度，对各级党组织提出的明确要求。“全面从严治党是各级党组织的职责所在。从党风廉政建设主体责任到全面从严治党主体责任，不只是字面上的变化，更是实践的发展、认识的深化。党风廉政建设和反腐败工作是全面从严治党的一部分，党的建设必须全面从严，各级党组织及其负责人都是责任主体。落实主体责任，关键是要把党的领导落到实处。各级党组织要牢固树立不管党治党就是严重失职的观念，在工作的方方面面体现党的领导。要把党的领导体现到日常管理监督中，敢于较真，注重日常，抓早抓小，防微杜渐，体现组织严格要求和关心爱护，决不能坐看自己的同志在错误的道路上越滑越远。党委书记要做管党治党的书记，当好第一责任人，对党负责，对本地区本单位的政治生态负责，对干部健康成长负责。要把责任传导给所有班子成员，压给下面的书记，确保责任落到实处。”②

（五）严明党的纪律，加强纪律建设

没有规矩，不能成方圆，严格的纪律性是我们党的政治优势和光荣传统，也是保持党的创造力凝聚力战斗力的重要保障。因此，管党治党、全面从严治党必须把纪律建设摆在更加突出位置，特别是党的政治纪律。“党的政治纪律是党的各级组织和全体党员在政治方向、政治立场、政治

① 《十九大精神十三讲》，人民出版社 2017 年版，第 202—204 页。

② 习近平：《在第十八届中央纪律检查委员会第六次全体会议上的讲话》，见中国共产党新闻网。

言论和政治行为方面必须遵守的行为准则，是维护党的团结统一的根本保证。政治纪律是最根本、最重要的纪律，是打头、管总的纪律，遵守党的政治纪律是遵守党的全部纪律的重要基础。严明党的纪律，首要的就是严明政治纪律。”①1859 年，马克思在致恩格斯的信中指出：“必须绝对保持党的纪律，否则将一事无成。”“无数案例证明，党员‘破法’，无不始于‘破纪’。只有把纪律挺在前面，坚持纪严于法、纪在法前，才能克服‘违纪只是小节、违法才去处理’的不正常状况，用纪律管住全体党员。这一个时期，我们严肃党的纪律，许多干部从不适应到适应，由不相信到相信，由被动到主动，校准了思想之标，调整了行为之舵，绷紧了作风之弦。这是好现象。加强纪律建设，一是要健全完善制度，以党章为根本遵循，本着于法周延、于事有效的原则，制定新的法规制度，完善已有的法规制度，废止不适应的法规制度，健全党内规则体系，扎紧党纪党规的笼子。二是要深入开展纪律教育，加强学习宣传教育，使党员、干部增强纪律意识，把党章党规党纪刻印在心上，形成尊崇党章、遵守党纪的良好习惯。三是要狠抓执纪监督，以纪律为尺子衡量党员、干部的行为，对违纪问题发现一起就查处一起，提高纪律执行力，维护纪律严肃性。四是要养成纪律自觉，教育引导广大党员、干部特别是领导干部严格按党章标准要求自己，知边界、明底线，把他律要求转化为内在追求，自觉以身作则，发挥表率作用。”②

（六）强化政治建设，严守政治规矩

习近平总书记在党的十九大报告指出，坚持和加强党的全面领导，坚持党要管党、全面从严治党，就要以党的政治建设为统领，全面推进党的政治建设、思想建设、组织建设、作风建设、纪律建设，把制度建设贯穿其中，深入推进反腐败斗争，不断提高党的建设质量，把我们党建设得更加坚强有力。

“旗帜鲜明讲政治是我们党作为马克思主义政党的根本要求。党的政治建设是党的根本性建设，决定党的建设方向和效果。保证全党服从中

① 《十九大党章学习讲座》，党建读物出版社 2017 年版，第 247 页。

② 习近平：《在第十八届中央纪律检查委员会第六次全体会议上的讲话》，见中国共产党新闻网。

央，坚持党中央权威和集中统一领导，是党的政治建设的首要任务。全党要坚定执行党的政治路线，严格遵守政治纪律和政治规矩，在政治立场、政治方向、政治原则、政治道路上同党中央保持高度一致。要尊崇党章，严格执行新形势下党内政治生活若干准则，增强党内政治生活的政治性、时代性、原则性、战斗性，自觉抵制商品交换原则对党内生活的侵蚀，营造风清气正的良好政治生态。完善和落实民主集中制的各项制度，坚持民主基础上的集中和集中指导下的民主相结合，既充分发扬民主，又善于集中统一。弘扬忠诚老实、公道正派、实事求是、清正廉洁等价值观，坚决防止和反对个人主义、分散主义、自由主义、本位主义、好人主义，坚决防止和反对宗派主义、圈子文化、码头文化，坚决反对搞两面派、做两面人。全党同志特别是高级干部要加强党性锻炼，不断提高政治觉悟和政治能力，把对党忠诚、为党分忧、为党尽职、为民造福作为根本政治担当，永葆共产党人政治本色。”①

① 习近平：《决胜全面建成小康社会　夺取新时代中国特色社会主义伟大胜利》，人民出版社 2017 年版，第 62—63 页。

第四章　全面认识“一带一路”

“一带一路”（英文：The Belt and Road，缩写 B&R）是“丝绸之路经济带”和“21 世纪海上丝绸之路”的简称。它将充分依靠中国与有关国家既有的双多边机制和既有的区域合作平台，旨在借用古代丝绸之路的历史符号，高举和平发展的旗帜，积极发展与沿线国家的经济合作伙伴关系，共同打造政治互信、经济融合、文化包容的利益共同体、命运共同体和责任共同体。

当今世界正在发生复杂而深刻的变化，国际金融危机深层次影响继续显现，世界经济缓慢复苏、发展分化，国际投资贸易格局和多边投资贸易规则酝酿深刻调整，各国面临的发展问题依然严峻。共商共建“一带一路”顺应世界多极化、经济全球化、文化多样化、社会信息化的潮流，秉持开放的区域合作精神，致力于维护全球自由贸易体系和开放型世界经济。共建“一带一路”旨在促进经济要素有序自由流动、资源高效配置和市场深度融合，推动沿线各国实现经济政策协调，开展更大范围、更高水平、更深层次的区域合作，共同打造开放、包容、均衡、普惠的区域经济合作架构。共建“一带一路”符合国际社会的根本利益，彰显人类社会共同理想和美好追求，是国际合作以及全球治理新模式的积极探索，将为世界和平发展增添新的正能量。

共商共建“一带一路”致力于亚欧非大陆及附近海洋的互联互通，建立和加强沿线各国互联互通伙伴关系，构建全方位、多层次、复合型的互联互通网络，实现沿线各国多元、自主、平衡、可持续的发展。共建“一带一路”的互联互通项目将推动沿线各国发展战略的对接与耦合，发掘区域内市场的潜力，促进投资和消费，创造需求和就业，增进沿线各国人民的人文交流与文明互鉴，让各国人民相逢相知、互信互敬，共享和谐、安宁、富裕的生活。

当前，中国经济和世界经济高度关联。中国将一以贯之地坚持对外开放的基本国策，构建全方位开放新格局，深度融入世界经济体系。推进“一带一路”建设，既是中国扩大和深化对外开放的需要，也是加强和亚欧非及世界各国互利合作的需要。

一、“一带一路”与古丝绸之路的区别

2000 多年前，亚欧大陆上勤劳勇敢的人民，探索出多条连接亚欧非几大文明的贸易和人文交流的道路，后人将其统称为“丝绸之路”。千百年来，“和平合作、开放包容、互学互鉴、互利共赢”的丝绸之路精神薪火相传，推进了人类文明进步，是促进沿线各国繁荣发展的重要纽带，是东西方交流合作的象征，是世界各国共有的历史文化遗产。“丝绸之路”一词最早来自于德国地理学家费迪南·冯·李希霍芬 1877 年出版的《中国——亲身旅行和据此所作研究的成果》。他在该著作中把“从公元前 114 年至公元 127 年间，中国与中亚、中国与印度间以丝绸贸易为媒介的这条西域交通道路”命名为“丝绸之路”。

（一）古丝绸之路

古丝绸之路，一般指陆上丝绸之路。广义上讲又分为陆上丝绸之路和海上丝绸之路。陆上丝绸之路是连接中国腹地与欧洲诸地的陆上商业贸易通道，是一条东方与西方之间经济、政治、文化进行交流的主要道路。起源于西汉汉武帝派张骞出使西域，以首都长安（今西安）为起点，经甘肃、新疆，到中亚、西亚，并连接地中海各国的陆上通道，最初作用是运输中国古代出产的丝绸等商品。“海上丝绸之路”是古代中国与世界其他地区进行经济文化交流交往的海上通道，该路主要以南海为中心，通往东南亚、马六甲海峡、印度洋、红海，以及非洲大陆等地。海上丝绸之路形成于秦汉，发展于三国至隋朝，繁荣于唐宋，衰落于明清时期，是已知的最为古老的海上航线。

（二）“一带一路”

“一带一路”是“丝绸之路经济带”和“21 世纪海上丝绸之路”的合

称。2013 年 9 月和 10 月，中国国家主席习近平在出访中亚和东南亚国家期间，先后提出共建“丝绸之路经济带”和“21 世纪海上丝绸之路”的重大倡议，得到国际社会高度关注。中国国务院总理李克强参加 2013 年中国—东盟博览会时强调，铺就面向东盟的海上丝绸之路，打造带动腹地发展的战略支点。加快“一带一路”建设有利于促进沿线各国经济繁荣与区域经济合作，加强不同文明交流互鉴，促进世界和平发展，是一项造福世界各国人民的伟大事业。2014 年 11 月，习近平在 APEC 峰会上宣布中国将出资 400 亿美元成立“丝路资金”。2015 年 3 月 28 日，国家发展改革委、外交部、商务部联合发布了《推动共建丝绸之路经济带和 21 世纪海上丝绸之路的愿景与行动》。2016 年 11 月，第 71 届联合国大会把“一带一路”倡议写进了联合国决议。2017 年 2 月，联合国社会发展委员会第 55 届会议，又把“一带一路”中“构建人类命运共同体”的理念写入联合国决议。2017 年 5 月 14 日至 15 日，在北京主办了举世瞩目的“一带一路”国际合作高峰论坛。

“一带一路”贯穿亚欧非大陆，一头是活跃的东亚经济圈，一头是发达的欧洲经济圈，中间广大腹地国家经济发展潜力巨大。丝绸之路经济带重点畅通中国经中亚、俄罗斯至欧洲（波罗的海）；中国经中亚、西亚至波斯湾、地中海；中国至东南亚、南亚、印度洋。21 世纪海上丝绸之路重点方向是从中国沿海港口过南海到印度洋，延伸至欧洲；从中国沿海港口过南海到南太平洋。

“一带一路”，首先，是由铁路、公路、航空、航海、油气管道、输电线路、通信网络组成的综合性立体互联互通的交通网络。希腊比雷埃夫斯港是“中远荷兰”号远洋货轮在欧洲挂靠的首个港口，也是“21 世纪海上丝绸之路”西端的重要枢纽港。“21 世纪海上丝绸之路”西端的重要枢纽港喀喇昆仑山公路被称为世界上最美的公路，全球最高耸的跨境道路，和世界最惊险的走廊喀喇昆仑山公路被称为世界上最美的公路，全球最高耸的跨境道路，和世界最惊险的走廊。其次，沿线将逐渐形成相关服务的产业集群，通过产业集聚和辐射效应形成综合发展的经济走廊。与 40 多个国家和国际组织签署了“一带一路”合作协议，同 30 多个国家开展机制化产能合作起点从瓜达尔港终点到喀什，贯穿巴基斯坦南北和连结中国西部的中巴铁路与公路将中国的石油运输路程缩短 85%。再次，世界最长经济走廊。“一带一路”将作为世界经济引擎的亚太地区与世界最大经济体欧盟联系起来，给欧亚大陆带来新的空间和机会，并形成东亚、西亚和南亚经济辐射区。

二、“一带一路”倡议的背景

在当前全球经济缓慢复苏的大背景下，加强区域合作是推动世界经济发展的重要动力，并且已经成为一种趋势。共建“一带一路”是中国政府根据国际和地区形势深刻变化，以及中国发展面临新形势、新任务，致力于维护全球自由贸易体系和开放型经济体系，促进沿线各国加强合作、共克时艰、共谋发展提出的战略构想，具有深刻的时代背景。

（一）国际背景

人类社会正处在一个大发展大变革大调整时代。世界多极化、经济全球化、社会信息化、文化多样化深入发展，和平发展的大势日益强劲，变革创新的步伐持续向前，世界各国之间的联系也日益紧密。

1. 经济全球化新形势有利于推进“一带一路”倡议

经济全球化、世界多极化趋势愈发明显，全球金融危机的余浪仍在。现阶段，世界经济缓慢复苏、发展分化，国际投资贸易格局和多边贸易投资规则酝酿深刻调整，各国面临的发展问题依然严峻。“一带一路”战略的实施有利于促进经济要素自由流动，促进资源高效配置，带动、促进沿线各国经济协调发展，它符合国际社会的根本利益，也顺应了经济全球化的潮流。同样，经济全球化新形势有利于推进“一带一路”倡议。

2016 年，霍尔果斯口岸进出口货物量 2600 万吨。外贸进出口总额 8 亿美元，增长 10%。广大发展中国家更加主动地融入世界市场，有利于我国全方位推进“一带一路”建设。2015 年，哈萨克斯坦出口了 72.7 万升葡萄酒，出口额达 390 万美元，比 2014 年增加了 4.8 倍。其中主要的葡萄酒出口市场为中国。

2. 发展中国家崛起助力“一带一路”

发展中国家亟需新的经济增长点来带动和突破，“一带一路”可以促进沿线国家及其他发展中国家经济发展，推动世界经济格局更趋均衡。因此，发展中国家崛起助力“一带一路”。2013 年发展中国家对世界经济贡献率为 81%，发达国家对世界经济贡献率为 19%。中哈投资与产能合作早期收获的项目清单中有 51 个项目，总投资额金额约为 270.75 亿美元。

3. 区域经济一体化呼唤“一带一路”

当今时代，经济合作的模式发生了诸多变化，传统的国际贸易安排与区域一体化框架无法适应这些变化，因此，国际上对重新制定区域一体化规则的需求日益迫切。“一带一路”作为中国发起的促进区域经济合作倡议，也可以看作区域一体化安排，是一种新型的区域一体化道路。“一带一路”就是从基础设施互联互通、贸易便利化、资金融通等微观层面的一体化着手，进而实现民心相通的道路。在这个意义上，“一带一路”正是响应时代呼唤、能够为人类命运共同体开辟新的前进道路的区域一体化安排。“一带一路”不断发展对外经贸关系中的“传统”区域，并积极开拓“非传统”区域，构建全方位开放新格局，打造新型全球治理体系。

（二）国内背景

当前中国正处于经济增长速度从高速增长转变为中高速增长，经济结构不断优化升级，从要素和投资驱动转为创新驱动的“新常态”中。中国发展处正于重要战略机遇期。但同时也面临着日益严重的人口老龄化，人口红利下降，传统制造业收益不断降低，投资和出口增速明显回落，产业污染严重的问题。与此同时，中国沿用了 30 多年的传统经济发展模式的弊端也不断显现，面临着房地产泡沫风险增加，产能过剩，网络金融信贷，地方债务风险不断上升；城乡、区域发展不平衡，社会矛盾突出；能源资源粗放利用，生态环境破坏严重等。提出与发展“一带一路”是解决我国国内经济结构问题的需要，是解决国内地区发展不平衡问题的需要，也是解决国内能资源供给问题的需要。

三、“一带一路”的具体方案

共建“一带一路”，秉持和平合作、开放包容、互学互鉴、互利共赢的理念，以“五通”，即政策沟通、设施联通、贸易畅通、资金融通、民心相通为主要内容，全方位推进务实合作，打造政治互信、经济融合、文化包容的利益共同体、责任共同体和命运共同体。

（一）“一带一路”的建设原则

“一带一路”建设秉承共商、共享、共建原则。其建设不是封闭的，而是开放的；不是中国一家的独奏，而是沿线国家的合唱。“一带一路”建设恪守联合国宪章的宗旨和原则。遵守和平共处五项原则，即尊重各国主权和领土完整、互不侵犯、互不干涉内政、和平共处、平等互利。

坚持开放合作。“一带一路”相关的国家基于但不限于古代丝绸之路的范围，各国和国际、地区组织均可参与，让共建成果惠及更广泛的区域。

坚持和谐包容。倡导文明宽容，尊重各国发展道路和模式的选择，加强不同文明之间的对话，求同存异、兼容并蓄、和平共处、共生共荣。

坚持市场运作。遵循市场规律和国际通行规则，充分发挥市场在资源配置中的决定性作用和各类企业的主体作用，同时发挥好政府的作用。

坚持互利共赢。兼顾各方利益和关切，寻求利益契合点和合作最大公约数，体现各方智慧和创意，各施所长，各尽所能，把各方优势和潜力充分发挥出来。

（二）“一带一路”的框架思路

根据中国国家主席习近平的倡议和新形势下推进国际合作的需要，结合古代陆海丝绸之路的走向，共建“一带一路”确定了五大方向：丝绸之路经济带有三大走向，一是从中国西北、东北经中亚、俄罗斯至欧洲、波罗的海；二是从中国西北经中亚、西亚至波斯湾、地中海；三是从中国西南经中南半岛至印度洋。21 世纪海上丝绸之路有两大走向，一是从中国沿海港口过南海，经马六甲海峡到印度洋，延伸至欧洲；二是从中国沿海港口过南海，向南太平洋延伸。

根据上述五大方向，按照共建“一带一路”的合作重点和空间布局，中国提出了“六廊六路多国多港”的合作框架。“六廊”是指新亚欧大陆桥、中蒙俄、中国—中亚—西亚、中国—中南半岛、中巴和孟中印缅六大国际经济合作走廊。“六路”指铁路、公路、航运、航空、管道和空间综合信息网络，是基础设施互联互通的主要内容。“多国”是指一批先期合作国家。“一带一路”沿线有众多国家，中国既要与各国平等互利合作，也要结合实际与一些国家率先合作，争取有示范效应、体现“一带一路”理念的合作成果，吸引更多国家参与共建“一带一路”。“多港”是指若干保障海上运输大通道安全畅通的合作港口，通过与“一带一路”沿线国家共建一批重要港口和节点城市，进一步繁荣海上合作。“六廊六路多国多港”是共建“一带一路”的主体框架，为各国参与“一带一路”合作提供了清晰的导向。

“一带一路”是促进共同发展、实现共同繁荣的合作共赢之路，是增进理解信任、加强全方位交流的和平友谊之路。中国政府倡议，秉持和平合作、开放包容、互学互鉴、互利共赢的理念，全方位推进务实合作，打造政治互信、经济融合、文化包容的利益共同体、命运共同体和责任共同体。“一带一路”要打造的是绿色丝绸之路、健康丝绸之路、智力丝绸之路、和平丝绸之路。

（三）“一带一路”的合作重点

“一带一路”沿线各国资源禀赋各异，经济互补性较强，彼此合作潜力和空间很大。以政策沟通、设施联通、贸易畅通、资金融通、民心相通为主要内容，加强合作。

政策沟通是指沿线各国可以就经济发展战略和对策进行充分交流对接，共同制定推进区域合作的规划和措施，协商解决合作中的问题，共同为务实合作及大型项目实施提供政策支持。

设施联通主要是交通方面，优先打通缺失路段，畅通瓶颈路段，提升道路通达水平；能源方面，推进跨境电力与输电通道建设，积极开展区域电网升级改造合作；通信方面，共同推进跨境光缆等通信干线网络建设，畅通信息丝绸之路，规划建设洲际海底光缆项目。

贸易畅通主要是解决投资贸易便利化问题，消除投资和贸易壁垒；加快边境口岸“单一窗口”建设，降低通关成本，提升通关能力；挖掘贸易新增长点，促进贸易平衡；加快投资便利化进程，消除投资壁垒；拓展相互投资领域，推动新兴产业合作；中国欢迎各国企业来华投资，鼓励本国企业参与沿线国家基础设施建设和产业投资。

资金融通主要是扩大沿线国家双边本币互换、结算的范围和规模；共同推进亚洲基础设施投资银行、金砖国家开发银行筹建，有关各方就建立上海合作组织融资机构开展磋商；加快丝路基金组建运营；支持沿线国家政府和信用等级较高的企业以及金融机构在中国境内发行人民币债券；符合条件的中国境内金融机构和企业可以在境外发行人民币债券和外币债券，鼓励在沿线国家使用所筹资金。

民心相通主要是在教育文化上，中国每年向沿线国家提供1万个政府奖学金名额，联合申请世界文化遗产，提高沿线各国游客签证便利化水平，支持沿线国家申办重大国际体育赛事；医疗卫生上，提高合作处理突发公共卫生事件的能力，为有关国家提供医疗援助和应急医疗救助，扩大在传统医药领域的合作；科技合作上，共建联合实验室（研究中心）、国际技术转移中心、海上合作中心，合作开展重大科技攻关。

加强政策沟通是“一带一路”建设的重要保障，基础设施互联互通是“一带一路”建设的优先领域，投资贸易合作是“一带一路”建设的重点内容，资金融通是“一带一路”建设的重要支撑，民心相通是“一带一路”建设的社会根基。

（四）“一带一路”的合作机制

加强双边合作，开展多层次、多渠道沟通磋商，推动双边关系全面发展。推动签署合作备忘录或合作规划，建设一批双边合作示范。建立完善双边联合工作机制，研究推进“一带一路”建设的实施方案、行动路线图。充分发挥现有联委会、混委会、协委会、指导委员会、管理委员会等双边机制作用，协调推动合作项目实施。

强化现有多边合作机制作用，发挥上海合作组织（SCO）、中国—东盟“10+1”、亚太经合组织（APEC）、亚欧会议（ASEM）、亚洲合作对话（ACD）、亚信会议（CICA）、中阿合作论坛、中国—海合会战略对话、大湄公河次区域（GMS）经济合作、中亚区域经济合作（CAREC）等现有多边合作机制作用，相关国家加强沟通，让更多国家和地区参与“一带一路”建设。

继续发挥沿线各国区域、次区域相关国际论坛、展会以及博鳌亚洲论坛、中国—东盟博览会、中国—亚欧博览会、欧亚经济论坛、中国国际投资贸易洽谈会，以及中国—南亚博览会、中国—阿拉伯博览会、中国西部国际博览会、中国—俄罗斯博览会、前海合作论坛等平台的建设性作用。

支持沿线国家地方、民间挖掘“一带一路”史文化遗产，联合举办专项投资、贸易、文化交流活动，办好丝绸之路（敦煌）国际文化博览会、丝绸之路国际电影节和图书展。倡议建立“一带一路”国际高峰论坛。

此外，“一带一路”建设还必须处理好六个关系，即处理好我国利益和沿线国家利益的关系；处理好政府、市场、社会的关系；处理好经贸合作和人文交流的关系；处理好对外开放和维护国家安全的关系；处理好务实推进和舆论引导的关系；处理好国家总体目标和地方具体目标的关系。

四、“一带一路”倡议对中国的意义

“一带一路”倡议，是统筹国内国际两个大局作出的重大战略决策，对于开创我国全方位开放新格局、促进各国经济繁荣和区域经济合作、推动世界和平发展、互利共赢具有划时代的重大意义。具体主要体现在：

一是更加注重我国内陆沿边地区开放。在坚持实现东部地区率先开放的同时，通过实施西向开放战略，推动我国东、中、西部地区协同开放、联动发展，使西北、西南、东北等地区的地理区位劣势得以改变，从开放的末梢变为开放的前沿，培育形成区域经济的新增长点和区域开放的新高地，促进经济发展方式转变和结构战略性调整，着力打造未来中国经济升级版。

二是更加注重面向新兴市场和发展中国家开放。在坚持面向发达经济体开放的同时，通过把国内资本输出和过剩优势产能转移相结合，推动与沿线各国特别是周边国家不断深化经贸投资及产业务实合作，连接东南亚、南亚、中东、非洲、中亚、中东欧等全球新兴市场，为我国企业走出去开展投资及产业合作、构筑全球生产营销网络、培育国际经济合作竞争新优势提供更广阔的舞台，降低对美日欧等发达市场的过于依赖，不断提升我国在全球和区域经济分工体系中的地位和影响力。

三是更加注重陆海统筹、东西互济。在坚决维护我国海洋权益和海运通道安全的同时，通过开辟建设向西开放的亚欧经济合作大走廊，实现沿线国家基础设施互联互通、安全高效，保障我国境外陆运通道安全可靠，推动形成陆海统筹的经济大循环和地缘战略大格局，减少我国外贸商品、能源资源对马六甲海峡的过度倚重，更多更好地利用国际市场和国外资源，为我国未来发展赢得更大的国际战略空间。

四是更加注重合作共赢、开放包容。在坚定不移走和平发展道路的同时，通过秉持“亲诚惠容”的外交理念和弘扬合作共赢、开放包容的时代精神，主动与沿线周边国家发展睦邻友好、和平安宁的外交关系，将自身发展战略与他国发展战略进行对接，将自身资本、技术和优势产能输出与他国发展经济的现实需求予以衔接，扩大彼此战略契合点和利益交汇点，寻求共赢发展的最大公约数。在充分发挥现有合作机制平台作用的基础上，积极推动建立亚投行、丝路基金等新型金融合作机制，从更大范围、更广领域、更深层次推动双多边全面务实合作，促进沿线国家和地区经济、政治、文化和安全良性互动、共同发展。

五是更加注重国内规则与国际高标准接轨。在坚决支持全球多边贸易体制的同时，通过不断创新体制机制，以“准入前国民待遇”加“负面清单”的投资管理模式为基础，加快同沿线国家和地区商签投资协定，大力推进自贸区建设，逐步形成以“一带一路”为两翼、以周边国家为基础、以沿线国家为重点、面向全球的高标准自由贸易区网络，有效应对由美国主导的 TPP、TTIP 和 TISA 等全球经贸高标准带来的现实压力和严峻挑战，为我国积极参与全球经济治理、更好适应和塑造国际新规则抢占先机、赢得主动。

五、“一带一路”的发展现状

（一）机制建设不断完善

2014 年，《丝绸之路经济带和 21 世纪海上丝绸之路建设战略规划》发布；2015 年 2 月，“一带一路”建设工作领导小组成立；2015 年 3 月，《推动共建丝绸之路经济带和 21 世纪海上丝绸之路的愿景与行动》发布；2017 年 5 月，首次成功召开“一带一路”国际合作高峰论坛。

（二）政策沟通取得积极进展

“一带一路”建设是实现战略对接、优势互补。中国同有关国家协调政策，包括俄罗斯提出的欧亚经济联盟、东盟提出的互联互通总体规划、哈萨克斯坦提出的“光明之路”、土耳其提出的“中间走廊”、蒙古提出的

“发展之路”、越南提出的“两廊一圈”、英国提出的“英格兰北方经济中心”、波兰提出的“琥珀之路”等。中国同老挝、柬埔寨、缅甸、匈牙利等国的规划对接工作也全面展开。中国同40多个国家和国际组织签署了合作协议，同30多个国家开展机制化产能合作。各方通过政策对接，实现了“一加一大于二”的效果。

（三）设施联通不断完善

“道路通，百业兴”，我们和相关国家一道共同加速推进雅万高铁、中老铁路、亚吉铁路、匈塞铁路等项目，建设瓜达尔港、比雷埃夫斯港等港口，规划实施一大批互联互通项目。目前，以中巴、中蒙俄、新亚欧大陆桥等经济走廊为引领，以陆海空通道和信息高速路为骨架，以铁路、港口、管网等重大工程为依托，一个复合型的基础设施网络正在形成。

（四）贸易畅通取得卓著成果

中国同“一带一路”参与国大力推动贸易和投资便利化，不断改善营商环境。我了解到，仅哈萨克斯坦等中亚国家农产品到达中国市场的通关时间就缩短了90%。2014年至2016年，中国同“一带一路”沿线国家贸易总额超过3万亿美元。中国对“一带一路”沿线国家投资累计超过500亿美元。中国企业已经在20多个国家建设56个经贸合作区，为有关国家创造近11亿美元税收和18万个就业岗位。

（五）资金融通和产能合作取得显著进展

中国同“一带一路”建设参与国和组织开展了多种形式的金融合作。亚洲基础设施投资银行已经为“一带一路”建设参与国的9个项目提供17亿美元贷款，“丝路基金”投资达40亿美元，中国同中东欧“16+1”金融控股公司正式成立。这些新型金融机制同世界银行等传统多边金融机构各有侧重、互为补充，形成层次清晰、初具规模的“一带一路”金融合作网络。

（六）民心相通稳步推进

“一带一路”建设参与国弘扬丝绸之路精神，开展智力丝绸之路、健康丝绸之路等建设，在科学、教育、文化、卫生、民间交往等各领域广泛开展合作，为“一带一路”建设夯实民意基础，筑牢社会根基。中国政府每年向相关国家提供1万个政府奖学金名额，地方政府也设立了丝绸之路专项奖学金，鼓励国际文教交流。各类丝绸之路文化年、旅游年、艺术节、影视桥、研讨会、智库对话等人文合作项目百花纷呈，人们往来频繁，在交流中拉近了心与心的距离。

六、“一带一路”面临的机遇与挑战

（一）“一带一路”面临的机遇

1. 与沿线国家合作基础好

秉持“亲诚惠容”的周边外交理念。2017 年 6 月 9 日，国家主席习近平在哈萨克斯坦出席上海合作组织成员国元首理事会第十七次会议并发表重要讲话。

坚持“合作共赢、开放包容”时代精神。2016 年 4 月 28 日，亚洲相互协作与信任措施会议第五次外长会议在北京开幕。

以优势互补、互利互惠、共同发展为先导。2016 年 9 月 7 日，国务院总理李克强出席第十九次中国—东盟（10 +1）领导人会议暨中国与东盟建立对话关系 25 周年纪念峰会并发表讲话。

2. 与沿线国家经济结构互补优势明显

沿线国家人力资源和自然资源丰富在技术和基础设施建设方面存在较大瓶颈，而我国具有全产业链优势在高铁等高端制造装备和技术方面拥有明显优势。

3. 沿线国家发展资金缺口巨大

据亚洲开发银行预测，2010 年—2020 年，亚太地区约有 8 万亿美元的基础设施建设资金需求；世界银行、亚洲开发银行等现有多边开发银行在亚洲基础设施领域的年度投资规模仅仅是在 100—200 亿之间；中国 3 万多亿美元的外汇储备可以用来对外投资。2014 年丝路基金有限责任公司正式开始运行。

（二）“一带一路”面临的挑战

1. 部分沿线国家政局不稳

一些沿线国家政局持续动荡，部分地区武装摩擦和冲突频繁，有些国家和地区极端主义、恐怖主义和分裂主义盛行，加剧了地缘政治危机。

2. 沿线国家发展水平参差不齐

沿线国家差距显著，巨大的发展鸿沟对中国进行对外投资和产能转移提出严重挑战。以世界银行发布的营商环境指数来看，部分沿线国家在契约履行、投资保护、产权登记、建筑许可等方面问题重重。

朝核、萨德问题入韩严重影响中国东部周边安全，我国很多“一带一路”的节点城市如天津、大连、烟台、青岛、上海等毗邻朝鲜半岛。上述不利因素直接影响“一带一路”的安全顺利实施。

南沙群岛中有 40 多个岛礁被其他周边多国非法占领，其中越南占领 29 个。中国仅实际控制少数岛礁。

3. 若干域外国家掣肘

美国自 2009 年高调重返亚太以来，我国与少数邻国间的矛盾明显趋于激化和复杂化。

日本除了强化日美安保同盟，还对“一带一路”倡议保持高度警惕。

七、进一步推进“一带一路”建设的方向

（一）将“一带一路”建设成为和平之路

构建以合作共赢为核心的新型国际关系，将“一带一路”建设成为和平之路。建设和平之路既是各方推进“一带一路”的长远目标，也为解决当前一系列国际问题，打造安全稳定的国际安全新秩序提出了新路径、指明路新方向。习近平主席在演讲中指出，要推进以合作共赢为核心的新型国际关系，打造对话不对抗、结伴不结盟的伙伴关系，树立共同、综合、合作和可持续的安全观，营造共建共享的安全格局。这是十八大以来党中央治国理政、对外交往的思想结晶，也是建设“一带一路”的内在要求，自然蕴含在倡议之中，已在国际社会广泛传播，已经结出丰硕成果。

（二）将“一带一路”建设成为繁荣之路

建设繁荣之路既是各方推进“一带一路”的总任务，也将为世界经济增长、为促进各国繁荣发展贡献巨大力量。正如习近平主席在演讲中提到的，发展是解决一切问题的总钥匙，要聚焦发展这个根本性问题，释放各国发展潜力，实现经济大融合、发展大联动、成果大共享。因此，“一带

一路”将产业经济、金融合作和基础设施建设作为务实合作的三个抓手，投入巨大资源全力推动，抓住了世界经济复苏和广大发展中国家加速经济增长、提升社会发展水平的钥匙。目前，这三方面都已经取得了大量务实进展。

（三）将“一带一路”建设成为开放之路

建设开放之路既是各方推进“一带一路”的前提和条件，是建设“一带一路”的目标和内容，更是世界各国一直以来的追求。而“一带一路”从设计之初就以高度的开放性著称，甚至不强调成员国、沿线国还是参与国之分，只要各国有愿望、有规划，都能够参与到其中。此次参加峰会的29位外方领导人和1500多代表来自世界各大洲、各大国际组织，亚投行作为相关机构，成员也遍布世界各地。因此，各方共同建设一个开放的“一带一路”，就是共同维护和发展一个开放的世界经济。“一带一路”将提供一个开放合作平台，将国际贸易与投资作为重要引擎，并在此基础上不断推进和完善世界经济治理。

（四）将“一带一路”建设成为创新之路

建设创新之路既是各方推进“一带一路”的内在要求，也是促进经济增长，乃至推进整个人类社会发展的关键。习近平主席指出，“一带一路”本身就是一个创举，搞好“一带一路”要向创新要动力。当今世界，经济增长之所以出现放缓、社会问题之所以层出不穷，关键是创新出了问题：科技创新不足、实体经济缺乏动力；金融创新过度、虚拟泡沫野蛮生长；制度创新不足，治理问题积重难返。解决这些问题，需要在科技、制度等许多方面进行创新。习近平主席在演讲中为科技创新指出了多个前沿攻关领域，为可持续发展点明了奋斗方向，再同整个演讲对制度、理念、机制的创新相结合，为整个国际治理绘就了一幅宏伟蓝图。

（五）将“一带一路”建设成为文明之路

建设文明之路既是“一带一路”对古丝绸之路精神的重要传承，也是建设人类命运共同体建设的应有之义。过去三年多来，习近平主席曾在许多重要场合强调民心想通的重要性，文明之路则是对过去这些提法的一次总结和升华。习近平主席曾指出，国之交在于民相亲，搞好“一带一路”建设，必须得到各国人民的支持，必须加强人民的友好往来，增进相互了解和传统友谊，为开展区域合作奠定坚实的民意基础和社会基础。而在当今时代，促进民心相通也是全球化深入发展的客观要求，藉由“一带一路”不断培育和壮大这一民心基础，将不断丰富和壮大人类命运共同体意识。

和平之路、繁荣之路、开放之路、创新之路、文明之路既承载了“一带一路”建设的各项宏伟目标，也承载了各国人民的美好追求。正如习近平主席在峰会欢迎晚宴祝酒辞中所说的，共商“一带一路”建设，是历史潮流的沿续，也是面向未来的正确抉择。

第五章　供给侧结构性改革与当前经济形势

供给侧结构性改革，就是用增量改革促存量调整，在增加投资过程中优化投资结构、产业结构开源疏流，在经济可持续高速增长的基础上实现经济可持续发展与人民生活水平不断提高；供给侧结构性改革，就是优化产权结构，国进民进、政府宏观调控与民间活力相互促进；就是优化投融资结构，促进资源整合，实现资源优化配置与优化再生；供给侧结构性改革，就是优化产业结构、提高产业质量，优化产品结构、提升产品质量；供给侧结构性改革，就是优化分配结构，实现公平分配，使消费成为生产力；供给侧结构性改革，就是优化流通结构，节省交易成本，提高有效经济总量；供给侧结构性改革，就是优化消费结构，实现消费品不断升级，不断提高人民生活品质，实现创新、协调、绿色、开放、共享的发展。

推进供给侧结构性改革是以习近平同志为核心的党中央科学认识发展大势、深刻把握发展规律、主动引领经济发展新常态的重大战略部署，对于解决长期积累的结构性矛盾、提高供给结构对需求变化的适应性和灵活性、促进经济持续健康发展具有重大意义。2016 年以来，在党中央坚强领导下，各地区各部门以推进供给侧结构性改革为主线，全力落实去产能、去库存、去杠杆、降成本、补短板五大任务，供求关系明显改善，转型升级持续推进，经济运行质量效益不断提高，呈现稳中有进、稳中向好的发展态势，为实现全面建成小康社会战略目标打下坚实基础。

一、供给侧结构性改革

改革开放三十多年来，中国经济持续高速增长，成功步入中等收入国家行列，已成为名副其实的经济大国。但随着人口红利衰减、“中等收入陷阱”风险累积、国际经济格局深刻调整等一系列内因与外因的作用，经济发展正进入“新常态”。站在新发展阶段的历史起点上，我们要以更高境界、更大格局、更宽视野把握“十三五”中国经济的战略方向，加大供给侧结构性改革的力度，推动中国经济迈上更高台阶，为实现全面建成小康社会和伟大的中国梦奠定坚实基础。

（一）供给侧结构性改革：是什么、为什么

推进供给侧结构性改革，是党中央综合研判世界经济发展形势和我国经济发展新常态作出的重大决策，是适应国际金融危机发生后国际国内背景、解决需求侧变化和供给侧问题的主动选择，是适应和引领经济发展新常态的重大创新。

1. 供给侧结构性改革的内涵

供给侧结构性改革，是当前我国经济领域的改革主题，是全面深化改革的一项重要内容。习近平总书记要求在适度扩大总需求的同时，着力加强供给侧结构性改革，着力提高供给体系质量和效率。

围绕“改革”这一主题，供给侧结构性改革突出了两大特点：第一，从改革的切入点来看，强调从“供给侧”入手，切入的改革着重解决的是供给侧，即与生产相关联的这一方存在的问题与矛盾；第二，从改革的发力点来看，强调的是“结构性”改革，发力的改革解决“质”的问题，通过提质促总量增长，而非仅解决“量”的问题。

言而总之，供给侧结构性改革，从提高供给质量出发，用改革的办法推进结构调整，矫正要素配置扭曲，扩大有效供给，提高供给结构对需求变化的适应性和灵活性，提高全要素生产率，更好满足广大人民群众的需要，促进经济社会持续健康发展。

2. 为何转向“供给侧”

推进供给侧结构性改革的一大特点，就是把政策重心由“需求侧”转向“供给侧”。这一转向有着深刻的背景和原因。

（1）国际国内的需求侧都发生了巨大变化

国际金融危机的爆发打破了世界经济的增长势头，全球经济复苏迟缓，市场需求持续低迷，我国出口市场收窄，出口增速接连下滑，对增长的拉动作用减弱；越南、泰国、马来西亚等国，利用较低的劳动力成本和不断提高的制造业水平吸引了越来越多的劳动密集型产业；发达国家纷纷去债务化，提出推进“再工业化”，促使部分早已转移到国外尤其是发展中国家的制造业回归本土。发达国家和发展中国家多种因素综合作用，导致我们原有的增长、贸易及投资等发展机遇发生明显的变化。

随着收入水平提高和中等收入群体扩大，居民对产品品质、质量和性能的要求明显提高，多样化、个性化、高端化需求与日俱增。居民对高品质商品和服务的需求难以得到满足，出现到境外大量采购日常用品的现象，造成国内消费需求外流。据有关机构测算，2015 年我国境外消费 1.5 万亿元人民币，其中至少 7000 亿至 8000 亿元用于购物。如果这些“海淘”消费发生在国内，那么 2015 年我国 GDP 的增长就不是 6.9%，而可能达 8% 以上。

当前我国经济发展进入新常态，面临着一系列的问题。例如，要素资源的供给约束日益加剧，过去三十多年，我国过度依靠投资和外需的经济增长模式，已使得能源、资源、环境的制约影响越来越明显。此外，我国长期针对需求侧进行宏观调控管理的副作用和后遗症越来越大，面临着产能过剩、高房价、资产价格泡沫、地方债务压力加大、影子银行、企业效益下降、银行不良资产率上升等一系列问题。

国内外需求侧都出现的新变化，促使我们必须寻找新的出路，不能像之前那样死死盯住需求侧做文章，而应转向与需求侧相对应的供给侧。推进供给侧结构性改革，是党中央综合研判世界经济发展趋势和我国经济发展新常态作出的重大决策，习近平于 2015 年 11 月 10 日，在财经领导小组第 11 次会议提出。

（2）我国供给侧存在的问题困扰改革发展全局

我国经济发展进入增长速度换档期、结构调整阵痛期、前期刺激政策消化期，经济指标呈现出“四降一升”的态势，即经济增速下降、工业品价格下降、实体经济盈利下降、财政收入下降，经济风险发生概率上升。

推进供给侧结构性改革是供需结构再平衡的内在要求。供需结构错配是我国当前经济运行中的突出矛盾，矛盾的主要方面在供给侧，主要表现为过剩产能处置缓慢，生产结构失衡，多样化、个性化、高端化需求难以得到满足，供给侧结构调整受到体制机制制约。需求管理政策重在解决总量问题，注重短期调控，难以从根本上解决供需结构性矛盾，也难以从根本上扭转经济潜在产出水平下行趋势。当前，只有加快处理过剩产能，处置“僵尸企业”，推进资产重组，培育战略性新兴产业和服务业，建立有利于供给侧结构调整的体制机制，才能实现更高水平的供需平衡，增强我国经济持续健康发展的内生动力。

推进供给侧结构性改革是适应国际金融危机发生后国际国内背景、解决需求侧变化和供给侧问题的主动选择。

3. 为何强调“结构性”

“结构性”与“周期性”相对应，强调“结构性”是由我国宏观调控的经验教训和目前经济存在的问题共同决定的。

(1) 近年来，我国用应对“周期性”问题进行的宏观调控效果不佳

我国经济目前面临的已不是周期性波动，而是结构性矛盾造成。当前我国经济运行下行压力较大的原因主要是结构性失衡，不能用解决周期性波动的政策去应对。

(2) 我国目前供给侧存在着的结构性问题，也需要通过结构性改革来一一化解

供给侧方面存在的问题：一是外向型特点明显；二是产品过去主要是面向以低收入群体为主的消费者，没有及时跟上消费者收入增长、需求升级的变化；三是我国企业习惯于生产、提供与“排浪式消费”相适应的产品；四是有些行业的产能已经达到极限；五是企业两头承压，举步维艰。

结构性改革既是解决当前我国经济运行中诸多突出问题的必然要求，也是解决中长期经济问题的根本之道。推进供给侧结构性改革，是适应和引领经济发展新常态的重大创新。

4. 提出供给侧结构性改革意义重大

供给侧结构性改革是对于我国经济“病症”标本兼治的良方，其核心是发展方式、发展理念的转变。

(1) 供给侧结构性改革根源于我国改革的内在逻辑和成功路径

改革开放以来，我国获得了巨大的成功，它的内在逻辑就是不断地打破供给侧的制度藩篱，激发社会的创造力和活力。改革开放以来，我国经济发展的每一步，都可以视为是由供给侧的结构性改革推动的。30 多年来，从农村农业改革，到国企改革、价格改革，再到全方位的开放，到近

几年的简政放权、商事制度改革，这些从供给侧切入、以结构性问题为突破口的改革，都大大激发了社会和市场的活力。我国提出供给侧结构性改革，是我们根据自己的成功经验，主动出击。

(2) 供给侧结构性改革是在充分考虑我国当前的具体国情和现实需要的基础上提出的

我们所提出的供给侧结构性改革，同西方经济学的经济学派并不是一回事。西方供给学派只注重供给而忽视需求，只重视市场功能而忽视政府作用。美英借鉴供给学派的理论推行的供给侧改革有些内容较为极端，不适合我国国情。适度扩大总需求，推进供给侧结构性改革，市场在资源配置中的决定性作用，建立公平开放透明的市场规则，这是与我国国情相适应的改革，而不是别国改革的翻版。

(3) 供给侧结构性改革带领我们告别速度情结，更加重视质量和效益

改革开放以来，经济持续高速增长，使我们充满自豪感和成就感，也使我们形成了速度情节、总量情节，认为经济只有高速增长才好，一旦增长速度下降，就会出现各种各样的自我怀疑、悲观论调。现在经济增长速度下降，一些人将对经济尽快走出低谷的渴盼转嫁到供给侧结构性改革上来，希望取得“立竿见影”的效果，这显然是错误的。供给侧结构性改革着眼于深层次问题，其效果不能仅凭速度来衡量。伴随着供给侧结构性改革的推进，人们逐渐告别了单纯的速度情结、总量情结，承认了经济增速随着经济体体量的增大而回落是客观规律，我国经济结构也逐步优化，工业经济发展过度依赖资源的状况正在得到改善。

（二）厘清对供给侧结构性改革的认识

党中央提出推进供给侧结构性改革的决策后，社会各界十分关注，出现了各种各样的认识和讨论。但对于一些关键性问题的认识和理解不够准确，需要进一步加以厘清。

1. 推进供给侧结构性改革≠“抛弃”需求侧

供给侧和需求侧是管理和调控宏观经济的两个基本手段。供给侧改革重在解决结构性问题，注重刺激经济增长动力，主要是通过优化要素配置和调整生产结构，来提高供给体系质量和效率，进而推动经济增长。需求侧改革则重在解决总量问题，注重短期调控，主要是通过调节税收、财政

支出、货币信贷等来刺激或抑制需求，进而推进经济增长。

供给侧管理与需求侧管理存在以下几方面不同：供给侧注重经济发展的源流能够迸发，需求侧注重“三驾马车”的调控；供给侧重在强基固本，需求侧重在熨平波动；供给侧注重质量、效益，需求侧注重速度；供给侧挤掉经济中的水分，需求侧强调经济不断扩张。

纵观世界经济发展史，经济政策是以供给侧为重点还是以需求侧为重点，要依据国家宏观经济形势作出抉择。供给侧和需求侧二者不是非此即彼、一去一存的替代关系，而是要相互配合，协调推进。推进供给侧结构性改革，绝不意味着要全面刺激生产、简单扩大供给，而是要根据市场需求的变化进行调整、改革，显然这并不意味着需求侧管理不重要了。

2. 推进供给侧结构性改革≠“计划经济”

有误解认为，推进供给侧结构性改革是搞新的“计划经济”。恰恰相反，供给侧结构性改革就是要充分发挥市场在资源配置中的决定性作用，这与计划经济是完全相反的道路。当然推进供给测结构性改革，也不是让政府撒手不管，而是要更好发挥正飞着之首的作用。当前最重要的是明确政府的权力边界，以自我革命的精神，在行政干预上多做“减法”，把“放手”当作最大的“抓手”，在一些方面更好地发挥作用。

政府的作用应该是促进市场逐渐完善、稳定宏观经济、加强和优化公共服务、加强市场监管、促进共同富裕、弥补市场失灵。

3. 供给侧结构性改革会引发难以承受的社会问题

推进供给测结构性改革，必然会带来一些冲击，而且这种冲击可能会从经济领域延伸到社会领域。因此，我们要正确看待。

第一，改革的阵痛不可避免，但也是值得的。

供给侧结构性改革是在对我国经济对症下药，势必会出现短期“阵痛”。在推进供给测结构性改革过程中，产业会此消彼长，可能造成企业会优胜劣汰、产业会此消彼长、就业会转岗换岗等问题。改革的阵痛犹如一朝分娩的阵痛是新的生命诞生和充满希望的阵痛，是值得的。我们要有足够的决心和定力来推进供给侧结构性改革，实现经济发展质量和效益的整体提升。

第二，阵痛是可以承受的，但切不可大意。

我国经济发展基本面好、回旋余地大，新动力正在强化，新业态不断出现，前景一片光明。在改革过程中，经济不会出现断崖式下跌。目前我国已经有针对性地对可能出现额问题进行了部署，不会出现下岗潮，更不会因此出现社会问题。但与此同时，我们在推进改革过程中要高度重视、全力做好职工安置工作，防范引发社会风险，要更加细致地做好社会托底工作，防止引发社会问题。

第三，供给侧结构性改革有窗口期，但窗口期不是无限长。

时间不等人，问题不会等，机遇更不会等。我们再不下决心改革，将来就会面临更大的痛苦。供给侧结构性改革拖不得、等不起，必须加快步伐、加紧推进，避免“病情”越来越严重。

（三）推进供给侧结构性改革须落实好“三去一降一补”

推进供给侧结构性改革是一项长期工作。当前，推进供给侧结构性改革，重点是促进过剩产能有效化解，促进产业优化重组，降低企业成本，发展战略性新兴产业和现代服务业，增加公共产品和服务供给。简言之，就是把落实好去产能、去库存、去杠杆、降成本、补短板这“三去一降一补”五大任务当做当前推进供给侧结构性改革的重点。

1. 壮士断腕去产能

目前我国产能过剩问题相当突出。2015 年，过剩行业已从钢铁、煤炭、水泥、平板玻璃等扩大到造船、汽车、机械、电解铝等领域，甚至扩展到光伏、多晶硅、风电设备等新兴行业。以钢铁、煤炭为代表的一些行业产能过剩矛盾进一步加剧。产能过剩导致的直接后果就是相关产品的价格不断下跌。拿煤炭行业来说，2015 年我国煤炭产能已达 41 亿吨，至少 2 亿吨过剩，价格较最高时下降近 50%。煤炭只是产能过剩行业的一个代表，如果各行业产能过剩继续延续下去，将会拖垮整个行业，不仅亏损企业、僵尸企业将倒闭，好的盈利企业也将被拖累。所以，必须下定决心，以断臂求生化解过剩产能，特别是要把处置僵尸企业作为化解产能过剩的牛鼻子。

然而，当前的形势是，在钢铁、煤炭等产能严重过剩行业，虽然存在大量亏损企业、僵尸企业，但无论是企业本身，还是地方政府、银行，出于自身境遇考量，都想方设法让企业再抗一段时间。在这种情况下要推动去产能取得实质性进展，必须加强顶层设计。2016 年仅煤炭行业就需要化解2.5亿吨的过剩产能，任务十分艰巨。截至2016年6月底，全国17个地区和有关中央企业已全面启动煤矿关闭退出工作，将煤炭行业中的僵尸企业以破产、重组等方式清理出去。

2. 统筹城乡去库存

房地产行业是去库存的重中之重。伴随着前几年房地产市场的高度繁荣，全国各地大小城市几乎都化身“工地”，新建商品房如雨后春笋，开盘后都不可思议地“秒光”。但2015年至今，房地产市场出现分化，一些中小城市的房地产项目没有了以前的火爆景象，出现了卖不出去变成库存闲置的状况。据统计，截止到2015年底，全国商品房待售面积7.19亿平方米，其中住宅待售面积达4.52亿平方米，再加上2015年施工面积为73.6亿平方米，库存数量惊人。当前去库存的根本之策就是统筹城乡发展，是愿意城镇化的居民进城后劳有所得，有能力买得起房，实现住有所居，通过推进以人为核心的城镇化带动房地产去库存。

3. 减少负债去杠杆

杠杆是金融领域的一个专业术语，简单理解就是“借”的钱，“借”钱的来源有很多，如银行、小贷款公司，甚至是P2P等各类金融机构。“借”钱都是有成本的，利息有高有低。杠杆率越高，说明企业自有资金越少、借的钱越多，企业背负的债务和利息就越重，风险也就越高。而目前，我国一些企业杠杆率居高不下，亟须去杠杆。去杠杆，简单理解就是减少债务。我国去杠杆的主要目的是防范和化解金融风险。目前，我国过剩产能中相当一部分对应的是银行信贷，即大量企业从银行贷款用于扩大生产，一旦行业出现产能过剩，产品卖不出去，企业又面临着还贷压力，这种压力堆积最终导致企业难以为继而倒闭，银行也无法收回本金，出现坏账。这样一来，就会出现实体经济到金融领域的一连串风险。所以，对我国来讲，当前要保持经济持续健康发展，就必须在实体经济领域去产能，在金融领域去杠杆。

4. 政府减收降成本

成本居高不下是许多企业家最为头疼、抱怨最多的问题，直接影响着投资信心。目前，我国中小微企业两头受气，一方面是成本持续攀升，另一方面是产品价格不断下降，企业利润空间被越压越薄，许多企业陷入困境。因此，大刀阔斧地降低企业生产经营成本是扭转企业经营困境和目前民间投资增长乏力的一记重拳。结构性减税是降低企业成本的重要举措。从2016年5月1日起，我国全面推行“营改增”试点，这是本届政府成立以来规模最大的一次减税，按照测算，2016年减税金额将超过5000亿元。这样用政府收入的“减法”，换取企业效益的“加法”和市场活力的“乘法”。同时，各地政府还通过其他多种手段降低企业成本。

5. 加大投入补短板

当前我国经济运行正处于下行区间，这跟开车下坡一样，都会产生下行惯性，而且时间越长，惯性越大。所以，要使经济增长速度保持在合理区间，就必须借力克服惯性。这就需要我们适度扩大总需求，也就是在往常相同的投资力度基础上再适度地增加一部分投资。我们新增投资不是“撒胡椒面”，平均用力，而是“各个击破”，瞄准我们发展中的短板，有侧重的补短板。

我们现在发展中的短板并不少，最主要几块，比如农业，一直是政策关注的重点，我们还应继续增加农业的投入，推动农业现代化。基础设施也是制约我们发展的短板，目前我国还有不少农村地区没有通硬化路；城里人每天离不开的宽带网络在农村地区也是大片空白；许多大城市一遇到暴雨就开启“看海”模式，也说明城市地下排水管道建设等还存在很大问题。此外，我国经济在高速发展的同时，生态环境也逐渐成为短板，雾霾、水污染、土壤污染严重制约了我国的可持续发展，亟待加大治理环境的投入，换回蓝天清水。作为全面建成小康社会最短的一块板，脱贫攻坚已经开始，实现农村脱贫5575万人的目标只能靠增加投入扶持。另外，还有与百姓切身利益息息相关的医疗、教育、住房、养老等民生短板也在补齐。这些都需要通过政府加大投入增加公共产品供给来解决。

二、当前经济形势

我国经济进入新常态，尽管增速有所回落，但在近年来主动调结构、转方式的努力下，产业结构、需求结构、收入结构分配、节能降耗等方面都有积极变化，国民经济运行的质量和效益出现稳步增长。

（一）稳中向好成绩来之不易

2016年11月，经济合作与发展组织发布全球经济展望报告称，近5

年来全球经济始终未能走出“低增长陷阱”，全球经济增幅预计为2.9%。

1. 主要指标趋稳

经济大盘稳：我国2010年GDP增量：34×10%=3.4

2016年GDP增量：68×6.5%=4.4

就业物价稳：提前完成新增就业1000万人的目标，达到1067万人。2016年9月份31个大中城市城镇调查失业率，今年首次失业率4.95%；物价基本稳定，企业利润趋于回升，CPI同比上涨2.0%，PPI降幅1.4%。

收入消费稳：城镇居民可支配收入5.6%，农村居民可支配收入6.2%，差距缩小，收入倍差降至2.8倍。社会消费品零售总额突破33万亿元，同比增长10.4%，贡献率达到2/3。

农村基础稳：第一产业增加值63671亿元，同比增长3.3%；农业生产增长继续加快；生产形势稳定，市场供给充裕，农民收入增长。

2. 转型升级向好

产业结构调整扎实推进：服务业发展势头较好成为经济发展主导产业；工业内部结构加快调整高技术产业和装备制造业保持较快增长。2016年服务业增加值（52.8%）增速跑赢工业（39.5%），高出13.3个百分点，比2015年同期高1.6个百分点；2016年服务业增长对国民经济增长的贡献率58.5%，第二产业增长对国民经济增长的贡献率39.5%，高出21.2个百分点，比2015年同期高3.4个百分点。

需求结构继续改善：新型消费模式；公共产品、公共服务领域的投资规模显著加大；新消费热点不断扩散，全国网上零售额增长26.2%。消费本身具有较强的稳定性和黏性，这就使我国经济增长的稳定性得到增强。最终消费支出对GDP增长贡献率达83.7%，成为稳增长的主动力。

2017年上半年，随着供给侧结构性改革的深入推进，产需结构进一步优化。服务业主导经济增长的特征更加明显，上半年服务业的增速快于第二产业增速1.3个百分点，服务业占经济的比重达到54.1%，高于第二产业14个百分点。制造业向中高端迈进，高技术制造业和装备制造业上半年同比分别增长13.1%和11.5%，增速分别高于规模以上工业6.2个和4.6个百分点，占规模以上工业的比重达到了12.2%和32.2%。在需求方面，居民消费加快转型升级，高技术产业投资快速增长，消费结构和需求结构也在调整优化。

受益于“三大战略”，相关省（区、市）经济保持较快发展：“一带一路”沿线地区重大标志性工程加快建设；京津冀协同发展重大项目加快实施；加强长江经济带生态保护，构建综合立体交通体系。其中，中西部地区后发优势继续发挥，主要指标增长仍然快于东部。

我国“三去一降一补”成效突出：去产能方面，2016 年，钢铁、煤炭产能分别退出 6500 万吨以上和 2.9 亿吨以上，超额完成目标任务，截至 2017 年 5 月末，钢铁、煤炭去产能又完成当年任务的 84.8% 和 65%；去库存方面，2017 年 6 月末全国商品房待售面积同比减少 9.6%，降幅比 3 月末扩大 3.2 个百分点；降成本方面，2017 年 1 至 6 月份规模以上工业企业每百元主营业务收入中的成本为 85.69 元，同比减少 0.02 元。国务院出台了一系列减税降费新措施，预计全年可为企业减负超过 1 万亿元；补短板方面，2017 年 1 至 4 月份生态保护和环境治理业的投资同比增长了 50.4%，公共设施管理业的投资同比增长 28.4%，水利管理、交通运输仓储和邮政业的投资分别增长了 16.1% 和 16.7%；去杠杆方面，2017 年 6 月末，规模以上工业企业资产负债率为 55.9%，同比下降 0.8 个百分点。

3. 新动能不断孕育

我国平均每天新登记市场主体超过 4 万户，全国各类市场主体超过 8000 万户（相当于美国 + 欧盟 + 日本之和）。2015 年中国成为首个年度专利申请量超百万国家，超过美日之和。2016 年，我国将连续第六年蝉联全球专利申请量之首，1—9 月，全国商标注册申请量 264.9 万件，同比增长 25.2%。到 9 月底，我国平均每 7.1 个市场主体拥有一个有效商标，工业机器人产量同比增长 30.8%，新能源汽车产量同比增长 83.7%，全国网上零售额同比增长 26.1%。仅仅在“双 11”，全网交易额就高达 1800 亿元。全球 235 个国家和地区的消费者通过中国电商平台购物，中国电商辐射全球，正在实现全球买、全国卖。2016 年，高技术产业和装备制造业增加值同比分别增长 10.06% 和 9.1%，增速比规模以上工业快 4.6 和 3.1 个百分点。

在高新技术推动下，相关产品成为新的经济增长点，如：电子信息、数字化、生物医药、新制造、智能化、新材料、节能环保、新能源等。随着大数据、云计算、物联网、手机支付、网络约车、远程教育等新服务模式不断涌现，也深刻改变着我们的经济形态和生活方式。顺应居民消费结构升级大趋势，“五大幸福产业”（旅游、文化、健康、体育、养老）和生产性服务业快速发展。

4. 发展含金量高

节能降耗成效明显：资源消耗、环境污染、生态成本均明显降低；经济发展质量和生态效益显著提高；主要污染物排放持续减少，预计 4 项主要污染物排放量同比下降，将超额完成全年约束性指标。

企业效益增长势头稍好：1—10 月，规模以上工业企业利润同比增长 8.6%，比 2015 年同期提高了 10.6 个百分点，财务费用延续年初以来的下降趋势。

市场预期转好：PMI 连续 4 个月回升，位于 50% 的荣枯线之上；制造业商务活动指数在扩张区间连续 3 个月加快，创 2014 年 7 月来的新高；外贸出口先导指数也较 10 月提高 1.3 个百分点。

民生事业持续发展：全国 5000 多万贫困人口全部建档立卡；预计全年减少 1000 万以上农村贫困人口的任务将超额完成。

习近平总书记指出，2017 年长期向好的基本面没有变，良好支撑基础和条件没有变，经济结构调整优化的前进态势没有变。这是敏锐的判断，也是中国的信心。

（二）内外承压困难不可低估

1. 国际环境依然错综复杂，外部需求环境依然疲软

全球经济在深度调整中曲折复苏：据 WTO 预测，2016 年世界货物贸易增长率仅为 1.7%，创国际金融危机以来最低水平；2017 年世界贸易量将增长 1.8% ~3.1%，形势虽略有改善，但难以从根本上扭转低迷的态势。而且，国际社会对经济全球化的认识呈现分化态势，质疑经济全球化的声音在增多。如：保护主义、政治动荡、地缘政治、气候变化、难民危机、民粹主义思潮、恐怖主义、政治安全冲突等。

我国外贸发展面临的困难依然较大，据商务部统计，2016 年前 8 个月我国出口遭遇来自 20 个国家（地区）发起的 85 起贸易救济调查案件，案件数量同比上升了 49%，案件涉案金额 103.21 亿美元，涉案金额同比上升了 94%。中国经济已深度融入世界经济，世界经济的重大变化都可能通

过各种管道各种方式对中国经济产生影响。

2. 国内多重因素交织共振，经济平稳运行受到挑战

结构性的产能过剩与供给短缺并存：获益能力有限：中国出口的产品主要以中低端为主，处于全球价值链的中低端，是资源消耗的主要国家；消费并不是集中在高端奢侈品，而是越来越向基本的生活用品集中；无法满足质量需求，产品自主研发能力欠缺，产品本身缺乏核心竞争力，许多高质量的中间产品、消费品严重依赖进口。

民间投资增速回落：2016 年 1—11 月民间固定资产投资同比增长 3.1%，增速比 1—10 月提高 0.2 个百分点；民间固定资产投资占全国固定资产投资（不含农户）的比重为 61.5%；所占比重与 1—10 月持平，比 2015 年同期降低 3.1 个百分点。回落原因如：产能过剩、市场需求不振、企业融资成本偏高；与国企相比，信用优势弱；国企投资更多产生挤出效应；控制、收缩对中小企业和民营企业的授信额度。

金融领域风险趋升：商业银行不良贷款率持续 20 个季度上升，企业债券违约增多，人民币贬值预期增强。

财政收支矛盾加剧：地方财政收入明显减少，而财政供养人员工资、民生保障、基础设施和公共服务等刚性支出增加。

房地产市场风险隐患增多：一二线城市房价快速上涨推动资产泡沫化，三四线城市去库存压力仍然较大。江西、贵州、重庆、江苏等省份新兴产业成长快，新旧动能有序转换，产业结构较为多元，市场活力较强，发展态势都比较好；山西、内蒙古、河北等这些资源省份，节能减排压力巨大，经济下行压力大；东北地区——黑龙江、吉林、辽宁经济发展较为困难：传统产业比重高、产业结构单一、资源性产品依赖较强、结构调整进展，新旧动能转换步履维艰。

（三）稳中求进开创经济发展新局面

1. 稳中求进，在把握好度的前提下奋发有为

要把握好稳和进的平衡：稳是进的基础，稳的根本目的还是为了求进，稳的重点是稳住经济运行，稳是主基调，稳是大局；进是稳的动能，进的重点是调整经济结构和深化改革开放，稳和进互相促进。

稳中求进是对我国经济新常态下的发展规律的正确研判基础上提出

的，是应对新问题新挑战的总体原则。

2. 财政政策更加积极有效，货币政策坚持稳健中性

财政积极有效：预算要考虑供给侧结构性改革、降低企业税费负担、民生托底。

人民币走势：在增强汇率弹性的同时，保持人民币汇率在合理均衡水平上的基本稳定。

货币稳健中性：防控风险，确保不发生系统性金融风险，要主动戳破并下决心处置一批风险点，防患于未然。从宏观与微观全过程“去杠杆”，积极稳妥地把实体企业的杠杆率降下来，严格限制信贷流向投资投机性购房。

3. 加快推进国企等基础性关键性改革落实

2017 年是改革落地之年，政府始终在稳增长、促改革、调结构、惠民生、防风险五个方面寻找平衡。国务院常务会议提出进一步放开基础设施领域投资限制。在教育、医疗等民生领域对民办与公办机构在市场准入、社保定点等方面同等对待。

4. 适度扩大总需求，确保经济稳定增长

要科学确定增长目标：为了保持这样一个目标，财政、货币政策要配合稳增长的需要。

要在基建上发力：建设中西部的高铁、城际铁路、地下管廊、节能环保以及公共服务设施。

要发挥投资的关键性作用：在促进民间投资方面，政府要创造良好的环境，降低税费成本。

要发挥消费的基础性作用：2016 年消费贡献了七成左右的经济增长，要想法设法稳定老百姓收入，使得消费能够稳定。

5. 着力完成五大重点任务

去产能：要重“精确打击”；要扩围到其他产能过剩领域；要抓住处置“僵尸企业”这个牛鼻子。

去库存：提高三四线城市和特大城市间基础设施的互联互通；提高三四线城市教育、医疗等公共服务水平；增强对农业转移人口的吸引力。

去杠杆：聚焦企业债务，降低总体杠杆率；核心是降低企业杠杆。

降成本：要减税；要降费

义生态文明建设，具有重要的指导意义。

1. 推进生态文明建设是保持我国经济持续健康发展的迫切需要

长期以来，人口多、底子薄、发展不平衡是我国的基本国情。现在还应该看到，能源资源人均占有量相对不足、生态环境承载能力不强也已成为我国的基本国情。经过改革开放近40年的快速发展，粗放的发展方式已难以为继，必须更加自觉地推动绿色发展、循环发展、低碳发展，加快转变经济发展方式，改变资源消耗大、环境污染重的增长模式，努力走出一条代价小、排放低、效益好、可持续的发展新路子。

2. 推进生态文明建设是坚持以人为本的基本要求

坚持以人为本，首先要保障好人民群众的身心健康。随着社会发展和人民生活水平不断提高，人民群众对干净的水、清新的空气、安全的食品、优美的环境等的要求越来越高，生态环境在群众生活幸福指数中的地位不断凸显，环境问题日益成为重要的民生问题。人民群众过去“求温饱”，现在“盼环保”，过去“求生存”，现在“求生态”，希望生活的环境优美宜居，能喝上干净的水、呼吸上清新的空气、吃上安全放心的食品。“民之所望，施政所向”，必须下大气力解决突出的环境问题，不断改善人民群众的生产生活条件，以实际效果取信于民。

3. 推进生态文明建设是实现中华民族永续发展的必然选择

生态文明既关系民生福祉，也关系民族未来。大自然哺育了我们的祖先，给予了我们生存与发展条件，还将养育我们的子孙后代。“既要金山银山，也要绿水青山”，我们要在发展经济的同时，把资源利用好、环境治理好、生态保护好，切实维护大自然对人类的永续供养能力，让大自然能够更好地休养生息，给子孙后代留下更大的发展空间。

4. 推进生态文明建设是应对全球气候变化的必由之路

当前气候变化已成为全球面临的重大挑战，维护生态安全日益成为全人类的共同任务。中国已与世界紧密联系在一起，必须同国际社会一道积极应对气候变化，尽自己所能承担的责任和义务，大力推进生态文明建设，有效控制温室气体排放，更好地彰显负责任大国形象，为全人类的可持续发展作出贡献。

二、我国生态文明建设的发展历程

中国特色社会主义生态文明建设经历了从无到有的过程，理论不断深化、实践不断加强。

从建国初期单纯的植树造林到绿化祖国等环境保护措施到可持续发展战略，再上升为科学发展观、和谐社会建设再到坚持绿色发展理念，推进美丽中国建设，生态文明建设逐步提高到国家发展“五位一体”总布局的高度。

（一）起步探索阶段（1949 年—1977 年）

在新中国成立初期，国外形势错综复杂，国内局面百废待兴。党和国家政府面临许多问题，其中最严峻的就是集中力量发展生产力，战胜严重的经济困难的考验。全国人民的主要任务是解决温饱问题，填饱肚子要紧。内外交困的新中国在生态环境方面意识薄弱，人们还没有完全意识到建设生态文明的重要性。“有位诗人甚至把钢铁厂冒出来的黑烟比喻成绽放在天空中的‘黑色牡丹’。那个时代，人们为这种‘牡丹’的处处盛开而欢呼，觉得那是富裕和现代化的象征。在后来的‘大跃进’及‘文化大革命’时期，这种意识反而得到了进一步强化，短期内给我国造成了严重的环境污染和生态破坏。”①

20 世纪 70 年代初，周恩来总理曾忧心而严肃地指出：“环境污染作为工业化的伴生物已无可避免地降临到中国大地”，“一定要在工业建设的同时，抓紧解决污染问题，绝不要做贻害子孙后代的蠢事。”1973 年，国务院通过第一个环境保护文件《关于保护和改善环境的若干规定》，标志着我国环保事业正式进入起步和探索阶段，在环境保护史上具有里程碑的意义。

（二）初步形成阶段（1978 年—1992 年）

改革开放以后，尽管我国把大多数精力集中到经济建设上来，但我国仍然强调在经济发展过程中要处理好经济、人口、资源、环境之间的关

① 程会强：《生态文明托起美丽中国》载《2015—2016 学年度上学期形势与政策专题讲稿》，第 128 页。

系，实现协调有序发展。在中国特色社会主义生态文明建设的初步发展时期，中国特色社会主义生态文明建设是以改革开放为起点，通过改革开放实践及经济发展现实情况，逐步形成了中国特色社会主义生态文明建设思想，使得环境保护工作初步取得成绩，为生态文明建设的开展奠定较为坚实的基础。比如，在生态环境保护建设方面，邓小平同志针对环境破坏现状，明确提出要高度重视环境保护和治理，号召全国人民提出了“植树造林、绿化祖国、造福后代”，取得了举世瞩目的成就。同时，党中央为加大环保力度相应出台了一系列法律法规。1978 年，环境保护列入我国《宪法》，这是我国环境保护立法的起点。1979 年，第一部环保法律《中华人民共和国环境保护法（试行）》问世，我国环保事业进入发展阶段。1992 年，以邓小平南巡讲话和党的十四大为标志，十四大把“控制人口和保护环境提升为基本国策”，中国改革开放事业进入一个新的发展阶段。在新的历史条件下，党和国家对已有的生态环境建设进行了全面的继承与发展，结合我国改革开放不断扩展，对其不断发展和完善，逐步形成中国特色社会主义生态文明思想。

（三）全面推进阶段（1993 年—2011 年）

1997 年，党的十五大提出：我国是人口众多、资源相对不足的国家，在现代化建设中必须实施可持续发展战略。可持续发展将环境保护放在突出发展的重要位置，要求人们保护环境，改变过去的思想理念，改变传统的生产生活方式，为实现经济社会的永续发展做出努力。2002 年，党的十六大报告制定了全面建设小康社会的战略目标，突出强调可持续发展之路。胡锦涛在党的十六届三中全会上提出了“坚持以人为本，树立全面、协调、可持续的发展观，促进经济社会和人的全面发展。”确立了科学发展观的战略思想，提出了“五个统筹”：强调：按照统筹城乡发展、统筹区域发展、统筹经济社会发展、统筹人与自然和谐发展、统筹国内发展和对外开放的要求。十六届五中全会提出了加快建设资源节约型、环境友好型社会，实现污染减排，有力推动产业结构调整。2007 年党的十七大报告提出要建设社会主义生态文明，走生产发展、生活富裕、生态良好的文明发展道路，标志着中国生态文明建设进入全面发展的成熟时期。十七届五中全会以科学发展观为主题，以加快经济发展方式转变为主线，提出：深入贯彻节约资源和环境保护基本国策，节约能源，降低温室气体排放程度，发展循环经济，推广低碳技术，积极应对气候变化，促进经济社会发展与人口资源环境相协调，走可持续发展之路。

（四）深化发展阶段（2012 年至今）

2012 年党的十八大，将生态文明建设纳入“五位一体”总体布局，提出建设美丽中国的目标，并分别部署生态文明体制改革、生态文明法律制度、绿色发展的目标任务。“生态文明建设”由此成为执政理念，上升到国家战略层面。在党的十八大明确生态文明建设的总体要求后，党的十八届三中全会提出加快建立系统完整的生态文明制度体系，十八届四中全会要求用严格的法律制度保护生态环境，十八届五中全会将“绿色发展”作为引领中国发展全局的五大发展理念之一，坚定走生产发展、生活富裕、生态良好的文明发展道路。

2017 年，习近平总书记在党的十九大报告中提出了加快生态文明体制改革、建设美丽中国新的目标、任务、举措，进一步昭示了以习近平同志为核心的党中央加强生态文明建设的意志和决心。习近平总书记指出：“环境就是民生，青山就是美丽，蓝天也是幸福。要像保护眼睛一样保护生态环境，像对待生命一样对待生态环境，把不损害生态环境作为发展的底线。”① 党的十八大以来，习近平总书记发表了一系列重要讲话，全面阐述了社会主义生态文明建设的理念、意义、方针、方法、举措，形成习近平新时代中国特色社会主义思想的生态文明观，为推进生态文明建设提供了理论指导和行动指南。五年来，以习近平同志为核心的党中央高度重视并大力推进生态文明建设，全党全国贯彻绿色发展理念的自觉性和主动性显著增强，各地区、各部门、社会公众对生态文明的认识有了很大提升，思想和行动正在统一到中央关于生态文明建设的决策部署上来。这五年，我国生态文明建设决心之大、力度之大、成效之大，在我国发展史上是前所未有的。应该说，党的十八大以来是我国生态文明建设认识最深、推进最快、成效最大的时期。

总之，纵观中国特色社会主义生态文明建设得的发展历程，可以看出

---

① 中共中央宣传部编：《习近平总书记系列重要讲话读本》，人民出版社 2016 年版，第 233 页。

这项伟大工程凝聚了中国共产党几代领导集体的智慧和心血，充分体现了中国共产党领导的优越性，也体现了中国共产党对人类文明发展规律及社会主义建设规律的新探索和新认识，彰显了社会主义制度的优势。

三、我国生态文明建设面临的问题

在国家、地方和企业、公众等社会各方的共同推动下，近年来我国生态文明的建设虽然取得了一些重大进展，但仍存在许多问题需要社会各界共同努力解决，主要表现在：

（一）人均生态资源匮乏

我国是个人口大国，不仅人口基数大，而且人口密度也大。虽然国内各种自然资源总量大，位居世界前列，但人均占有量少，远低于世界平均水平。比如，我国人均水资源不到世界的1/4；人均耕地不到世界的1/2；人均森林面积不足世界的1/4；我国石油、天然气人均量仅为世界平均水平的1/15，绝大多数矿产资源人均量不到世界的一半。但我们却要用只占世界10%的耕地、6%的水资源、4%的森林、1.8%石油、0.7%的天然气，不足世界9%的铁矿石、不足5%的铜矿、不足2%的铝土矿，养活占世界20%的人口。严峻的现实提醒我们，在中国实现现代化，全面建成小康社会，实现中华民族伟大复兴的中国梦，必须节约各种能源资源，我们没有浪费的资本。

（二）水资源短缺，水污染严重

我国淡水总量居世界第二位，但人均不到世界的1/4，排在世界110位之后，是联合国确定的13个淡水资源缺乏的国家之一。在全国660多个城市中，有400多个缺水，其中100多个严重缺水。多年来，华北平原由于干旱、超采地下水，已在地下形成9万多平方千米的漏斗区，并在局部地区引起地面沉降。据统计，60多年来，我国已有1000个湖泊干涸，平均每年消失20个天然湖泊，相当于每2.4秒就“蒸发”了一个人一生的饮水量。

除了水资源的短缺，我国还面临严重的水污染。近年来，我国污水排放总量约600亿吨，可以装满1.7个三峡水库，按1升污染水需要8升纯净水来稀释计算，这些污水大概污染了我国40%的淡水资源，有近60%的湖泊水质已不能用做生活用水。除了淡水污染，近海海水污染状况也令人担忧。《2014年中国海洋环境状况公报》显示：河流携带入海的污染物总量约1700万吨，较2013年增加5%。化学耗氧量、氨氮和硝酸盐氮等的入海量较上年均有所升高。许多近海水质总体上连工业用水的标准都达不到，根本不能用于海水养殖、海水浴场和风景旅游。

地表水的好坏是看得见的污染，而地下水的污染就不容易发现了。据国土资源部对200个城市的监测，地下水水质较差或极差的比例为57%，在一些经济发达城市，甚至达到90%。地下水是我国主要饮用水源，它的污染直接影响人们的身体健康。

（三）土地污染严重

如果把我国陆地面积分成100份，现在有多少份能种粮食养活我们？答案是只有不到13份。我国耕地面积逼近120亿公亩红线，平均到每个人身上，也就8.66公亩地多一点，不及世界人均的40%。我国的粮食自给率已经跌到了87%，30%左右的农产品是需要通过国际市场来调节的，耕地开始承载不起人口。

目前我国受污染的耕地约有10亿公亩，主要是有机物污染和重金属污染，不仅导致土壤理化性状变差，也影响农产品质量安全。比如，号称"北大仓"的东北黑土区是我国最重要的粮食基地，年产量约占全国的1/5。但千万年才形成的肥沃黑土，近几十年来由于化肥农药的过度使用，原来60—80厘米的黑土层，现在正以每年1厘米的速度消失，照此下去，部分黑土区将在几十年后消失殆尽。

随处可见的固体垃圾污染同样让人头疼。目前我国垃圾存量达60多亿吨，居世界第一，其占地面积已和新加坡国土相当，全国已有2/3的城市陷入垃圾包围之中，这些固体垃圾还以每年近5.2亿吨的速度增长。

（四）空气污染严重

空气污染一直是我国经济发展中的烦恼，尤其是近年来，空气已变成"看得见、闻得出、摸得着"的物质了。卫星云图上，灰色的雾霾像棉被一样，从华北一直盖到珠三角，绵延数千公里。最严重的一天，雾霾曾覆盖我国17个省、直辖市、自治区，涉及150万平方千米，相当于日本国土面积的4倍，共6亿人受到影响。

衡量空气污染，国际上有一个通行的标准，即测量每立方米空气中所含的悬浮微细粒子重量。世界卫生组织给出的标准是每立方米20微克（1微克等于百万分之一克）及以下属干净的空气。但实地测量，我国多数地区的年均值为291微克，远远超过了世界卫生组织的标准。据统计，我国目前只有1%的城市在40微克以下。空气污染还是酸雨的“元凶”。排放在空气中的二氧化硫与水分子结合后，会形成硫酸，这种酸雨降到地面，会腐蚀植物、土壤和建筑物。目前，酸雨区占全国面积的40%，东部地区的降雨几乎10场有9场是酸雨。

空气污染主要来自燃烧发电、机动车尾气和工厂排放。其中煤炭使用量过大时根本原因。另外，全国1亿多辆机动车的排放，也是重要原因，占全国总排放的1/4。面对空气污染，中国工程院院士钟南山警告说：“空气污染比SARS更可怕，因为SARS可以隔离病人，但空气污染却是任何人也跑不掉的。”

（五）土地沙化，植被覆盖不足

我国黄河流域历史上茂密的森林变成了今天的黄土高坡，自然灾害频发。“下三天雨就要防汛”、“出三天太阳就要抗旱”的景象不时出现。2010年发生的甘肃舟曲特大泥石流灾害，造成1700多人遇难。史料记载，舟曲历史上森林覆盖率高达67%，曾有“塞上江南、甘肃扬州”之美称，近50年来森林遭到超限度破坏，森林覆盖率一度降到20%。生态环境不堪重负，一场大雨便成了压垮骆驼的最后一根稻草。

目前，我国有174万平方千米的沙化面积、356万平方千米的水土流失面积。也会是说，我国国土的近1/5不宜人居、约1/3不宜生产。形成这些“黄色国土”或“灰色国土”的首要原因是森林锐减。当前，我国森林覆盖率仅为21.63%，人均森林面积仅为13.13公亩，远低于全世界森林覆盖率31.8%、人均森林面积62公亩的平均水平。试想，如果森林继续减少、国土继续沙漠化、水土继续流失，13多亿中国人将来在哪里立足生存生活？未来，我们要给森林以休养生息的时间，有林也不能采伐，也不允许采伐。在这之前，我国对木材的需求，可能长期依赖进口。

（六）国土开发格局不合理

国土空间是一个国家进行各种政治、经济、文化活动的场所，是经济社会发展的载体，是人民生存和发展的依托。我国国土空间虽然很大，但适宜人居住和发展的空间并不大，山地多，平原少，适宜工业和城市建设及耕作的土地仅有 180 多万平方千米，在总体开发上存在生产空间偏多、生态空间和生活空间偏少等问题，一些地区盲目开发、过度开发、无序开发，已经接近或超过资源环境承载能力的极限。

综上所述，我国生态环境存在的问题，有着历史的、自然的原因和过程，与我国国情和发展阶段密切相关，是在发展过程中遇到的矛盾和问题，有的地方在发展中片面追求速度，以牺牲生态环境为代价，换取一时经济增长；相关法律、政策和考核体系还不能适应生态文明建设的要求。因此，未来必须坚决遏制生态环境恶化趋势，使生态环境逐步改善、不断优化，但解决生态环境问题不可能毕其功于一役，需要经过较长时期艰苦不懈的努力。也就是说，治理环境污染、推进生态文明建设既要坚定信心，也不能急于求成，既要打攻坚战，也要打持久战，坚定不移地积极稳妥推进。

四、新时代生态文明建设的基本理路

建设生态文明是中华民族永续发展的千年大计。党的十九大报告发出了“加快生态文明体制改革、建设美丽中国”的号令，提出了“人与自然是生命共同体”的新理念和“建设人与自然和谐共生的现代化”的新论断，为加快美丽中国建设确定了思路，指明了方向。

（一）推进绿色发展

绿色发展是新发展理念的重要内容，实现绿色发展是实现中华民族永续发展的重要保证。所谓绿色发展，就是要摒弃传统发展方式的弊端，从根本上改变经济与环境对立的关系，推进经济与环境协调共进，实现更高质量、更有效率、更加公平、更可持续发展。新时代坚持绿色发展，必须树立和践行绿水青山就是金山银山的理念，坚守“生态红线”和“绿色底线”，坚持节约资源和保护环境的基本国策，坚持节约优先、保护优先、自然恢复为主的方针，着力推进绿色发展、循环发展、低碳发展，“加快建立绿色生产和消费的法律制度和政策导向，建立健全绿色低碳循环发展的经济体系。构建市场导向的绿色技术创新体系，发展绿色金融，壮大节能环保产业、清洁生产产业、清洁能源产业。推进能源生产和消费革命，构建清洁低碳、安全高效的能源体系。推进资源全面节约和循环利用，实施国家节水行动，降低能耗、物耗，实现生产系统和生活系统循环链接。倡导简约适度、绿色低碳的生活方式，反对奢侈浪费和不合理消费，开展创建节约型机关、绿色家庭、绿色学校、绿色社区和绿色出行等行动。"①坚定走生产发展、生活富裕、生态良好的文明发展道路，努力使生态系统和经济系统有机融合、和谐统一。

（二）着力解决突出环境问题

人民对美好生活的向往，就是我们的奋斗目标。良好的生态环境，是最公平的公共产品，是最普惠的民生福祉，解决突出环境问题就是满足人民对美好生活需求的重要举措。习近平总书记在十九大报告中指出："坚持全民共治、源头防治，持续实施大气污染防治行动，打赢蓝天保卫战。加快水污染防治，实施流域环境和近岸海域综合治理。强化土壤污染管控和修复，加强农业面源污染防治，开展农村人居环境整治行动。加强固体废弃物和垃圾处置。提高污染排放标准，强化排污者责任，健全环保信用评价、信息强制性披露、严惩重罚等制度。构建政府为主导、企业为主体、社会组织和公众共同参与的环境治理体系。积极参与全球环境治理，落实减排承诺。"②

（三）完善制度和法治

建设生态文明，是一场涉及生产方式、生活方式、思维方式和价值观念的革命性变革。实现这样的变革，必须依靠制度和法治。习近平总书记指出："只有实行最严格的制度、最严密的法治，才能为生态文明建设提供可靠保障。"2015 年 4 月，中共中央、国务院《关于加快推进生态文明建设的意见》出台。2015 年 9 月，中共中央、国务院印发了《生态文明体制改革总体方案》，其中明确"树立绿水青山就是金山银山的理念"。2016

---

① 习近平：《决胜全面建成小康社会 夺取新时代中国特色社会主义伟大胜利》，人民出版社 2017 年版，第 50—51 页。

② 习近平：《决胜全面建成小康社会 夺取新时代中国特色社会主义伟大胜利》，人民出版社 2017 年版，第 51 页。

年11月，国务院印发《“十三五”生态环境保护规划》，明确提出“到2020年，生态环境质量总体改善”的主要目标，并提出一系列主要指标。所有这些政策措施，都显示“系统”而又“严格”的特点。当前，我国生态环境保护中存在的突出问题，大都与体制不完善、机制不健全、法治不完备有关。深化生态文明体制改革，必须构建产权清晰、多元参与、激励约束并重、系统完整的生态文明制度体系，把生态文明建设纳入法治化、制度化轨道。

（四）完善经济社会发展考核评价体系

科学的考核评价体系犹如“指挥棒”，在生态文明制度建设中是最重要的。要把资源消耗、环境损害、生态效益等体现生态文明建设状况的指标，纳入经济社会发展评价体系，建立体现生态文明要求的目标体系、考核办法、奖惩机制，使之成为推进生态文明建设的重要导向和约束。要把生态环境放在经济社会发展评价体系的突出位置，如果生态环境指标很差，一个地方一个部门的表面成绩再好看也不行。

（五）建立责任追究制度

资源环境是公共产品，对其造成损害和破坏必须追究责任。要建立环保督察工作机制，严格落实环境保护主体责任，完善领导干部目标责任考核制度。坚持依法依规、客观公正、科学认定、权责一致、终身追究的原则。“针对决策、执行、监管中的责任，明确各级领导干部责任追究情形。强化环境保护‘党政同责’和‘一岗双责’要求，对问题突出的地方追究有关单位和个人责任。对领导干部实行自然资源资产离任审计，建立健全生态环境损害评估和赔偿制度，落实损害责任终身追究制度。对造成生态环境损害负有责任的领导干部，必须严肃追责。建立国家环境保护督察制度。”①

（六）建立健全资源生态环境管理制度

推动生态文明体制改革要搭好基础性框架，建立归属清晰、权责明确、监管有效的自然资源资产产权制度；“以空间规划为基础、以用途管制为主要手段的国土空间开发保护制度；以空间治理和空间结构化为主要

---

① 中共中央宣传部编：《习近平总书记系列重要讲话读本》，人民出版社2016年版，第240—241页。

内容，全国统一、相互衔接、分级管理的空间规划体系；覆盖全面、科学规范、管理严格的资源总量管理和全面节约制度；反映市场供求和资源稀缺程度，体现自然价值和代际补偿的资源有偿使用和生态补偿制度；以改善环境质量为导向，监管统一、执法严明、多方参与的环境治理体系；更多运用经济杠杆进行环境治理和生态保护的市场体系；探索实行耕地轮作休耕制度；实行省以下环保机构监测网络，通过全面设点、全国联网、自动预警、依法追责，形成政府主导、部门协同、社会参与、公众监督的新格局，为环境保护提供科学依据。要加强生态文明宣传教育，增强全民节约意识、环保意识、生态意识，营造爱护生态环境的良好风气。”①

① 中共中央宣传部编：《习近平总书记系列重要讲话读本》，人民出版社 2016 年版，第 241—242 页。

第七章　中国国际地位的提升

2017年中国是不少主题会议的东道主，其中最大的外交盛会是2017年5月在北京举办的“一带一路”国际合作高峰论坛。这场高峰论坛是中国国际知名度的体现。短短两天的会议集结了29位外国元首和政府首脑，以及来自130多个国家和70多个国际组织的约1500名代表。论坛期间，同中国签署“一带一路”相关协议的国家及国际组织总数达到68个，覆盖领域包括政治、贸易、金融等。中国在2017年主办的另一场重要会议是金砖国家领导人第九次会晤，举办地是福建厦门。厦门会晤协商一致通过《金砖国家领导人厦门宣言》，旨在巩固南南合作，寻求金砖国家的可持续发展和金融市场一体化，加强彼此间的人文交流和互相理解。厦门会晤还首次引入了“金砖+”的概念，邀请墨西哥、埃及、泰国、几内亚、塔吉克斯坦等五国领导人参与新兴市场国家与发展中国家对话会，这被外界视为金砖“朋友圈”将进一步扩大的重要指标。中国坚持走一条新的发展道路，支持改善全球治理、建设开放型世界经济、推动贸易和投资自由化，为落实联合国2030年可持续发展议程而不断努力。所有这些因素都印证了各国专家近年来对中国的评价，即这个亚洲大国已不再是国际问题中的一个普通角色，而是世界议程中的领导者。

一、中国国际地位显著上升

在历史的记忆里，“东亚病夫”、“睡狮”、“黄祸”等字眼，曾经是西方国家描述近代中国的代名词。改革开放以来中国在政治、经济、文化、体育等领域取得了举世瞩目的成就，西方社会又将中国形容为“醒狮”和“东方巨人”等。2009年7月首届全球智库峰会在北京召开。新京报报道称："峰会主题是'世界金融危机下寻找应对之策'，实际结果却是'天下问计于中国'"。从理论视角而言，一个国家的国际地位和国际形象应包含两个方面的内容：一是国家主体的自我认识和定位，二是国际社会对国家主体的外部认识和定位。

如何定位中国？邓小平同志曾说，中国既是一个大国，也是一个小国。这辩证地描述了中国的情况，这是对中国的地位和前景做出得科学判断。在全球范围，目前中国是在世界范围内尤其是在周边地区日益发挥重要影响的发展中大国。中国的国际地位和作用不是静态的，而是动态的。1500—1949 年的 500 年间，我国国内生产总值年平均增长速度不是负增长，就是增长不到 1%，大大落后于欧美日等国，也落后于世界平均水平。新中国成立后，一切都变了。1949—2007 年，我国国内生产总值年平均增长 11.5%，而世界平均水平仅年增长 3% 左右。1820 年，中国经济占世界经济总量的 25%，居全球首位，但中国已陷入封建社会末期的深度衰退中。新中国成立之初，我国经济总量世界排名在十位以后；1978 年，中国占世界经济总量的 1.8%，排名第 11 位。2008 年，占到 7.25%，排世界第三，2009 年，中国的经济总量已经跃居世界第二位。中国在国际上的地位大大提高。

中国国际地位的提升主要体现在以下几个方面：

第一，中国的综合国力日益增强。近年来中国经济快速增长，2008 年 GDP 达到 4.4 万亿美元，跃居世界第三大经济体，到 2009 年末，中国 GDP 跃居世界第二位。综合国力增长奠定了中国国际地位提升的基础。

在 2009 年 8 月召开的第八次中国—东盟经贸部长会议上，中国与东盟 10 国共同签署了中国—东盟自贸区《投资协议》。这标志着双方成功完成了自贸区协议的主要谈判，自贸区在 2010 年 1 月 1 日全面建成。

中国经济的发展模式是和平发展，这与西方主要资本主义国家的零和发展模式存在很大不同。随着中国经济的快速发展，中国广泛参与全球和区域合作成为世界经济增长的重要动力。中国对世界经济增长贡献不断增大的同时，对世界经济的拉动作用也大幅增强。1978 年，我国经济对世界 GDP 增长的拉动只有 0.1 个百分点，到 2006 年我国经济对世界经济增长的拉动已提高到 0.55 个百分点，仅次于美国（0.86）居第 2 位，2008 年中国对世界经济增长贡献率近 22%。特别是金融危机爆发以来，中国积极与世界上主要国家进行沟通合作，寻求振兴世界经济的对策，彰显自己负责任大国的形象，中国积极参与国际和地区事务履行应尽的国际义务在反恐、防扩散、打击海盗等国际事务上发挥着负责任的建设性作用成为维护世界和平、促进共同发展的重要力量。2009 年 4 月，为打击亚丁湾海盗，保障商船航行安全，我海军第二批护航编队抵达亚丁湾开始执行护航任务。

第二，中国成为抵御全球金融危机的重要中坚力量。在世界多数国家经济陷入衰退的背景下，中国经济继续保持平稳较快发展，相对实力稳步上升，成为中国国际地位和影响稳步上升的重要基础。中国应对金融危机采取的措施，不仅时本国经济，而且对区域经济乃至世界经济都产生了积极影响。金融危机以来中国及时调整宏观经济政策形成了进一步扩大内需、促进经济增长的一揽子计划。中国作为国际社会负责任的成员，始终积极参与应对国际金融危机的国际合作，有关举措受到了国际社会的普遍赞誉，中国一直在向世界传递着战胜金融危机的“中国信心”。中国的做法得到了国际社会的广泛赞誉，更多的外国人越来越被中国魅力所吸引。

改革开放 30 年来，我国经济飞速发展。1979—2007 年，我国国民经济年平均增长 9.8%，比同期世界经济平均发展水平快 6.8 个百分点。改革开放以来，我国保持了长达 29 年的高速增长。从 1978 年到 2007 年，我国 GDP 占世界 GDP 的比重从 1.8% 上升到 6.0%，提高了 4.2 个百分点。人均国民总收入（GNI）增长了 11 倍。主要工农业产品产量稳居世界前列，我国主要农产品产量在世界各国中居领先地位，我国服务贸易以年均 17.7% 的速度增长，获得了巨大发展。30 年来，随着我国改革开放程度的不断加深和综合国力的增强，外汇储备大幅增加。1978 年，我国外汇储备只有 16 亿美元（来源于联合国数据库），只相当于当时世界第 1 位德国的 3.7%；2006 年底突破万亿美元大关，达到 10663 亿美元，超过日本成为全球外汇储备最多的国家。

二、外国视角下的中国国际地位

时至今日，无论你身居世界上的任何地区，你都会感觉到中国热情扑面而来，中国影响在日益增加，从衣食住行到娱乐消费中国制造四处可见，“汉风”阵阵，四处开花，世界在领略中国魅力的同时，也在冷静思考中国。

首先，对美国而言在当前国际政治经济安全秩序重构的过程中，中国是一个合作的伙伴，同时也是一个竞争对手。美国对中国国际地位和影响力上升的重视，比较突出地反映在“两国集团”（“G2”）论上。它是由彼得森经济研究所所长伯格斯滕提出奥巴马外交事务顾问布热津斯基加以强调。美国人认识到凭一己之力难以解决重大国际问题但那些老盟友在关键时刻也不顶用—日本复苏艰难，法国、德国、英国在危机面前各行其道无法与美国“并肩战斗”。“G2”论既反映了美国对中国不断崛起这一客观现实的承认，也反映了美国摆脱自身所处困境的需要。在世界多极化加速发展、全球性问题日益增多的背景下美国希望借助中国力量帮助其分担责任。针对“G2”论温家宝总理明确指出：“一两个国家或大国集团不可能解决全球的问题，多极化和多边主义是大势所趋。‘G2’论是毫无根据的，是错误的。”与此论相似的另外一种观点是“Chinamerican”。

专家观点——美国战略界认识中国的四个阶段

中国现代国际关系研究院美国所所长袁鹏认为，美国战略界认识中国经历了四个阶段：第一，1992年召开中共十四大，中国把市场经济写入了国家大战略。这一点让美国人得出了第一个结论——中国经济崩溃的可能性比较低了。第二，2002年中共十六大召开，中国共产党新老领导集体实现了平稳交接。美国人认为中国政治崩溃也不可能了。第三，2008年中国发生了“3·14”拉萨打砸抢烧严重暴力犯罪事件、汶川大地震和举办北京奥运会。在美国看来，中国社会不仅没有出问题，反而呈现出相反的结果，民族凝聚力空前的高涨。所以认为，今后对中国社会的理解也应该重新思考了。第四，2009年，中国基本上成了全世界唯一一个在金融上相对比较稳定，同时GDP还能保持8%增长率的国家，美国基本认为中国可能仅次于美国排名第二了。所以，“G2”论在2009年冒出来并不是偶然的。

其次，对欧盟而言，中国已经成为一个竞争对手。在中欧经贸关系不断深入发展的过程中，欧盟大力推行保护主义措施，对中国产品发起反倾销调查，严重违反了 WTO 的经贸准则。同时欧盟指责中国的内政外交，认为中国与非洲发展正常经贸关系已经严重侵犯了欧洲的势力范围，指责中国的"非洲政策"。对中国的"西藏问题"、"新疆问题"指手画脚，企图让中国按照他的意图行事。另一方面对中国进行"捧杀"，过高强调中国的力量，进而要求中国要担负相应的"责任"。

再次，相对于欧美强国而言，中国周边国家与中国的关系较为和缓。除印度、不丹以外中国与所有陆上邻国解决了边界问题，并建立了各种类型的伙伴关系，高层领导互访已经成为惯例。周边国家对中国国际地位的提高态度比较矛盾，一方面，希望学习中国的成功经验，借中国经济高速发展的东风迅速提升自己国家的综合国力，希望中国在推动地区合作中发挥更大的作用，在地区安全和热点问题上承担更大的责任。另一方面，随着中国国际地位的提升，周边有些国家似乎感觉到中国强大所带来的"危险"，诸如"中国威胁论"和"中国军事不透明"等论调在日本等国有所抬头。之所以有这样的顾虑，主要原因是他们对中国和平发展理念的理解还不深入。

最后，亚非拉美广大发展中国家把中国的发展当作自身发展新机遇，纷纷效仿"中国模式"。国际金融危机爆发以来，非洲"向东看"的主张进一步增强。很多非洲经济学家算了一笔账，非洲拥有丰富的劳动力、土地资源以及经济发展所需的战略性资源，如果中国的中产阶级达到 40% 的规模就有数亿人要进入中产阶层的行列这跟一百年前西方国家经济快速崛起的情形一样，必将极大拉动全球包括非洲经济的发展。特别是中国在非洲的技术性开发援助，深得非洲人的欢心，尽管南非总统姆贝基曾告诫非洲各国要警惕中国在非洲搞"新殖民主义"。事实胜于雄辩，中国对非洲无私的援助是贯彻联合国千年目标的一部分，不带有私利，因此很多非洲人经常在胸口划十字，口中默念"感谢上帝给我们送来了中国人"。在国际社会中极富神秘色彩的伊斯兰世界对中国的评价很高，希望中国成为国际格局中的一支平衡力量，帮助他们减轻西方霸权主义和强权政治带来的压力。但是由于中国的商品、人力资本的价格都很便宜，这也是很多发展中国家的优势领域，因此，他们担心，中国会挤压他们的市场份额，从而影响国内相关产业的发展。

三、如何认识中国国际地位的提升

正确认识一个国家的国际地位是一个重大的战略问题。要正确认识中国国际地位的提升必须要回答以下几个问题：

首先，中国国际地位的提升是以什么作为参照物的？很显然从百年发展史来看，所谓中国国际地位的提升是以我们民族的屈辱史为基点，与那个时代相比，中国的国际地位的确提升了。但是与欧美强国相比我们的差距是很大的，中国的发展还有很大的提升空间。

其次，中国国际地位的提升目的是什么？是继续沿着西方资本主义国家的发展脉络，强大后搞殖民主义、霸权主义么？肯定不是。中国国际地位的提升一方面是实现中华民族伟大复兴的目标，提高中国人的生活水平；另一方面，地位提升的中国应该成为维护世界和平与发展的重要力量。

第三，中国真正的实力究竟怎么样？毫无疑问中国的确是一个世界大国。作为一个世界大国，主要体现在五个方面：在自然地理方面，中国有近14亿人口，约占世界总人口的22%，拥有世界上最丰富的人力资源；中国是世界上陆地面积第三大的国家，有着广阔的疆域和地缘边界，拥有世界上丰富的地表资源、地下矿产资源和海洋资源，这是中国成为世界大国的自然优势。在国际影响力方面，作为联合国常任理事国之一，中国在国际政治舞台上发挥着重大的作用，对国际事务拥有重要发言权，中国是维护世界和平和地区稳定的坚定力量，中国是推动公正合理的国际新秩序建设和世界全面发展的重要力量。另外，中国用世界上7%的土地解决了占世界近四分之一人口的温饱问题，这本身就是一个世界创举。在历史和文化方面，中国拥有2200多年的统一文化历史，并且是世界上唯一传承下来的文明古国。同样从这五个方面来看，中国仍然是一个发展中国家。在自然资源方面，中国的人均耕地面积和资源占有量都很低。在经济基础方面，我国的现代化进程起步晚，底子薄，规模小，效益差。从经济总体实力上看，虽然我国现在的经济总量已进入世界前列，但在绝对数值上，仅相当于美国的10%左右，若按人均计算差距就更大了，在世界排名一百位以外。中国的GDP虽然已位居世界第三，但人均GDP在世界上排名很后很后。GDP是指物质的，还有精神的，中华文明的伟大复兴也许还有更长的路要走。从国内发展水平来看，我国的东西部之间、城乡之间、工农之间的发展水平差距仍很大。在综合国力方面，我国的科技力和军事力还十分落后，与国家利益的要求尚存在较大差距。以上事实说明，中国还是一个比较贫困落后的发展中国家，还不是一个综合性的世界强国。同时随着中国综合国力不断提升，国际社会对中国的期待日益上升要求中国承担更多国际责任。中国历来是国际社会中负责任的一员，始终以认真、负责的态度处理国际和地区事务。作为一个人口最多的发展中大国中国的主要任务是首先把自己的事情办好这是中国对自己、对世界承担的最大责任。对于中国来说也只有解决好自身发展问题才可能在世界上承担更大责任。而且，随着综合国力不断增强国际地位和影响不断上升，中国也应承担相应的国际责任为世界和平与发展做出新的更大的贡献。

为什么中央提出要“统筹国内国际两个大局”呢？主要是针对目前复杂多变的国际、国内环境提出的正确决策。国际上，国际金融危机造成全球经济衰退，中国外部发展环境空前严峻。地区热点此起彼伏，周边乱象丛生，中国外部安全环境风险和隐患增多朝核、伊核等国际热点问题有升温趋势中东、中亚和外高加索地区动荡加剧盗、恐怖主义、跨国犯罪等问题日益突出国际安全形势依然严峻。同时国际上形形色色的“中国威胁论”有愈演愈烈之势。从国内看，中国发展面临诸多内部困难。经济结构调整、经济增长方式的改变，城乡、地区经济社会发展不够协调；人口资源环境压力加大，就业、社会保障、教育、医疗等民生问题比较突出；经济增长的资源环境代价过大等方面的问题仍然较多。这些内部问题是中国进一步发展面临的最大挑战。因此，胡锦涛主席强调我们要在国际上高举和平、发展、合作的大旗，这是十分必要的。

第八章　大国软实力

胡锦涛总书记在十七大报告中将我国的文化软实力建设提高到国家战略的高度，软实力建设也是推动学习实践科学发展观活动的一项重大举措。“软实力”一词与以经济和军事实力为主要内容的“硬实力”不同，“软实力”是价值观念、生活方式和社会制度的吸引力和感召力，是建立在此基础上的同化力与规制力。顾名思义，“软实力”（Soft Power）是相对于“硬实力”（Hard Power）而言的。最早明确提出这一概念的是哈佛大学肯尼迪政府学院院长约瑟夫·奈（Joseph Nye）。在1990年出版的《注定领导：变化中的美国力量的本质》一书中，约瑟夫·奈明确提出了“软实力”概念。他认为，美国在当今世界上不仅拥有经济和军事等“硬实力”优势，而且还有文化、价值观和国民凝聚力等“软实力”优势。硬实力是通过经济胡萝卜或军事大棒威胁利诱别人去干他们不想干的事情；软实力则是通过精神和道德诉求，影响、诱惑和说服别人相信和同意某些行为准则、价值观念和制度安排。因此所谓“软实力”是指一国的文化、价值观念、社会制度、发展模式的国际影响力与感召力。相对于具体的国民生产总值、科研成果及转化率、国防力量等硬实力而言，哲学与社会科学也属于国家“软实力”范畴。

孔子学院：中国“软实力”最亮品牌

2004年11月21日，全球第一所“孔子学院”在韩国首都首尔挂牌。截至2009年8月，已在世界八十三个国家和地区建立了268所孔子学院和71个孔子课堂。国内61所高校和机构参与孔子学院的合作办学，主要提供到国外教授中文的教师和招募志愿者。到2010年，全球将建成500所孔子学院和孔子课堂。文化吸引力是国家软实力的重要特性之一，奥斯卡在世界广受关注，部分反映了美国的软实力。随着《功夫熊猫》在中国的上映，这部堪称美国软实力的代表作也带来启示：美国官方在硬性推销价值观时往往并不成功，而民间在对外行使软实力方面比较见效。本片将熊猫与功夫这两大中国元素结合起来，将中国美术、音乐乃至于烹调、针炙和书法等因素融为一体。

一、大国为什么要构建自己的软实力

以美国为例，美国“软实力”的表现形式往往是温和的、无形的、甚至是粗鄙的、低俗的，但其内容却比“硬实力”更为丰富和复杂，它们的影响力也比硬实力的丰厚、久远。美国的软实力既与别国平民百姓的日常生活联在一起，形成超越别国政府与国界的穿透力量；同时又能在国际上对其他国家的国际行为和世界秩序形成制约，主导世界潮流。如果说历史上的霸权国主要依靠的是以军事和经济力量为主的硬实力的话，那么美国除了在硬实力方面具有压倒优势外，它还在软实力方面独占鳌头，因而构成了一种新式霸权。

（一）从生活到娱乐，美国的影响无处不在

生活和娱乐中“无微不至”的美国影响，是美国软实力的基本形式。尽管美国没有“法式大餐”和“满汉全席”那样的经典，但可口可乐汽水和麦当劳快餐却风靡全世界，甚至改变了许多国家和地区的饮食习惯，快餐由此成为人们日常生活不可缺少的一部分。在服饰方面，纽约虽然是世界时装界的一个主要舞台，但巴黎、罗马和伦敦在世界时装界的地位都不比纽约低，甚至在某些方面还超过了它。但是，美国T恤衫、牛仔裤加旅游鞋的休闲式着装却传染给了全世界，成为全球男女不分、老少皆益的着装时尚；而且在许多情况下，它们比笔挺的西装富时代气息，更显着装人的生力、特性与层次。美国的影视产品对全世界影响更大。好莱坞制造的充满英雄气概、情欲吸引和暴力刺激的电影电视，主导着全球影视市场，成为世界上多数国家观众的精神食粮。据统计，美国好莱坞影视产品的产量只占全球产量的5—6%，但却占全球电影放映时间的50—60%。好莱坞

的奥斯卡奖（真名为电影艺术与科学学院奖）在全世界各类电影大奖中鹤立鸡群，已经等同于全球电影业的最高奖。不仅美国，而且其他国家的演员、导演和制片人等都以能够在好莱坞立足并夺得奥斯卡奖为最高的奋斗目标。与此同时，美国不仅是全球电影艺术的中心，也是儿童动画片制作的王国。从最初的《米老鼠与唐老鸭》到《狮子王》，美国迪斯尼的动画片风靡全世界。战后以来，许多国家一代又一代少年儿童都是看着美国迪斯尼的动画片长大的。迪斯尼在美国洛山矶和佛罗里达，在日本东京和法国巴黎建立的迪斯尼主题公园，更是全球亿万少年儿童一心向往和流连忘返的精神乐园。此外，美国的音乐、舞蹈、体育乃至玩具（如芭比娃娃）等都在全世界发挥着领导潮流的作用。总之，从《魂断蓝桥》到《泰坦尼克》，从普莱斯利到杰克逊，从麦当劳到肯德基，无论你生活在那里，无论生活还是娱乐，人们到处都可以发现美国的影子。

（二）从学习与工作，美国方式如影随形

学习与工作中“无所不在”的美国方式，是美国软实力的中级形态。计算机革命发源于美国，现在成了世界各国男女老少学习和工作必不可少的工具，并在改变着人们传统的学习和工作方式。尽管在计算机硬件的制造技术方面日本等国家取得了不小的成绩，但计算机软件仍然是美国人的一统天下。只要我们打开计算机，我们实际上就进入了一个美国人设计的学习和工作程序；只要我们进入因特网，我们就与美国人的或美国人发明的学习和工作环境联在了一起。美国教育，特别是高等教育，被视为素质教育和创新能力培养的楷模，不但是世界上许多国家效仿的对象，而且美国大学因而成为各国留学生的首选之地。每年全世界大约1/3的留学生涌向美国。为了跟上信息革命的步伐，为了能在世界上最好的大学里接受教育，英语成为一代又一代非英语国家青年学子必备的工具。多少学生为了通过托福（TOEFEL）和美国研究生入学考试（GRE）而呕心沥血！但语言不仅仅是求知的手段，更是观念的载体。美国人的生活方式和价值观念伴随着英语的全球性普及而蔓延到亿万其他国家青少年的心里。美国的媒体更是全世界最庞大和完整的信息制造与传播体系。除了好莱坞的影视之外，从电视、广播、报纸、杂志到通讯社和因特网，美国在各传媒领域都占有巨大优势。它们不但在美国政治中拥有重要影响，被称作行政、立法和司法三权以外的“第四势力”，而且在国际政治中也发挥着任何一个国家都不能小视的作用。美联社、合众社、《纽约时报》、《华盛顿邮报》、《华尔街日报》、《时代周刊》、《新闻周刊》、《财富》、《福不斯》、《人物》、《读者文摘》、《花花公子》、《阁楼》、《美国之音》、美国有线电视新闻网（CNN）国家广播公司（NBC）、美国广播公司（ABC）和哥伦比亚广播公司（CBS）等等，这些都是美国的传媒，但又以全球为市场，都能在世界范围内制造波澜，呼风唤雨。作为一种新兴的传媒手段，因特网不仅是美国人的发明，更是美国人的天下。而时代—华纳集团与美国在线的联姻，又使美国在新一轮媒体大战（也是媒体革命）中走在了前面。美国传媒不仅把美国的生活方式和价值观念传播到全世界，而且还利用自身的能量制约国际关系重心，影响国际政治的议程。我们以往称美国为“超级大国”，主要指的是它在经济和军事是的强大力量，而忽视了它在其他方面影响力。美国也是一个传媒超级大国，有人据此指其为“传媒帝国主义”。

美国软实力的中级形态还有两种表现形式。二战以来，人类重大的科学技术发明大都由美国人或其他国家在美国工作人完成的。这些科学技术的发明和创造不仅带动了整个人类社会的发展和进步，同时也张扬了美国的文化或精神力量。与此同时，在哲学和经济学、政治学、管理学、心理学、社会学和国际政治学等许多社会科学领域，美国学术界的影响也是无所不在，甚至独领风骚。换言之，二战以来，美国在国际学术界大多数领域都占有支配地位，这使其他国家的大学和研究机构都不得不把美国的理论和学说作为主要的学习和研究对象，因而也不可避免地接受美国的影响。另外，美国软实力的中级形态还表现在它左右世界经济和国际组织规则的制定上，联合国、WTO、国际货币基金组织和世界银行等都是美国人思想的产物，同时美国也一直在其中发挥着主导作用。

二、中国具备哪些软实力

如果从中国的角度来界定国家软实力，那么，这种软实力的资源主要有文化、政治价值观（以及国内政策）、制度、外交政策以及国民素质等。

对于中国来说，传统文化对于增强国家软实力具有尤其重要的意义。

中国的传统文化独具特色，而且内涵普世价值，可以作为文化吸引力的基础发挥作用。旅英中国资深媒体人陈冰就表示，“没有宗教偏见，没有宗教战争，使得各种宗教传进中国后，争斗锋芒都被过滤，进而相互尊重，彼此共存。打磨各种外来宗教的争斗锋芒，中国文化的这种包容性和净化能力不仅是‘软力量’的核心部分，而且正在给世界和谐竖起参照镜面。”不难看出，这里所谈的中国文化，主要是指中国的传统文化，至少中国的传统文化已经具备这种特征。除此之外，中国的现代文化也需要通过与传统文化结合，才能够增强吸引力。

中国也受到很多非洲国家的青睐，这个地区的不少政要后裔都到中国留学。按照上述人士的观点，这样的局面对于未来的中非关系，对于未来中国在非洲地区的影响力是具有重要意义的。加上适逢遵循华盛顿共识谋求发展的道路遭遇惨重失败，而中国的发展模式备受推崇，中国又以不附带条件的方式提供大量援助之际，中国对该地区的吸引力和号召力之大，是不难想象的。学术和科学的交流对于其他国家的影响机制与经济实力类似，一方面，学术和科学的相对先进性构成价值观和制度的合理性、先进性的体现，从而为价值观和制度提供了合理性支持，另一方面，它们通过提供吸引力来“附带地”给他国灌输意识形态和价值观。先进的学术科学对他国知识界构成强烈的吸引力，能够吸引国外学者的到来——这正是我们在美国所看到的景象。约瑟夫·奈认为，“就算当时美国的一些怀疑论者害怕苏联的访问科学家和克格勃间谍会‘肆无忌惮地窃取机密’，他们没有注意到这些到访者在摄取科学秘密的同时，也吸取了政治思想。许多这样的科学家成为了苏联国内人权和自由化的先锋。”

英国前首相撒切尔夫人曾表示，中国不可能成为一个世界强国，因为中国没有足以影响世界的思想体系。无论她的这种说法是否完全正确，至少她提出了这样一个理论：只有拥有足以影响世界的思想体系，一个国家才能真正强大。

熊猫外交

2009 年 11 月 11 日，国家主席胡锦涛表示，2010 年将迎来中新建交 20 周年，中方愿向新加坡提供一对大熊猫作“合作研究”之用。

中国的“熊猫外交”大致可分为两种类型：1982以前的纯政治性的赠送模式和1994年以后的政治性和商业性兼具的长租模式（在1982—1994年间曾盛行商业性短租）。赠送或长租的对象主要为强国或友好国家。“熊猫外交”是中国行使软实力的一种方式，由此期待中国能够有更多体现世界性的文化、价值观方面的软实力输出。

其实，即便不说先进的制度本身可以增强一国的软实力，它也可以作为一种诱因，吸引他国民众去“顺便”接触和了解本国的文化、政治价值观、政策等多方面的情况。因为要学习一种制度，必须弄清楚制度所处的政治、经济和文化环境，否则就可能造成盲目照搬，水土不服的后果。而这种“顺便”效应，也正如约瑟夫·奈在谈论美国学术文化的吸引力时所说，“就算当时美国的一些怀疑论者害怕苏联的访问科学家和克格勃间谍会‘肆无忌惮地窃取机密’，他们没有注意到这些到访者在摄取科学秘密的同时，也吸取了政治思想。许多这样的科学家成为了苏联国内人权和自由化的先锋。”实际上，制度与流行文化相似，同时在两种意义上提升一国的软实力。

改革开放以来，中国的软实力达到了前所未有的水平，主要表现在以下方面：第一，中国改革开放取得巨大成就，使国际社会对中国的社会主义制度有了更多的理解和积极的评价；第二，中国坚持走和平发展道路，以自身的发展推动世界和平，中国的发展模式逐步得到国际社会认同；第三，中国独立自主的和平外交政策及其成功实践，得到国际社会的广泛赞同和欣赏；第四，中国始终坚持“一个中国”的原则，与台独势力进行坚决斗争，得到了国际社会的普遍支持，有力地维护了国家的主权和领土完整；第五，在亚洲金融危机、朝核危机、联合国改革等重大地区和国际事务中，中国发挥了积极作用和影响，树立了负责任的大国形象；第六，中国积极融入现存世界体系，积极参与多边国际机制，争取最大限度地参与和改造国际规则，使之有利于包括中国在内的发展中国家的发展；第七，通过在海外创办孔子学院，举办中国文化年、艺术节等多种途径，广泛宣传中国文化，增加了中华文化的亲和力和吸引力。

但是，在现有国际政治经济格局下，中国作为一个发展中国家，并不完全掌握主导权，在国际制度、国际规则的制定方面，中国的影响力还很有限。中国的文化产品的进口远远大于出口，这与我国文化资源大国的地位极不相称。

三、提升中国软实力的对策

美国软实力的理论影响到中国，我们又应该如何界定中国的软实力？我觉得不能照搬美国这样的软实力理论。了解对方、吸收精华、平等交流、求同存异，这恰恰是美国的软实力理论中没有提到的，或者是他们根本不愿意这么做。而这些正是中国软实力中最为重要的部分。中国要发展为世界性强国，就必须重视软力量的积累和传播。要将中国影响转变为中国魅力。为此，需要解决以下两个问题。

首先，中国能否吸收以往人类文明的成就，建立起一种新的、先进的文明形态？强国的竞争，不只是实力的竞争，还是文明的竞争。在国家竞争中落败的国家，往往是文明的失败。罗马帝国最终毁于野蛮人之手，经常被说成是“落后”文明依靠蛮力打败了先进文明，而真正的原因是，罗马文明从内部衰败了。著名历史学家汤因比把罗马帝国的衰亡视作整个古希腊文明无法找到应对文明挑战办法的结果，这个结果，从罗马帝国建立之始就注定了：因为这个帝国在它的建立之日就已经被注定要灭亡的了。其所以如此，是因为这一个统一国家的建立就是为了纠集一切力量来拖延而不是为了避免古代希腊社会的无法挽救的末运。这一事例提供的教训是，只有文明创新，才能保持不败的姿态。

第二，中国能否成为国际制度的建设者？中国是目前主导的国际制度的创建者。但是，也还存在着不能完全反映中国利益的国际制度。对于这些制度，我们的态度是“参与其中，徐图改之”。“参与其中”相对容易，“徐图改之”则要困难一些。

软实力的运行主要受其内部诸要素的制约，必须把重点放在国内政治、经济、社会、文化等事业的发展方面。

（一）以人为本，构建公平正义的社会主义和谐社会

要坚持以人为本，实现好、维护好、发展好最广大人民的根本利益，努力满足人民群众的多方面需求，促进人的全面发展。要继续健全社会保障制

度，加大对社会保障的资金投入，逐步建立覆盖城乡居民的社会保障体系，使全体人民共享改革发展的成果。要进一步完善各项法律法规，充分实现权利公平、机会公平、规则公平，为社会成员营造公平的社会环境。

（二）加快文化体制改革，大力发展文化产业

目前，文化体制改革是提升中国软实力的重要方略。要不断解放和发展文化生产力，合理配置各种文化资源，促进文化与经济、政治、社会协调发展。要把文化产业放到与工商产业同等重要的位置来看待，加大对文化产业的资金投入，重点扶持一批具有核心技术和自主品牌的创新型民族文化企业，把五千年文明与现代信息传播技术相结合，做强做大文化产业。加大对外文化交流力度，尽快改变文化“入超”的局面，通过文化产品的输出让世界了解中华文化、认同中华文化，进一步扩大中华文化的国际影响。

（三）加快政治体制改革，提高社会主义民主制度的吸引力和感染力

要在维护社会稳定的前提下，按照渐进和符合中国国情的原则，冷静、理智和慎重地进行政治体制改革。要进一步健全基层民主制度，丰富民主形式，从各个层次扩大公民有序的政治参与。要进一步完善社会主义民主政治的若干制度，使社会主义的民主政治更加制度化、规范化、程序化。要进一步完善决策机制和权力监督机制，实现决策的科学化、民主化，逐步减少并消除政治腐败现象，确保政治稳定。

（四）加强思想道德建设，提升全民族的精神状态和道德情操

要高度重视思想道德建设，牢固树立以“八荣八耻”为主要内容的社会主义荣辱观，弘扬以爱国主义为核心的民族精神，形成符合传统美德和时代精神的道德规范和行为规范，广泛开展社会公德、职业道德、家庭美德教育，加强青少年思想道德建设，在全社会倡导知荣辱、创文明、树新风、讲正气的良好社会风尚，进一步提升全民族的精神状态和道德情操，增强中华民族的凝聚力和影响力。

（五）丰富和发展独立自主的和平外交政策，进一步扩大中国的国际影响

在重大国际和地区问题上，要主持正义，切实维护中国人民和世界人

民的共同利益。要积极参与多边外交活动，重视在跨国家、超国家机构机制中发挥影响。要切实解决双边经贸关系中出现的各种问题，不断扩大友好关系。要继续利用现有的国际机制来维护自身的利益，尽量参与制定国际规则，增强在国际规则制定方面的影响力。要积极参与全球治理，提出关于全球治理的新理念，为人类的和平与发展作出新贡献。

（六）大胆吸收、借鉴其他国家的成功经验

必须承认，世界上的软实力大国在制度创新、社会治理、文化传播等方面积累了丰富的经验。我们要以开放的心态和宽广的胸怀，博采众家之长，促进中国的软实力建设。

最近有学者撰文认为中国并不缺乏“软实力”，而且已经是一个软实力大国。外国有的软力量，中国都具备，比如文化力、语言力、文明力、思想力等。问题不在于中国有没有软实力，而在于中国如何使用软实力，这种观点实际上混淆了软实力和软实力资源的区别，有可能误导我们对中国软实力的认识。当中国发展为一个在世界上必须说话的大国，一个必须做事的大国，一个必须为世界负责任的大国，就不得不在思想上有所创造，不能无话可说，不能无所作为，不能随波逐流。让中国文化适应时代发展，在传承中凸现创新精神，“使中国的知识体系参与世界的知识体系的建构而因此产生新的世界普遍知识体系”，“使中国成为知识生产大国”（赵汀阳语），确实是摆在我们面前的重大任务。

一个国家、一个民族的崛起，从根本上说，在于其综合实力的全面提升。一国之综合国力，既包括由经济、科技、军事实力等表现出来的“硬实力”，也包括以文化、意识形态吸引力体现出来的“软实力”。而提升“软实力”的一个重要途径，就是大力发展文化产业。

国际篇

第九章　欧洲热点问题

一、巴尔干问题

巴尔干半岛位于欧洲大陆东南部，是南欧三大半岛之一。西濒亚得里亚海和爱奥尼亚海，南临爱琴海和马尔巴拉海，东接黑海，北以多瑙河中下游和萨瓦河为限，东与小亚细亚半岛隔黑海海峡相望，南隔地中海与非洲相对；是欧亚非三大洲交通要冲，扼黑海通往地中海的咽喉，是欧洲国家从地中海经红海入印度洋与太平洋之门户，是俄罗斯经黑海入地中海在南欧发挥作用的必经之路，亦是北约南翼进入地中海地区的通道，战略地位极其重要，历来为兵家必争之地。也正是如此重要的地理位置，才使巴尔干地区屡遭侵袭，屡受征服与蹂躏。在过去的2000年间，贝尔格莱德至少被摧毁和重建过40次。

（一）巴尔干问题的由来

按传统概念，巴尔干半岛包括6个国家：南斯拉夫、罗马尼亚、保加利亚、阿尔巴尼亚、希腊以及土耳其一小部分。由于塞浦路斯地理位置和人种、宗教同希、土两国密不可分，有人也把它列入巴尔干。1989—1990年中东欧剧变，1991年南斯拉夫联邦解体，分立成5个国家：南联盟、斯洛文尼亚、克罗地亚、波黑及马其顿，使巴尔干国家数增为10个（除塞浦路斯）。

巴尔干半岛自古以来就是文明碰撞、宗教冲突、种族对峙以及大国争夺的角逐场。这里的最初居民是色雷斯人、伊利里亚人和古希腊人，后为罗马人占据，人们对雅典、斯巴达等古希腊城邦、色雷斯国家记忆犹新，而希腊、罗马文化对半岛居民产生巨大影响。公元1世纪起，达契亚人、达尔马提亚人、哥特人、汪达尔人、匈奴人和阿瓦尔人等大批“蛮族”纷至沓来，他们一部分继续迁徙，离开巴尔干；一部分则留下来，同色雷斯人、伊利里亚人相互融合。公元5—7世纪间，南部斯拉夫人越过多瑙河迁入半岛，他们是现今保加利亚人、塞尔维亚人、克罗地亚人、斯洛文尼亚人的祖先。公元900年前后，马扎尔人侵入巴尔干北部的匈牙利平原，将南部斯拉夫人与捷克人、斯洛伐克人、波兰人和俄罗斯人等其他斯拉夫人分离开来，南部斯拉夫人因此完全脱离其欧洲同族而独立发展。

公元4世纪，罗马帝国分裂成东西两帝国，11世纪基督教会大分裂，在巴尔干地区烙下了明显的分裂痕迹。两次分裂界线都从今天的波黑共和国穿过，这样，南斯拉夫人在地域和宗教上都分成两大派，形成信仰天主教的拉丁文化圈和信仰东正教的拜占庭文化圈，定居于半岛西北部的斯洛文尼亚族和克罗地亚族，皈依了天主教，使用拉丁字母；而定居于东南部的塞尔维亚族、马其顿族和黑山族，则信奉了东正教，使用基里尔字母。信仰与文字的不同，使斯拉夫人各民族之间产生了隔阂。后来，巴尔干半岛又曾被奥斯曼土耳其和奥匈帝国占领。两大帝国为了加强对南部斯拉夫人的统治，利用其内部矛盾，对南部斯拉夫各民族实行“分治”政策，进一步加剧了斯拉夫各民族之间的矛盾，埋下了民族不和与冲突的种子。

在奥斯曼帝国入侵前，巴尔干按正常历史进程发展，8世纪已建立了一系列中世纪封建国家。它们中的一些还很繁荣，甚至在欧洲范围内颇负盛名。如9世纪创立的克罗地亚王国在10世纪和11世纪达到全盛。13世纪初至14世纪末，塞尔维亚国疆域几乎占了半岛的2/3，号称塞尔维亚人、保加利亚人、希腊人和阿尔巴尼亚人的国家。14世纪末，大波斯尼亚国建立，其国王被称为“塞尔维亚人、波斯尼亚人、普里莫列人、达尔马提亚人和克罗地亚人的国王”。在这一漫长的建国过程中，巴尔干民族国家的基础基本建立，如9世纪初的保加利亚；10世纪和14世纪的罗马尼亚；14世纪的阿尔巴尼亚。

历史发展到14世纪，正当巴尔干各国逐渐走向成熟时，奥斯曼土耳其帝国开始了对巴尔干长达500余年的征服、占领和统治。奥斯曼帝国的统治给巴尔干人民带来了深重的灾难，也给巴尔干历史带来了深刻的影响。

首先，数世纪以来形成的南部斯拉夫民族国家被消灭，彻底改变了其正常发展道路；其次，伊斯兰教被移植巴尔干，使南部斯拉夫民族之间形成了天主教、东正教与伊斯兰教三教鼎立之势，造成各民族在民族特性、文化、习俗等方面出现明显差异。第三，入侵导致大规模民族迁徙，造成不同民族杂居，使民族分界线犬牙交错，在巴尔干尤其是南斯拉夫地区留下极为复杂的跨境民族和宗教关系问题，为以后民族和领土纠纷埋下祸根。

19 世纪，伴随着奥斯曼帝国的迅速衰落，巴尔干历史进入新的阶段。首先，欧洲列强竞相争夺奥斯曼遗产，巴尔干成为他们争夺的焦点。夺取黑海出海口，是俄罗斯的重要战略取向，所以俄罗斯对扼黑海口的巴尔干觊觎已久。在 1806—1812 的俄土战争中，俄夺取了比萨拉比亚地区，此后俄在巴尔干影响迅速增长，即使在克里米亚战争①中战败，也没有改变这一趋势。在 1877—1878 年的俄土战争中，土耳其再次遭受重创，在俄支持下，罗马尼亚、塞尔维亚和黑山获得独立，保加利亚获得自治，俄罗斯势力进一步渗入巴尔干。俄罗斯在巴尔干的扩张引起欧洲列强的不安和反对，其中以奥匈帝国为最。长期占领克罗地亚、斯洛文尼亚的奥匈帝国，境内 2/3 的居民都是斯拉夫人，奥匈帝国在巴尔干希望建立一个受其控制的斯拉夫国家，无法容忍俄罗斯的扩张。英法为保护其在巴尔干地区的利益，不使俄国坐大，也一致反对俄罗斯。这样，在 1878 年的柏林会议上，列强联合挫败了俄试图独控巴尔干的大保加利亚计划，遏制了俄罗斯的进一步扩张。但各大国在巴尔干的争夺更加激烈了，最终导致一战在这里引燃导火线。

东方问题

近代欧洲列强为争夺奥斯曼帝国及其属国的领土和权益所引起的一系列国际问题。从欧洲来看，奥斯曼帝国地处其东，故统称为“东方问题”。在 1821～1829 年的希腊独立战争、1853～1856 年的克里木战争、1877～1878 年的巴尔干危机、1908 年的波斯尼亚危机以及 1912～1913 年的巴尔干战争中，都曾出现东方问题。在整个 19 世纪

---

① 克里米亚战争：1853 年，为争夺巴尔干半岛的控制权，土耳其、英国、法国、撒丁王国等先后向俄国宣战，战争一直持续到 1856 年，以沙皇俄国的失败而告终。

东方问题的争夺舞台上，主要的国家为俄、英、法、奥诸国和统一后的德国。19 世纪 90 年代，德国联合奥国向近东和巴尔干猛烈扩张，俄国也在巴尔干加强"泛斯拉夫主义"的煽动，德、奥与俄、英、法在该地区营垒分明，危机四伏。到 20 世纪初，两大军事集团已最后形成，巴尔干半岛上战云密布，硝烟满天，波斯尼亚危机刚过，两次巴尔干战争接踵而来，终于在巴尔干半岛上爆发了第一次世界大战。

其次，奥斯曼的衰落不可避免地使民族意识日益觉醒的巴尔干各族人民纷纷走上民族独立的道路。继希腊于 1829 年获独立后，罗马尼亚、塞尔维亚和黑山趁奥斯曼在俄土战争中战败之机，于 1878 年独立。20 世纪初，巴尔干各国在外来势力干涉下经历了三次战争而获独立。1912—1913 年塞尔维亚、黑山、希腊和保加利亚结盟，联合反对土耳其，称为第一次巴尔干战争，结束了土耳其在巴尔干长达 5 个多世纪的统治；紧接着，结盟各国由于利益分配不均于 1913 年爆发了塞尔维亚、黑山、希腊和罗马尼亚联合反对保加利亚的第二次巴尔干战争；这两次战争使奥斯曼土耳其在巴尔干的属地被阿尔巴尼亚、保加利亚、希腊、塞尔维亚和黑山 5 国分割，而马其顿被希腊、保加利亚、塞尔维亚三国彻底瓜分。但没有解决巴尔干新兴的国家领土问题，反而助长了各民族的大民族主义，各族都希望以武力为自己恢复所谓“中世纪的辉煌”。这样，当欧洲列强发动重新划分势力范围的第一次世界大战时，他们毫不犹豫地投入了各自的阵营之中，展开你死我活的厮杀。第一次大战结束后，根据战后巴黎和约，巴尔干地区正式形成了近代的 6 个国家：阿尔巴尼亚、保加利亚、希腊、罗马尼亚、南斯拉夫（即塞尔维亚——克罗地亚——斯洛文尼亚王国，1929 年称南斯拉夫王国）和土耳其。二战前后，意、法、德、英在巴尔干你方唱罢我登场，继续利用巴尔干固有矛盾为己服务，而新独立各国内外也因民族、宗教、领土纠纷冲突不断，混乱不堪。冷战时期，保、罗、南（联邦）和阿尔巴尼亚实行社会主义制度，而希、土则参加了西方集团，巴尔干各种矛盾服从于两极对峙冷战格局，出现了少有的近 40 年的和平时期，但民族问题依然长期困扰各国。伴随着东欧剧变、苏联解体，巴尔干地区各社会主义国家共产党纷纷放弃政权，南联邦走向解体。随后相继爆发了塞尔维亚和克罗地亚、斯洛文尼亚之间的内战及波黑内战，历经 4 年，战火始得平息。但1998年，南斯拉夫又爆发科索沃战争。美国推行北约新战略，企图通过对俄罗斯的亲密盟友南斯拉夫的打击，削弱俄罗斯的力量。1999年美国伙同北约其他国家对南斯拉夫进行了78天的轰炸。最后，经多方调解，南联盟①军队及武装警察撤离科索沃，北约才停止对南联盟轰炸。

（二）巴尔干地区热点问题

随着冷战的结束，巴尔干半岛原社会主义国家开始向“政治民主化”和市场经济转轨，过渡时期特有的经济混乱、政治动荡使本就根深蒂固的民族矛盾激化，许多国家陷入空前危机之中，灾难再次降临巴尔干，这个欧洲传统的“火药桶”带着多条一触即燃的引信，再次威胁着欧洲乃至世界的安全。

1. 波黑内战

波黑内战是20世纪90年代初原南斯拉夫解体过程中爆发的一场战争，它是长期以来巴尔干民族、宗教矛盾和波黑境内三个民族冲突的结果。它是欧洲二战以来历时最久、规模最大、损失最惨的一场种族和宗教战争。

波黑是原南斯拉夫社会主义联邦共和国（南联邦）的一个成员共和国，由波斯尼亚和黑塞哥维那组成，简称“波黑”。其中波斯尼亚占42000多平方千米，黑塞哥维那占9000多平方千米，即波黑面积的1/5。波黑首府即著名的萨拉热窝。

在波黑的土地上，生活着三个不同的民族：塞尔维亚人（占总人口31%）、克罗地亚人（17%）和穆斯林人（44%）。三大民族有着不同的宗教信仰：穆族信仰伊斯兰教；塞族信仰东正教；克族信奉天主教。在历史上三族共同经历了苦与乐、血与火。在和平年代，外人根本无法区分谁属

---

① 南斯拉夫联盟共和国，简称南联盟或南联盟共和国。这个国家现在已经不再存在的。存在时间1992年4月27日——2006年6月3日。1963年4月，成立南斯拉夫社会主义联邦共和国。1991年斯洛文尼亚、克罗地亚、马其顿和波黑等4个共和国宣布独立后，塞尔维亚和黑山两共和国根据宪法于1992年4月27日宣布成立南斯拉夫联盟共和国，并为原南斯拉夫的继承者。南斯拉夫社会主义联邦共和国从此解体。2003年2月4日，南斯拉夫联盟共和国议会两院通过《塞尔维亚和黑山宪法宪章》，改国名为“塞尔维亚和黑山”（简称“塞黑”）。塞黑成为建立在塞尔维亚和黑山两个平等成员基础上的国家共同体。2006年5月21日，塞黑就黑山独立问题进行全民公决，决定是否继续维持现行国体。这件事的现实意义在于，分裂与否将影响从巴尔干到欧洲的政治版图；历史意义在于，将决定南斯拉夫残存的血脉是否得以保留。当地时间2006年6月3日晚，黑山共和国议会在首都波德戈里察举行特别会议，通过了黑山独立决议和独立宣言，黑山正式成为一个独立主权国家。至此，南斯拉夫彻底进入了历史的回忆。

于哪一族。然而，这三族却在20世纪90年代上演了二战以后人类最惨烈的一幕。

1991年6月，斯洛文尼亚和克罗地亚宣布独立并脱离南联邦，波黑共和国也面临抉择：留在南联邦还是独立？在这一问题上三族观点大相径庭：塞族担心独立后沦为少数民族而受制于穆族，希望留在南联邦，坚决反对独立；克族反对加入新南斯拉夫，倾向于独立，又担心受控于穆塞两族，希望维持现存的三族联邦；穆族目标是建立一个伊斯兰国家，由穆族起主导作用，反对联邦，反对按民族居住区划界，主张波黑是个统一的不可分的独立国家。

1991年10月，在塞族代表反对的情况下，穆克两族代表占多数的波黑议会强行通过《关于波黑主权备忘录》，向独立迈出了重要一步，塞族代表随即退出议会，三族关系紧张。1992年3月，波黑政府又在塞族集体抵制下宣布独立，欧共体和美国分别于4月6日和7日宣布承认波黑独立，使和平谈判化为泡影。波黑塞族遂于4月7日宣布成立含5个塞族聚居区的"波黑塞尔维亚共和国"。一场旷日持久的穆、克、塞三方大混战不可避免地爆发了。

波黑内战爆发后，塞族占有军事优势，穆族则得到穆斯林世界和西方的外交支持。联合国和欧共体先后派团多次前往调解，召开一次又一次和平会议，提出一个又一个解决波黑冲突的和平计划，但终因三方矛盾互相交织，无果而终。

以美国为首的北约，出于在巴尔干地区战略利益考虑，为巩固冷战果实和进一步排挤俄罗斯，在波黑问题上实行双重标准，公开支持穆族，而对塞族则态度强硬，以武力相威胁，对支持塞族的南联盟进行全面制裁，而对支持克族的克罗地亚则听之任之。1993年在美国撮合下，波黑穆—克联邦成立。4月，北约飞机开始空袭波黑塞族阵地。1995年，以美国为首的北约凭"军事加外交"的强大外力迫使波黑走向和平，12月14日，有关各方在巴黎以代顿协议为蓝本签订了波黑和平协议，波黑由穆克联邦和塞族共和国两部分组成，各控制51%和49%领土；波黑中央政府由经选举产生的议会，总统以及宪法法院组成，有关战犯不得参与波黑政治事务。至此，持续4年之久的波黑内战结束。

波黑内战使波黑失去了近30万人口，270万人沦为难民，经济损失达到1000亿美元。但是，尽管付出了如此惨重的代价，波黑问题并没有彻底解决，只是实现了在3万名维和部队和联合国警察的维持下的“强制性和平”。

2. 科索沃问题

科索沃，南斯拉夫塞尔维亚共和国的一个自治省，位于塞尔维亚共和国南部，西南与阿尔巴尼亚毗邻，东南与马其顿交界，面积1万多平方公里，首府普里什蒂纳，人口约200万，90%为阿尔巴尼亚族人，其余为塞尔维亚人和黑山人。

公元6—7世纪南斯拉夫人民族大迁徙来到巴尔干以前，阿尔巴尼亚人的祖先伊利里亚人就居住在科索沃，种族的不同并没有妨碍他们和睦相处长达几个世纪。9世纪，这里诞生了塞族第一个国家。14世纪初，塞尔维亚王国以科索沃为中心一直扩展到马其顿和希腊，成为巴尔干半岛最强大的国家之一。但从14世纪下半叶起，塞尔维亚逐步为奥斯曼帝国占领，大批塞族人不堪异族压迫，被迫迁离，逃往克罗地亚，阿尔巴尼亚人大量涌入这块条件较好，自中世纪即以塞族人为主的科索沃地区。另外，阿族人在土耳其统治下多信仰伊斯兰教。

第一次巴尔干战后，科索沃被重新划归塞尔维亚，塞政府推行大塞尔维亚主义，给阿族人不平等待遇，加深了两族矛盾。二战期间，南斯拉夫被法西斯侵略者瓜分，科索沃阿族人视意大利占领军如“救星”，科索沃被并入“大阿尔巴尼亚”。此间，有10万塞族人远离科索沃。当时，并肩作战的南、阿两国共产党也对科索沃归属意见相左。1944年11月，南人民解放军解放科索沃。1945年科索沃又回归塞尔维亚共和国。1963年，前南联邦将科索沃升格为自治省。1968年，南总统铁托试探性地让科索沃享有某种自治，但“大阿尔巴尼亚族”极端分子趁机闹独立，要求成立共和国并与阿尔巴尼亚合并。1974年，南进一步扩大了科索沃自治权，使其享有与其它共和国基本相同的自治权，阿族有了自己的中小学和大学。

1980年铁托去世后，南改变民族平等政策，推行大塞尔维亚政策，激起阿族抗议。1989年以后，科索沃局势趋于紧张，多次爆发罢工和抗议活动，塞当局不得不实行紧急状态。1990年7月，科索沃自治省议会114名阿族议员发表《宪法宣言》，实际上是宣布科索沃为共和国。塞当局下令解散科索沃省议会及政府，派军警及官员接管政权。此后，阿族一直“消极抵抗”，拒绝承认塞政权，抵制议会选举和人口普查。1991 年后，阿分裂主义分子选举了“科索沃共和国”的“总统”和“总理”，成立“临时政府”。自称“科索沃解放军”的武装分子在各地从事恐怖袭击行动，十分猖獗。塞当局不得不派出安全部队维护治安。1998 年 2 月，“科索沃解放军”的武装分子袭击南驻科索沃警察哨所，科索沃危机全面爆发。

科索沃问题的逐渐升级引起了国际社会的普遍关注，联合国、欧安组织、美国和北约都介入其中，巴尔干邻国也表示了充分的忧虑。

南联盟认为科索沃是其领土不可分割的部分，既不允许它分离出去，也不允许它成为“国中之国”，科索沃问题是南内政，不允许外国干涉。南可与阿族对话并保证其合法权益，科索沃可自治但不能独立。阿族极端分子要求科索沃独立或与阿尔巴尼亚合并，他们为使科索沃问题国际化，请求美欧出兵科索沃，在北约卵翼下生存。

在西方看来，南联盟是北约东扩、南扩的最大障碍，冷战后，中东欧各国纷纷要求加入北约，惟有南联盟没有提出这一要求。同时，南联盟是俄罗斯在巴尔干地区仍具影响的最后一块阵地，为把俄国彻底挤出巴尔干，进一步削弱其大国地位，也为拔掉南联盟这面“独立自主”的“赤色旗帜”，北约采取打压南联盟的立场，在这一问题上实行双重标准：一方面纵容阿族分离主义分子的分裂活动；另一方面对南联盟维护国家主权的行动，高举“人权高于主权”的大棒横加干涉，对南进行武器禁运，经济制裁，而对阿族从阿尔巴尼亚获得大批枪弹熟视无睹。为了不使南联盟制造更大的“人道主义灾难”，威胁欧洲和世界安全，北约在巴尔干地区屯聚大批军事力量，一再声言欲军事打击南联盟。

1999 年 2 月，在北约的威逼利诱下，南联盟代表与科索沃阿族代表在巴黎附近的朗布依埃举行会谈。这是一次非常有趣的谈判，谈判双方不能见面，而是分别坐在两个会议室里，各自与美国、欧盟和俄罗斯三方特使接触。谈判时断时续，南联盟在科索沃自治方面作出了巨大让步，但坚持不允许外国军队进驻科索沃地区；而阿族武装分子也不同意解除科索沃解放军武装。双方均不肯让步，相互武装冲突不断升级。3 月，美国玩弄外交伎俩，诱迫阿族代表单方面在和约上签字，接着甩给南联盟，而南代表坚持原则立场，在这一问题没有表现出足够的灵活性，终致和谈破裂。

3 月 24 日，早已蠢蠢欲动的北约借维护“和平”与“人权”之名，开始对南联盟进行长达78天的狂轰滥炸。在这场号称制止“人道主义灾难”的军事行动中，北约不仅对南联盟的军事目标，而且对其办公楼、医院、学校、桥梁、电台、工厂、电站、住宅等民用设施，甚至火车和难民车队进行轰炸，造成2000多人死亡，6000多人受伤和几十万人沦为难民。1999年5月8日，以美国为首的北约对我国驻南联盟大使馆进行野蛮轰炸，造成3人罹难，多人受伤的惨剧，践踏了国际法，遭到中国与世界爱好和平的人民的强烈谴责。6月9日，北约与南联盟签署了关于南军警部队撤出科索沃的协议。北约停止了空袭行动。6月11日，联合国安理会通过决议，以北约为主导的维和部队于6月12日进驻科索沃，行使军事保护权。

战争虽然结束了，但科索沃却没有因维和部队介入而恢复平静，新的种族仇杀和清洗接连不断，成了阿尔巴尼亚极端分子的天下。阿族非法武装“科索沃解放军”于9月20日被北约改编为“科索沃保安团”，被认为是“组织良好”的合作伙伴，实质上使其合法化。而南联盟在科索沃的行政权基本为“临时行政当局”所取代，使科成为事实独立于南之外的行政实体。2001年6月，西方国家又以经济援助为饵，迫使南联盟当局将前总统米洛舍维奇送交海牙国际法庭。

从目前形势看，科索沃问题远没有解决。阿族从未放弃过分裂活动，而塞阿两族的历史积怨又因战争愈结愈深。

3. 马其顿问题

马其顿问题大概是一个不为人们所熟知的问题。但它过去和现在却一直都是巴尔干复杂局势中的一个危险策源地，它涉及多个国家的领土、民族、宗教和历史遗产等纠纷，较波黑、科索沃问题更为复杂，是该地区的一大热点和潜在危机。

古代马其顿的发祥地大约位于与现代马其顿接壤的希腊北部、保加利亚的西南部和今马其顿共和国的中南部。马其顿在公元前4世纪亚历山大大帝时期，曾是地跨欧亚非三洲的大帝国，但为时短暂，衰落后长期受异族统治。希腊、罗马、拜占庭都曾主宰过马其顿。从公元6世纪起，斯拉夫人长驱直入巴尔干半岛，一度到达希腊的伯罗奔尼撒和克里特岛，他们中的一部分在马其顿地区定居下来，逐渐同化了当地土著居民，形成了现代马其顿人的祖先。14世纪后，马其顿为奥斯曼帝国吞并。

所谓“马其顿问题”产生于1877—1878年俄土战争。19世纪末奥斯曼帝国病入膏肓，列强争相分割其遗产。1877年俄国对土发动俄土战争，土战败，在其后的圣斯特法诺条约中，俄擅自将马其顿大部分（5万多平方千米）许给保加利亚，欲建立一个由它控制的“大保加利亚”国家。但俄的计划遭英、德等欧洲强国抵制，它们不会坐视俄国在巴尔干影响扩大，纷纷出面干涉。在其后的柏林条约中，马其顿被规定仍属奥斯曼帝国管辖，但须由大国监督进行改革。这种大国不顾小民族利益随意处置的作法，成为巴尔干国家在马其顿问题上对立和冲突的原因。其后，马其顿一直是列强分割奥斯曼遗产过程中讨价还价的砝码，没有哪个国家真正关心马其顿的命运，也由于这种争夺，使马其顿问题不能获得单独解决。

1878年俄土战争后，土耳其在巴尔干影响大减，巴尔干新兴国家保加利亚、塞尔维亚和希腊就马其顿这一待定地区展开激烈争夺。在各自“大民族主义”驱动下，三国竞相在马其顿开设教堂、办学校、寻找代理人，插手马其顿民族解放运动，挑拨马其顿居民与土耳其当局的矛盾，想通过对土战争达到争夺马其顿的目的。第一次巴尔干战争即在这样的背景下展开，土耳其战败，三国各得马其顿一部分，但由于三国分赃不均，矛盾迅速激化，爆发了第二次巴尔干战争，结果马其顿被三国彻底分割：塞尔维亚占领了2.5万多平方千米，占38%，当时人口80多万，因瓦尔达尔河得名，称瓦尔达尔马其顿；希腊占3.4万多平方千米，占52%，因近爱琴海而称爱琴马其顿；保加利亚占领0.6万多平方千米，占10%，因地处皮林山区而称皮林马其顿。至此，历史上一向较为完整的马其顿地区开始分属三个国家。

瓦尔达尔马其顿并入塞尔维亚后，塞尔维亚并不承认马其顿是一个民族，称他们是南塞尔维亚人，实行强制同化政策。第二次世界大战南斯拉夫沦陷期间，铁托领导的南共开始改变否定马其顿人民族性的传统看法，承认马其顿是一个民族。1944年南共中央决定以马其顿人为主在瓦尔达尔省建立马其顿共和国，作为未来南斯拉夫主体民族之一。1945年马其顿共和国加入了南斯拉夫联邦，这是马其顿人在联邦制结构内第一次组建自己的民族国家。1946—1947年间，保加利亚领导人季米特洛夫和南斯拉夫领导人铁托曾讨论组建巴尔干联邦，他们主张把马其顿统一成一个国家，参加巴尔干联邦。但这一拟议遭斯大林反对而流产。1991年马其顿宣布退出南联邦而独立。现马其顿共和国面积2.5万多平方千米，人口约200万，其中51%是马其顿人，其余主要是阿尔巴尼亚人、保加利亚人、塞尔维亚人和土耳其人（2001年资料）。马其顿独立后，塞尔维亚起初采取置之不理的态度，后来不断增加在马投资，施加影响，塞认为马其顿问题的最佳解决方案是马作为自治共和国加入南联盟。

马其顿民族发祥于现在希腊境内的奥林匹斯山北侧，希腊从不把古代马其顿人的历史当作异族史对待，而是当作希腊文明史的一部分。希腊也从未承认过马其顿民族，一直把马其顿人视为“讲斯拉夫语的希腊人”，称古代马其顿与现代马其顿，除了地理位置相近外，并不是同一个马其顿，古代马其顿是希腊化的社会，而现代马其顿是斯拉夫社会。当1991年马其顿独立，以马其顿为国名，并以古代马其顿的太阳图案作为国徽时，希腊极为恼怒，指责马其顿盗用希腊文明，是觊觎希腊的领土，对马其顿持不承认态度。

保加利亚过去一直把马其顿视为保加利亚民族的一部分，二战后，以季米特洛夫为首的保政权才承认境内存在马其顿少数民族，但50年代末期，保政府又采取不承认的态度。马其顿1991年独立后，保立即表示承认马其顿共和国，但不承认马其顿民族。近年两国就双边合作达成20几个协议，但由于用何种语言签字问题存有分歧（保不承认马其顿语），一直没有正式签署。

对马其顿民族而言，两次巴尔干战争未能像阿尔巴尼亚一样建立一个统一的独立民族国家，这是一个悲剧。马其顿地区地跨三国，历史上又与三国有着很深的渊源关系，极易引起领土、民族、宗教和历史遗产纠纷，而这些矛盾一旦发作就不是哪一国内部的问题，而是国际性的。而目前三国对马其顿的态度和关于有无马其顿民族、有无马其顿国家的争论更使矛盾复杂化。

马其顿共和国不仅存在上述不和谐的邻国关系，其内部也是矛盾重重。马其顿虽只有200多万人口，却有着极为复杂的民族关系。占主体的马其顿人仅占51%强，而且近几十年来，马其顿人在全国的比重日益下降。少数民族中阿尔巴尼亚族人占32%，且有上升趋势，其它依次为吉卜赛人、土耳其人、塞尔维亚人、穆斯林等，还存在许多极小的民族群体。

同南联盟科索沃一样，马其顿阿尔巴尼亚族人也让当局头痛。这个民族在马其顿以近3%的出生率迅速膨胀，在马人口中比重日益增大。随着族群的增长，阿族人要求更多的权利，甚至要求分裂出去，与阿尔巴尼亚合并，将马其顿问题科索沃化。科索沃危机期间，马其顿阿族人活动频繁，组建自己的军事力量，与“科索沃解放军”的武装分子共同反对塞尔维亚，并在与科索沃接壤的马其顿西北地区建立势力范围。2001年2月至9月间，自称“科索沃民族军”的阿族武装分子与马其顿军警连续发生冲突，北约趁机派兵介入。马其顿阿族问题已经发展到威胁马其顿国家生存的地步。

从目前情况看，虽然马其顿从南联邦“和平独立”，得到多国承认并加入联合国，但这是一个贫穷落后的国家，经济上靠国际金融组织；军事上几乎没军队，先靠联合国维合部队，后为北约所取代，实际上成为北约在巴尔干的军事基地；内有复杂的民族社会矛盾，外有邻国虎视眈眈，其前景令世人担忧。而马其顿问题涉及多国利益，一旦处理不好，有可能步波黑和科索沃后尘。

（三）影响巴尔干问题的内外因素

无论从历史还是从现实角度看，造成巴尔干长期动乱与冲突的因素有两个方面：

一是巴尔干内部矛盾难以解决。目前巴尔干各国面临的棘手问题是跨境民族问题。由于历史原因，巴尔干存在大量同一民族生活在不同国家的现象，其中以阿尔巴尼亚人和马其顿人问题最为棘手。阿尔巴尼亚人除生活在本民族国家外，还生活在塞尔维亚和马其顿，其不断高涨的大阿尔巴尼亚要求，已造成了科索沃战争并威胁马其顿国家的稳定；马其顿人及其国家地位问题，也将长期困扰国际社会。

早在巴尔干各族建立各自现代民族国家早期，各种各样的大民族主义梦想就竞相绽放。这些大民族主义者要么试图重建这种或那种王国，追溯历史去寻找提出领土要求和吞并这块或那块土地理由，试图找到本民族或国家更文明、古老的根据；要么渴望建立大塞尔维亚、大保加利亚、大克罗地亚、大马其顿或大阿尔巴尼亚，试图将同宗同族同一文化和风俗习惯的民族统一到自己的疆域之内，对异族的文化和意识形态不能宽容，实行同化政策，甚至动辄对境内的少数民族实行种族清洗。第二次巴尔干战争及南斯拉夫解体后的战乱就是基于这些民族主义思想爆发的。这必然导致民族矛盾激化，冲突不断，因为历史的动荡已造成了巴各族杂居的客观现实，而且在巴尔干历史上，从未出现过任何一个“大”民族国家，也从未因边界变更而出现更先进的民族文化，反而是大规模的生命财产损失、大规模的破坏，更加深重的民族仇恨。

二是世界大国的插手和干预使巴尔干问题复杂化。巴尔干以其重要的地缘战略地位，历来是世界大国的竞技场，历史上土俄、俄奥（匈）、土奥（匈）在这里进行了长期斗争。二战后，美苏成为斗争的主角。冷战后，与巴尔干相关的各大力量纷纷调整战略，谋求自身的利益。

美国在冷战后加紧了对该地区的渗透，对它而言，从这里向西可以加强它在地中海、北大西洋的安全体系；向南可以巩固北约南翼，与它的中东战略相衔接；向东可以在黑海、里海地区，即外高加索和中亚地区渗透、扩张，削弱和排挤俄国的势力和影响；向北则可以制约欧洲盟国，从而坐大欧洲，称霸世界。战略利益驱动，使美国积极插手巴尔干事务，从波黑内战、科索沃危机和马其顿问题的处理过程中，可以看到美国在巴尔干地区愈来愈发挥着主导作用。

俄罗斯历来将巴尔干视为传统势力范围，它与巴尔干各斯拉夫民族有着深远的历史、民族、宗教、文化、地缘及经济政治联系，维持在巴尔干地区的影响是其恢复和保持大国地位的重要条件。俄罗斯认为，一旦控制这一地区，不仅可在俄与西方强国之间产生一条战略缓冲带，确保俄欧洲部分的安全，而且还能完成进逼西欧的战略延伸；如果失去在这一地区的影响，不仅西进欧洲受阻，其心脏地区也将失去战略屏障，受到直接威胁。这将给俄罗斯的安全和稳定带来非常不利的后果。俄罗斯不仅将失去在东南欧的传统阵地，它在独联体中的地位也将发生动摇，并危及俄联邦的统一。因此，尽管实力有限，俄仍不会坐视其它外部势力在巴尔干肆意妄为，不容西方忽视它在该地区的利益和存在。

欧盟国家是意欲染指巴尔干地区的又一支力量。随着自身实力的不断增强，欧盟对美国的离心倾向持续发展。欧盟想在相对稳定中消化东欧剧变的果实，填补那里出现的地缘力量真空，建立以西欧为主体的欧洲新秩序，通过加快实施共同外交与安全政策，寻求使欧洲成为“独立一极”，进而与美国共同主导未来国际新秩序。欧盟认为巴尔干半岛出现的问题是

“欧洲人自己的事情”，应由“欧洲人自己处理”，并不想让美国插手，而且希望籍此加强自身的对外干预能力，减少对美国的依赖，扩大战略回旋余地。同时欧洲国家也担心巴尔干战乱扩散而殃及自身，因而欧盟在巴尔干问题上仍有求于美国，并且欧盟和美国在进一步排挤俄罗斯，把包括巴尔于地区在内的整个欧洲纳入西方轨道方面有着共同点，所以，欧盟在巴尔干问题上与美国保持着一种若即若离的状态。

综上所述，复杂的民族矛盾、领土纠纷、文化和宗教差异已使巴尔干混乱不堪，而大国在巴尔干地区的明争暗斗，划分势力范围，无疑使本已错综复杂的巴尔干局势更加扑朔迷离。各国经济发展的差距和各民族政治文化观念的不同则是各种矛盾和差异存在的重要基础。如果国际社会能采取有效的措施，促进巴尔干经济和社会平衡发展，缩小贫富差距，建立平等、公正的新秩序，帮助巴尔干各民族逐渐走向协作与融合，这肯定将有助于消除这个欧洲的火药桶。但是，如果继续在巴尔干打着民主与人权的旗帜，推行双重标准和双重政策，不尊重国家的主权，甚至动用武力威胁，那么，巴尔干的明天也不会太平。

百年来巴尔干地区经历的七次大规模战争

一、1912—1913 年塞尔维亚、黑山、希腊和保加利亚结盟，针对奥斯曼土耳其的战争；

二、1913 年塞尔维亚、黑山、希腊和罗马尼亚一起反对保加利亚的战争；

三、第一次世界大战；

四、1919—1923 年的希腊和土耳其之间的战争；

五、第二次世界大战；

六、二战后的希腊内战；

七、波黑战争

二、车臣问题

车臣共和国是俄联邦 21 个共和国之一，位于山峦起伏、地理位置重要的北高加索地区，面积2万多平方千米，首府格罗兹尼。车臣人口120万，车臣人为主占52%，俄罗斯人占29%，印古什人占12%。此外，还有亚美尼亚人、乌克兰人、库梅克人等。车臣人信奉伊斯兰教。19世纪中叶并入俄罗斯前，车臣尚处于落后的宗法部落时期，以农牧业为主，与外高加索及中东地区有一定经济往来。别斯兰事件的发生，使人们的视野再次转向拥有广袤国土的俄罗斯，别斯兰事件的始作俑者是车臣分离主义武装分子。实际上在俄罗斯的版图上车臣只是一个“弹丸之地”，就是在这个弹丸之地却连续爆发了两次俄罗斯联邦共和国与车臣民族分裂和恐怖主义势力之间的大规模战争。俄罗斯在两次战争中耗费了大量人力、物力，现在虽已取得了决定性的胜利，重新在车臣建立地方政权，开始国民经济的恢复工作。但车臣余匪至今仍未肃清，时有恐怖袭击和小股反击发生，成为车臣重建过程中严重的安全隐患。何以区区车臣，却令俄罗斯如此大费周章，左支右绌？这还要从车臣民族与俄罗斯民族的历史积怨谈起。

（一）车臣问题的由来

车臣民族是如何兴起的？然而对车臣历史的考证是一项非常艰巨的工作，正如俄罗斯的马尔科夫、穆恰耶夫而言“对北高加索地区的考古发掘研究还远远不够，北高加索民族起源之谜也尚未完全解开。”① 车臣人自称“纳赫奇”，俄罗斯人一般称呼车臣人“车臣尼”或者“车臣尼亚”。在历史长河中，车臣民族给人的印象并不清晰，关于“车臣”这个族名的起源，颇为流行的说法认为，“车臣”族名起源于1732年纳赫人与俄国人之间的一次冲突，当时纳赫人在阿尔贡河边一个名叫“车臣”的村庄打败了俄国人的一支小分队，故由此得名。

一直到16世纪，车臣人没有形成统一的国家，这也是它一直不够强大的原因。车臣人遵循习惯法，过着近乎原始部落的生活。部落之间经常陷入争斗、没有建立绝对的强权。依据车臣人的传统，他们一般不在部落的分支中挑选首领，有时候会邀请周边一些王朝的人作为其名义上首领，比方说挑选某位中立的外国王子。这样，一方面有利于确保车臣人部落之间的平等，另一方面在必要的时候车臣人也会很轻易地摆脱对方的统治。俄罗斯为与土耳其、波斯争夺里海控制权和夺取黑海出海口，大肆南进，高

① 李雅君：《俄罗斯之痛—“车臣问题”探源》，长春出版社，2009版，第11页。

加索地区首当其冲。1722 年，彼得一世的军队开进车臣，修路筑堡，建立哥萨克村镇，希图永久控制车臣地区。车臣人不甘被统治，起而反抗。1785 年，以乌尔苏马为首的车臣人、库梅克人、卡巴尔达人起义，虽以失败告终，但很长时间里车臣成为高加索反抗俄罗斯的主战场。直到 19 世纪初，俄国也未完全控制包括车臣在内的北高加索地区。从 1817 至 1864 年，俄罗斯经历半个世纪，耗费了大量物力、财力，最多时投入了 20 万军队，才取得了“高加索战争”胜利，彻底征服车臣。1859 年，车臣并入俄国版图。

在第一次世界大战中，部分骁勇善战的车臣人被沙俄军队招募为志愿兵，组成高加索骑兵团①。车臣人在战争中的勇敢表现也得到了沙皇尼古拉二世的赞赏，他称赞车臣和印古什骑兵为“高加索的勇敢雄鹰”，表示“俄罗斯人永远都不会忘记他们的功勋”② 十月革命后，车臣与相邻的印古什一起并入苏联戈尔斯克共和国，不久又分离出来各自成为自治区。20 世纪 20—30 年代由于苏联强制实行农业集体化和限制富农选举权，北高加索出现反苏维埃政权活动。1922—1936 年，苏维埃政府对车臣等民族反政府活动进行了大规模镇压，局势才得以稳定。30 年代，车臣、印古什合并为车臣—印古什自治共和国。

卫国战争时期，车臣—印古什地区成立了一个“高加索兄弟特别党”，同德军勾结，进行反苏活动，后经“肃反”被取缔。1944 年 2 月，苏联当局以车臣—印古什自治共和国“叛变和同敌人合作”为由，撤销该自治共和国，并将 38.7 万车臣人和 9.1 万印古什人强行迁至亚洲北端和中亚地区。苏政府还规定每户只允许携带 100 公斤行李，许多人因来不及变卖家产就上路了，最后变得一贫如洗。在新居住地，车臣人继续受到歧视：同其他民族隔离而居；远出家门要请示汇报；不允许用车臣语教学和印刷本民族语言的教科书等。直到 1957 年车臣人才被恢复名誉，允许返回家园，但他们已被伤害至深。家乡的村镇和建筑物名称大多被更换，原自治共和国的版图也未恢复。苏联政府实行强制民族融合政策，鼓励异族通婚，使少数民族人口减少，强制推行俄语。许多车臣人认为俄罗斯人导致了车臣

---

① Amjad Jaimoukha: The Chechens, Routledge Curzon, London and New York, 2005, P52。

② 李雅君：《俄罗斯之痛—“车臣问题”探源》，长春出版社，2009 版第 152 页。

民族经济文化的衰落，使车臣已不再是车臣人的车臣，这就人为造成了车臣问题。

（二）从车臣问题到车臣战争

1991年"8·19"事件后，苏联解体，车臣分离主义者看准了这一与俄罗斯人分庭抗礼的良机，要求独立。退役空军少将杜达耶夫于同年10月27日当选车臣总统，5天后（11月2日）即宣布车臣脱离俄联邦，成立独立的车臣共和国。俄联邦政府随即宣布杜达耶夫政权为非法，叶利钦总统宣布在该地区实行紧急状态，并派重兵压境，但遭到车臣武装顽抗，俄议会怕引起大规模流血冲突，否决了总统令。车臣分离主义分子武装与俄罗斯联邦第一次正面对抗发生在1992年底，这次对抗起因于当年10月印古什与北奥塞梯争夺土地的冲突。随后两年，俄政局混乱，无力顾及车臣问题，任其坐大。1994年，俄国内局势稍稳，叶利钦总统决定着手解决车臣问题，先是与车臣政权谈判希望其接受"鞑靼模式"（即通过给车臣更多自治权以换其放弃独立要求），但是遭到车臣拒绝。随后，俄罗斯有在车臣境内扶植反对派，希望通过"以夷治夷"搞垮车臣政权，但是效果不佳，又遭到失败。这样，俄当局决定武力解决车臣问题，并于1994年12月11日直接对车臣动武，至此，第一次车臣战争全面爆发。

然而，俄罗斯派到车臣的是一支几年没有进行正规训练，轻敌思想严重，临时拼凑起来的弱旅，尽管国防部长格拉乔夫声称用两个伞兵团两个小时就可结束战斗，可从1994年12月11日至1995年4月初，历时3个月，俄军伤亡6000人才控制了车臣首府格罗兹尼80%的地区。车臣首府一片废墟，30多万车臣人沦为难民。但杜达耶夫军队仍未被完全摧毁，他们转移到山区和农村准备同联邦军队打一场游击战。非法武装转而采取恐怖活动的"新斗争形式"，于1995年6月至1996年1月先后制造了布琼诺夫斯克市人质事件等多起恐怖主义事件，并于同年8月乘虚攻占格罗兹尼。围绕车臣战争，俄国内危机不断。经济上，俄政府预算猛增，仅1995年就增加了5000—10000亿卢布，使俄本就千疮百孔的经济更加雪上加霜。政治上，出现反战一边倒，甚至一向支持叶利钦的民主派也坚决反战。民族关系上，北高加索地区一些少数民族把联邦军事行动视为侵略，声称道义上和行动上站在车臣人一边。在国际上，西方国家更是出于进一步削弱俄罗斯的目的，指责其“破坏民主”，“践踏人权”，在对俄经济援助上设置种种障碍。

俄罗斯深陷车臣泥潭，被拖得精疲力竭。1996 年是俄大选年，叶利钦为连选连任希望迅速解决车臣问题。恰在这时，4 月 22 日，杜达耶夫遭导弹袭击身亡，车臣分离主义分子同意就停火恢复谈判。这样俄政府与车臣签订停火协定，双方保证将不以使用武力或武力相威胁解决一切争端。车臣恢复了短暂的和平，车臣人民甚至参加了俄总统大选。选举过后，车臣局势再度恶化，叶氏急命俄安全会议秘书与车臣反政府武装谈判。经反复协商，双方终签署了一个联合声明和有关莫斯科与反叛分子进一步和谈的一揽子协议。包括两项基本内容：一是到 2000 年 12 月 31 日，应以国际法为基础就俄罗斯与车臣共和国之间关系的基本原则达成协议；二是 1996 年 10 月 1 日前，双方应成立一个联合委员会以监督俄罗斯军队从车臣全部撤离，并在该地区打击犯罪和恐怖活动方面协调动作。这是一个有利于车臣方面的协议，将车臣问题搁置五年，表明俄联邦对这一问题已力不从心，只好听之任之。战争结束后，俄军撤出了车臣，这给车臣成为事实上的“独立国家”创造了条件。

在第二次车臣战争爆发前，俄中央领导人对车臣问题只求维持现状，对车臣未来谈不上什么战略考虑，一切等到 2001 年再说。而车臣方面并没有将停火协议当回事儿。1996 年根据俄罗斯法律产生的车臣议会很快被各派反政府武装取缔，代之以脱离联邦的新政府，车臣战争中曾任叛军参谋长的马斯哈多夫当选总统。各军阀势力在车臣大肆进行经济犯罪，生产、走私毒品，印制伪钞，扣押人质，贪污盗窃，为壮大非法武装敛财，并与国际恐怖组织和伊斯兰极端主义联系和勾结，车臣成为恐怖主义与犯罪的大本营和乐园。1999 年 8—9 月，车臣叛军两次侵入达吉斯坦，企图帮助那里的宗教势力推翻现政府，建立一个独立的伊斯兰共和国。他们还在莫斯科等地制造多起爆炸事件，在俄境内大搞破坏活动。俄朝野震动，要求对车臣运用强硬手段的呼声日隆。当联邦军队把车臣非法武装赶出达吉斯坦后，俄总理普京命令联邦军队向车臣挺进，捣毁恐怖分子巢穴，车臣总统马斯哈多夫亦宣布车臣实行紧急状态。至此，第二次车臣战争全面爆发。

俄联邦军在这次车臣战争中吸取之前的教训，并受科索沃战争启发，采取了更为灵活战术。改变大规模地面进攻的做法，以炮击和空中打击为主，尔后再派地面部队；大量采用高技术武器，以卫星定位系统精确制导对车臣叛军及其重要设施进行大规模空袭，这种战术减少伤亡，最大限度打击敌人，在被联邦军占领区迅速建立车臣与俄罗斯其他地区间安全区，有效防止车臣叛军反扑，并切断其外部救援通道。

此次车臣战争较第一次车臣危机在动员、宣传、组织及相应配套工作上准备充分。车臣分离主义者的倒行逆施已引起俄社会震怒，故此次出兵在政治上得到国内各派一致支持。俄在车臣和印古什边界建难民接收点，以疏散、安置车臣难民，不给国际舆论以“践踏人权”口实；另通过新闻机构和外交渠道，揭露恐怖主义犯罪事实，以赢得国内、国际支持；俄还考虑另外修一条从巴库经由俄罗斯的输油管道彻底封闭车臣境内的输油管道。至2000年4月，俄控制了车臣90%以上的地区，宣布大规模武装行动结束，进入最后的清剿余匪阶段并开始车臣战后重建工作。但这一工作仍存在很大的困难，非法武装制造了如别斯兰事件①等多起恐怖主义袭击事件，引起俄罗斯国内外对非法武装的一致谴责，但是清剿工作还需要长期的努力。

（三）解决车臣问题的难题及出路

从战略意义上看，车臣是俄罗斯通往外高加索和中亚的门户，是俄与这一地区国家联系的桥梁，更是俄在21世纪在富产油气的里海地区发挥作用的重要条件，因此，俄罗斯是决不允许车臣存在分裂活动的。然而，车臣问题可谓由来已久，决不可希冀毕其功于一役。就目前情况分析，车臣问题的妥善解决存在着如下一些难题。

第一，在任何历史时期，只靠武力征服是不能彻底解决问题的，俄罗斯政府对车臣反政府武装军事上的胜利只是在解决车臣问题上迈出了一小步，或者说在某种程度上取得了一点主动权。俄政府今后必须要花费更多的财力帮助车臣恢复为战争破坏的各种设施和生活秩序，保证车臣人民的

---

① 2004年9月1日上午，1000多名学生、家长和老师正在参加开学典礼，几十名穿着迷彩服、戴着面罩的恐怖分子突然冲入学校，将所有在场者扣为人质。俄政府竭力争取和平解决，但谈判破裂，特种部队被迫以武力解救人质，最终导致394人死亡，其中至少有150名儿童。别斯兰事件结束了，但它留给那些劫后余生的孩子们心理上的阴影却是很难抹去的。恐怖分子还没有被彻底消灭，恐怖事件还在继续。

经济和政治稳定，以增加车臣人对联邦的认同感。多年来，俄政府默许车臣成为事实上的“独立国家”以及对车臣混乱的置若罔闻和实际上的经济封锁，已进一步伤害了由于历史积怨而造成的本已脆弱的车臣人的感情。据大约估计，车臣重建需70亿卢布，而俄政府不能将重建工作仅仅交给车臣共和国政府，它有义务保持经济、政治上的长期支持。但这对于长期处于经济疲软、政治不成熟的俄罗斯当局来讲，可能不堪重负。

第二，车臣地区伊斯兰因素的存在以及国际伊斯兰原教旨极端主义的扩张，将长期制约车臣问题的解决。首先，数世纪以来俄国人对车臣的征服及大俄罗斯主义统治使车臣人心中埋下了对异教徒俄罗斯人的仇恨之种。第一次车臣战后，车臣伊斯兰极端势力向青年一代灌输“仇俄”思想，把俄罗斯视为高加索主要敌人。第二次车臣危机，俄虽重创叛军，但造成大量平民伤亡，使数十万人沦为难民。穆斯林居民对俄的不信任甚至仇恨心理进一步加深。其次，冷战结束后，国际伊斯兰极端势力不断扩张已成为世界不稳定因素。苏联解体后，广大穆斯林群众渴望回归自己的历史、文化和宗教本源的信念日强，进而促进国际伊斯兰势力走向复兴，而苏联模式的社会主义意识形态的消失又给一些穆斯林国家造成意识形态真空，为伊斯兰原教旨极端主义势力的渗透开了方便之门。而九十年代以来，伊斯兰世界在全球化浪潮中被迅速边缘化，日益与现代化无缘也导致其走向极端主义，希望通过一场“圣战”而建立一个统一整个伊斯兰世界的纯粹穆斯林政教合一国家。车臣人的心理因素在这一点上要更贴近穆斯林世界，而对俄罗斯有分离倾向。

北高加索地区是战略要地，许多伊斯兰国家和伊斯兰极端势力都试图将其置于自己控制之下。而苏解体后的动乱和有雄厚伊斯兰教基础的车臣人的民族情绪则给他们提供了良机。80年代末，以“解放穆斯林居住的所有高加索地区建立统一国家”为目的伊斯兰极端主义教派——瓦哈比派传入车臣，并在车臣、达吉斯坦迅速传播，影响日益增大，甚至有比地方当局更大的“权威”和影响。同时车臣是伊斯兰极端势力进行“圣战”的国际通道，北高加索——中亚——阿富汗——巴尔干“伊斯兰走廊”上的重要驿站，他们自然要下功夫经营。为达目的，国际伊斯兰极端主义组织为车臣反叛组织提供资金援助，帮其建立训练营地，向其派遣外国雇佣军，使车臣成为国际恐怖活动和犯罪的温床。

第三，海湾产油国暗助车臣分离主义势力也将是一个制约因素。车臣所邻近的里海地区蕴藏丰富着油气资源，作为资源供给地其战略影响在21世纪可能压倒其它地区。为削弱这种威胁，一些海湾国家明里暗里向车臣提供巨额资金、武器及派遣雇佣军，以使里海地区长期处于动荡与瘫痪状态。这一因素虽不会长期存在，但只要车臣一有风吹草动，海湾国家就会不惜财力助之。

第四，西方国家出于在里海高加索地区战略利益考虑，妄图进一步削弱俄罗斯，使其长期处于二流国家状态，必然插手车臣问题。美国等西方国家在车臣问题上采取双重标准，推行“人权高于主权”的政策，干涉车臣问题，并以人道主义灾难为借口向俄施压，干涉俄内政。北约、欧盟、欧安组织也以此为借口向俄施压，甚至对俄制裁，削弱俄在该地区主导权。虽然在第二次车臣战中及战后，西方国家也承认车臣问题是俄内政问题，但利益所在，他们不会真心诚意地帮助俄罗斯解决车臣问题。

基于以上因素，车臣问题远非一两次战争就可以解决，历史积怨、民族矛盾、宗教矛盾的化解，国际干预的排除均非一日之功，需各方协作，共同努力。要想解决车臣问题应该从以下几个方面入手：

首先，俄罗斯应该积极改善与西方的关系，寻求西方国家对俄反恐的理解和支持。在外交上俄政府应灵活利用当前国际形势中一些有利因素，搞好与西方国家的关系，使它们在反恐问题上不再推行双重标准，确认车臣非法武装为国际恐怖组织，支持和认同俄军在车臣的军事行动。普京曾指出“不应得出这样的结论，即在莫斯科炸毁大楼的是争取自由的战士，而在其他国家搞这种活动的人是恐怖分子，其实他们都是恐怖分子。俄罗斯人民的鲜血和美国人民的鲜血都是同一种颜色的。”①

其次，俄罗斯应该积极改善与邻国的关系，寻求这些国家配合俄进行反恐。俄罗斯有必要改善日益恶化的俄罗斯格鲁吉亚关系。俄罗斯不再干涉格鲁吉亚内政，帮助格鲁吉亚顺利解决南奥塞梯和阿布哈兹问题，这对于最终解决车臣问题是十分必要的。

再次，俄罗斯应该加强国际间的反恐合作。要想彻底解决车臣问题，必须加强国际反恐合作，在反对国际恐怖主义的斗争中把所有力量联合起

---

① 徐振泽、孙景源、舒梓：《车臣之鉴》，社会科学文献出版社2005年版第236页。

来，坚持不懈地把各个国家的信息、政治和组织条件联合起来，这种联合是必要的而且是可能的。面对共同的敌人——恐怖主义，国际社会的惟一选择是联合一切力量同恐怖主义做斗争，世界主要国家之间的相互合作需要提升到一个新水平，要建立真正的、经常性的工作联盟，护法机关、海关部门、金融机构、特工部门要统一政策，联合行动。只有各国共同努力，才能创造必要的和现实的条件，把恐怖主义的金融、意识形态和组织结构破坏掉①。因此，为解决车臣问题，俄罗斯应积极加入国际联合反恐行列，加强与世界主要国家的合作，推动国际反恐合作不断发展，以期在消除国际恐怖组织的同时，彻底解决车臣问题。

延伸阅读——近年来车臣恐怖分子制造的一系列恐怖袭击事件

1995年6月14日，车臣匪首之一巴萨耶夫率领100多名敢死队员，采用“围魏救赵”的战术，跳出俄军包围圈，来到俄南部城市布琼诺夫斯克，劫持1 000多名人质，制造了“布琼诺夫斯克事件”。

2002年10月23日，40多名蒙面持枪的车臣武装分子闯入莫斯科轴承厂文化宫大楼，劫持了演员、观众及工作人员近千人。三天后，俄特种部队向剧院内施放催眠气体后，成功地解救了大多数人质，但仍有130名人质不幸丧生。这就是莫斯科人质事件

2003年7月5日，两名车臣女子以“人体炸弹”的方式，在莫斯科郊外一大型摇滚音乐会场制造了连环爆炸惨案，造成包括两名女性自杀炸弹攻击者在内的14人死亡，60多人受重伤。这就是音乐会爆炸案。

2004年2月6日，发生在莫斯科的地铁爆炸案震惊了全世界，爆炸造成39人遇难，140人受伤，爆炸给莫斯科人心理造成的创伤更是无法用语言表达。这就是地铁爆炸案。

2004年5月9日，车臣人民在格罗兹尼市狄纳莫体育场庆祝反法西斯战争胜利59周年，早已设计好埋在主席台下的炸弹被引爆，造成包括车臣总统卡德罗夫和俄军驻北高加索联合集群司令巴拉诺夫等人

① 李华:《普京全球反恐主张十论》载《俄罗斯研究》2004年第1期。

在内的32人当场死亡，40多人被炸伤。这就是卡德罗夫总统被炸案。

2004年8月24日，两名车臣妇女分别混入两架俄民航客机，引爆捆在身上的炸弹，使这两架飞机在飞行途中坠毁，造成机上90人全部遇难。这就是坠机事件。

2004年8月31日，车臣“黑寡妇”在莫斯科里加地铁站附近再度引爆炸药，造成70多人死亡。

2004年9月1日，震惊中外的别斯兰事件。

三、欧洲一体化

在古希腊神话中，腓尼基国王的女儿欧罗巴公主因美貌得到了众神之王宙斯的爱慕，宙斯变作公牛将她劫往克里特岛并与她结合，从此公主脚下这块大陆就以她的名字来命名，这块大陆就是欧洲（Europe）。现实中根据学者们的考证，“欧罗巴”这个名字最早出自于公元前8世纪希腊诗人赫西奥德的一篇著作。虽然“欧罗巴”这个词来源不明，但并不影响它被广泛使用。1951年4月，西欧6国签订了建立欧洲煤钢联营条约，这是欧洲地区经济一体化的开端，也是迈向欧洲和平的一个重要步骤。至今，欧洲一体化进程已走过了将近60个年头。回眸欧洲历史，形势发生了深刻变化。尽管欧洲人把欧洲视为同一文明体系的地理单元，但主张实行欧洲联合是17世纪以后的事情。17世纪之后频繁的战争给人类社会特别是欧洲文明民族带来了巨大的灾难，它严重地破坏了欧洲国家的力量和文化成果，饱受战争之苦的人民普遍渴望和平，希望建立统一的组织来维护世界和平与稳定。因此，欧洲的理想主义者纷纷提出各种联合思想，以便谋求欧洲的和平与发展。

（一）欧洲一体化问题的由来

欧洲联合的思想是历史上曾经出现过的哲人思想的积淀，贯穿于整个近代时期从卢梭、康德到圣西门，一直到奥地利的卡莱吉提出的“欧洲合众国"①，欧洲联合一直是尤其是西欧民众的一个理想。虽然这些人的思想都没能在当时的历史条件下成为现实，也没有真正地推动欧洲的一体化。但这种欧洲联合的思想是欧洲一体化的必要思想基础。当争取欧洲统一的思想得到广泛传播时，某些有影响的人物对这个问题更加明确，1946 年 9 月，丘吉尔在苏黎世做的题为"欧洲的悲剧"的演说，提出了"我们需要建立起某种类似于欧洲合众国的东西"的思想很快在那些经常思考为什么会发生战争、怎样保证一个和平的欧洲人中间得到了反响。

除了上述一体化思想之外，欧洲人通过对历史和现实的痛苦反思，最终走上了联合发展的道路。欧洲经过漫长的一千年的等待终于迎来了资本主义文明之花在欧洲大陆的开放，新航路开辟以后，欧洲逐渐成为世界潮流的引领者。葡萄牙、西班牙、荷兰、英国和法国相继主宰过属于自己那个时代的辉煌，但是恰恰是由于有人曾经力图用极端的方式统一欧洲，结果导致欧洲大多数国家由世界一流强国沦落为二三流甚至是不入流的国家。这就是历史上的梦想统一欧洲的拿破仑对外征服，"渴望"建立中欧帝国的德国发动的第一次世界大战和希特勒发动的第二次世界大战。战争的创伤带给人的记忆是刻骨铭心的，通过对历史的反思，欧洲人逐渐意识到，既然有"统一、联合"的需要，并且通过武力征服的方式又付出了惨重代价，何不进行自上而下、和平的方式统一欧洲？从现实角度来看，面对美苏争霸的局面，处于战略前沿的欧洲内心充满了恐惧，恰恰是这种恐惧的召唤，使欧洲，主要是西欧空前团结起来，这位欧洲实现一体化奠定了坚实的基础。

欧洲一体化得以实施的前提条件是启动欧洲联合的"两架马车"——法德实现民族和解，如果没有法德实现民族和解这个条件，欧洲联合就无从说起。同时促成欧洲一体化的直接动因是马歇尔计划的实施。

马歇尔计划，官方名称为欧洲复兴计划，是二战后美国对被战争

① 1923 年，奥地利的理查德·尼古劳斯·冯·库登霍夫·卡莱吉在维也纳发起了泛欧运动，并主持了 1926 年在维也纳举办的第一届泛欧大会，他对早期欧洲的联合统一和一体化学说作出了重大贡献。1923 年出版的《泛欧洲圣战：一个人的自传和一个运动》一书及其之后出版的《泛欧洲》一书中系统地论述了他的理论学说。卡莱吉主张模仿美国模式的联邦主义方式，在欧洲建立一个欧洲合众国。"在一个世纪之后，欧洲应当继美国之后宣布自己的'门罗主义'，即'为了欧洲人的欧洲'。"

破坏的西欧各国进行经济援助、协助重建的计划，对欧洲国家的发展和世界政治格局产生了深远的影响。重建计划最初于1947年7月在一个由欧洲各个国家普遍参加的会议上被提出。马歇尔计划最初曾考虑给予苏联及其在东欧的卫星国以相同的援助，条件是苏联必须进行政治改革，并允许西方势力进入苏联的势力范围。但事实上，美国担心苏联利用该计划恢复和发展自身实力，因此美国故意提出许多苏联无法接受的苛刻条款，最终使其和东欧各国被排除在援助范围之外。苏联曾派外长莫洛托夫到巴黎与英、法两国外长会谈，为了把苏联东欧排除在外，他们所以提出了许多令苏联无法接受的条件，其中最重要的一条就是任何接受援助的国家将不可避免地丧失一部分经济主权，这让苏联根本无法接受。同时提出，要想接受马歇尔计划的援助，欧洲应该统一行动，包括制定统一的经济发展计划以及涉及国家机密的经济发展数据等等，并且被援助国必须附带参与欧洲统一市场的建设，这是苏联不能接受的，所以最终莫洛托夫主动拒绝了援助计划，离开了巴黎。这样即达到了援助西欧，又把苏联排斥在外的理念。而恰恰是“欧洲统一行动”“欧洲统一市场建设”等理念直接孵化出了欧洲一体化。所以有人认为，美国施行该计划的本意是为了通过援助使欧洲经济恢复，并使之成为抗衡苏联的重要力量和工具，同时也可使美国更方便地控制和占领欧洲市场。但事实上欧洲经济后来的发展趋势并未使其成为美国的附庸，反而通过一体化等途径成为了世界经济舞台上可以和美国抗衡的一支重要力量。

法国计划委员会主席让·莫内认为“欧洲的繁荣与必不可少的社会发展意味着欧洲各国应该组成一个联邦，或是一个‘政治实体’，使欧洲成为一个共同的经济单位”。[①] 而要想实现经济上的联合，首先要实现民族和解。在此基础上他主张首先建立超国家的欧洲机构，统一管理西欧国家的煤钢工业，然后逐步将其扩大到商业和农业领域，再扩大到政治领域，最后导向一个经济、政治统一的欧洲。莫内利用自己的优势说服法国外交部长罗伯特·舒曼采纳更激进的计划，因为解决德国钢铁问题已经迫在眉睫

① 让·莫内．欧洲之父———莫内回忆录．国际文化出版公司，1989：10。

了，而他的主张不仅在控制德国钢铁方面符合法国的利益，而且在发展欧洲政治机构方面也存在着广泛的利益。莫内的建议得到了舒曼的极力赞同，两人共同策划出台了“舒曼计划”。[①] 该计划也得到了西德、意大利、比利时、荷兰、卢森堡等国的欢迎，这意味着它们都支持联合统一的步骤。在法德的共同推动下，欧洲朝着联合的方向迈进。这个计划一旦开始实行，那么也意味着欧洲迈出了通向联邦的具有决定性意义的一步。

（二）欧洲一体化的发展脉络

尽管欧洲联合的目标是在政治上建立超国家的政治实体，但欧洲一体化进程却首先是从经济一体化开始的，但从发端起它就有着强烈的政治目的，走的是一条“政治经济化”的发展道路。基于二战的影响和战后冷战的出现以及欧洲的国际形势与力量对比，西欧国家走上了联合自强的道路。1950 年 5 月，法外长舒曼提出把法国和联邦德国的煤和钢的生产置于一个超国家机构的领导之下，实行联营，很快得到意卢比荷的支持。1951 年 4 月上述六国签订《巴黎条约》，宣布建立欧洲煤钢共同体；次年六国议会批了该约，欧洲煤钢共同体正式成立，由此揭开了欧洲共同体和欧洲经济一体化的序幕。

一体化的初步成功使六国都从中获得利益，经 1955 年的墨西拿会议创议，到 1957 年 3 月六个成员国在罗马签订了《罗马条约》（《欧洲经济共同体条约》《欧洲原子能共同体条约》）。1958 年 1 月 1 日，该条约正式生效，欧洲经济一体化又向前迈出了坚实的一步。1967 年，上述三个共同体的机构进行了合并，从而形成欧洲共同体的基本框架。

正如欧共体执委会主席、西德“哈尔斯坦主义”的创议者哈尔斯坦所作的形象比喻，把共同体的目标比作三级火箭：第一级是关税同盟，第二级是经济同盟，第三级是政治联盟。到 1968 年，欧共体就提前两年实现了第一个目标，建立了关税同盟。

随着欧洲经济一体化的发展，其活动领域不断拓展，规模也不断扩大。1973 年，英、爱、丹加入欧共体，实现了第一次扩大，成员国由六个

---

① 1950 年 5 月 9 日，舒曼举行记者招待会，发表了一项声明，提议“把法国、德国的全部煤钢生产置于一个其他欧洲国家都可参加的高级联营机构的管制之下”，“各成员国之间的煤钢流通将立即免除一切关税”。舒曼的这一声明，通常被称为“舒曼计划”。

增加到九个。其后，希腊、葡萄牙和西班牙分别于1975年和1977年申请加欧共体，经过多年谈判，上述三国先后于1981年（希）和1986年（葡、西）加入。欧共体成员由九国发展到十二国，实现了第二次扩大。1995年，欧盟又实现了第三次扩大，吸纳了瑞典、芬兰、奥地利三国成员国增至十五个。2004年，塞浦路斯、爱沙尼亚、匈牙利、拉脱维亚、立陶宛、马其他、波兰、斯洛伐克、捷克和斯洛文尼亚10个新成员国加入，欧盟扩大为25国。

欧洲联合之初为什么没有英国的身影

与法、德相比，英国所遭受二战的打击相对较小，加之英国在欧洲以外拥有广泛利益，通过举办1948年伦敦奥运会，英国的民族凝聚力大为增加，士气大振。工党政府国有化了煤、钢产业，对于加入煤钢共同体，英国没有兴趣。当时英国人秉承丘吉尔的“三环外交”政策，所以主动融入欧洲的主观愿望不是十分强烈。

二战结束时，英国仍视自己为世界强国。但1956年苏伊士运河危机，动摇了英美特殊关系的基础，也改变了英国对自身实力的看法，认识到全球重大政治经济事务开始由美、苏掌控。因此英国开始调整外交战略，不再反对欧洲合作，但反对国家间过于紧密的联系（因为英国对欧洲大陆一贯推行的是均势政策）。英国不久即意识到，欧洲的政治影响在于欧洲经济共同体，而非欧洲自由贸易联盟。如果英国仍停留在欧洲经济共同体的门槛外，在政治上就会冒被边缘化的危险。同时英国注意到，欧洲经济共同体运行良好，成员国在经济、政治方面取得了显著进步。1961年8月，英国开始申请加入欧洲经济共同体。但法国总统戴高乐认为，应以法德轴心为基础，构建欧洲经济共同体，允许英国加入，会削弱法国在共同体内的影响。同时，戴高乐认为，英国申请加入欧洲经济共同体，是美国人的阴谋，英国是美国的奸细。戴高乐否决了英国的申请。1967年英国再度申请，再度遭戴高乐否决。1969年戴高乐辞职后，英国第三次申请。幸运地，第三次申请被接受。经过1970—71年的加入谈判，1973年1月，英国终于加入了欧洲经济共同体。

欧洲经济一体化取得了相当大的成功，程度也不断加深，已建成统一大市场，欧洲单一货币欧元已于1999年1月1在十一国发行日率先；一些超国家性质的机构建立并不断完善。欧洲经济联合在某种程度上已成为现实，欧洲联盟已成为世界上实力强劲的经济力量。

但是，欧洲政治一体化却进展缓慢，1954年法国议会拒绝批准《欧洲防务功同体条约》，建立欧洲防务共同体和欧洲政治共同体的努力都失败了。60年代初伏歇计划又遭失败，建立政治联盟的尝试夭折；1966年的“卢森堡妥协”是共同体一体化进程中的一个转折点，共同体“超国家”联邦因素有所削弱，而作为国家联盟的趋势得到加强，欧洲政治一体化开始失去势头。随着经济一体化的深化，越来越多的经济主权让渡给了欧共体，并开始政治主权提出挑战。60年代末70年代初，“欧洲政治合作”机制得到加强；1987年的《单一欧洲法令》使欧洲政治合作具有了法律地位。冷战结束后，共同外交与安全政策被写入《马斯特里赫特条约》[①] 并取代欧洲政治合作。如果说欧洲联合思想是政治合作的首要条件，那么经济一体化的巨大成功及共同体的扩大在客观上推动了欧洲政治合作的研究与发展，东西方对抗下复杂的国际局势则从外部推动了欧洲一体化进程。基于对美国核保护的不信任感和对苏联扩张势头的恐惧感，西欧国家继续进行政治合作，对外“用一个声音说话”，以维护和增强西欧在国际社会中的地位和作用。

在70年代，欧共体提出了一些政治合作的方案，如“卢森堡报告”(1970)“哥本哈根报告”(1974)。前者提出在外交领域进行合作，通过经常交流情报和磋商，以保证在重大国际问题上更好地相互了解，促进协调彼此的观点和立场；后者重申要继续加强和扩大各国间政府外交政策上的合作，使外交磋商成为共同体国家的一项带有强制性的义务而确定下来。但由于各成员国不愿在政治权力问题上作出让步及共同体扩大，政治合作的进展仍不大。直到1987年，欧共体经过多年磋商后签定的《单一欧洲法令》，使欧洲政治合作进入了一个新阶段。该法令主旨是创建一个

---

① 《马斯特里赫特条约》即《欧洲联盟条约》，于1991年12月9—10日第46届欧洲共同体首脑会议在荷兰的马斯特里赫特（Maastricht）举行。经过两天辩论，通过并草签了《欧洲经济与货币联盟条约》和《政治联盟条约》，即《马斯特里赫特条约》。这一条约是对《罗马条约》的修订，它为欧共体建立政治联盟和经济与货币联盟确立了目标与步骤，是欧洲联盟成立的基础。

没有边界的统一大市场，但其中也包含了关于欧洲政治合作的重要条款(第三编即“关于外交政策领域欧洲合作的条约条款”)。它首次赋予欧洲政治合作以法律条款，是欧洲政治合作发展过程中的一大转折。1991 年签署《马斯特里赫特条约》，1997 年签署的《阿姆斯特丹条约》将申根协议[ ] 所取得的成果纳入一体化。2000 年 12 月在欧盟尼斯理事会通过《尼斯条约》，后经各国法律和语言方面的专家经过两个多月加工整理成《尼斯条约》的正式文本，欧盟部长理事会于 2001 年 2 月 26 日正式签署。2004 年 10 月 29 日，欧盟 25 个成员国的领导人在罗马签署了《欧盟宪法条约》。条约必须在欧盟全部成员国根据本国法律规定，通过全民公决或议会投票方式批准后方能生效。如获得所有成员国和欧洲议会的批准，条约将于 2006 年 11 月 1 日正式生效。因荷兰和法国的否决而宣告夭折，欧盟随即推出《里斯本条约》来取代《欧盟宪法条约》。《里斯本条约》由欧盟各国领导人于 2007 年 12 月在葡萄牙首都里斯本签署。该条约旨在替代 2005 年被法国和荷兰否决的《欧盟宪法条约》，但仍然保留了原条约中的核心内容，主要目的是简化欧盟决策程序、精简机构和深化欧盟改革。按规定，《里斯本条约》只有在获得欧盟所有成员国批准后才能生效。为确保条约顺利通过，欧盟确定各成员国可以通过议会审批方式批准条约，而无需举行可能导致条约遭否决的全民公投。欧盟 27 个成员国中仅有爱尔兰一国采用全民公投方式来批约，因此爱尔兰成为《里斯本条约》能否通过的关键。2009 年 10 月 2 日，爱尔兰再次就旨在改革欧盟的《里斯本条约》举行全民公投，计票结果显示，《里斯本条约》获得通过，使欧洲一体化进程躲过了一次分裂的可能。为了进一步推动欧洲一体化进程，落实《里斯本条约》精神，在 2009 年 11 月 19 日举行的欧盟特别首脑会议上比利时首相赫尔曼·范龙佩被选为欧盟理事会主席，有人习惯把它称为欧盟总统，来自英国的凯瑟琳·阿什顿女士被任命为负责外交和安全政策的高级代表，也就是第一任“欧盟外长”。

（三）欧洲一体化的前景及困境

《里斯本条约》要求在建立统一的欧洲同时，所有国家须让出部分国家主权、国家利益来进行调和，条约中许多具体措施将有助欧盟运作与决策，它将成为未来整合的推动力。但条约中仍因若干国家特殊利益考量而

"在实行了遏制主义后，必须……扩大这个世界上由市场民主制国家组成的自由大家庭，"并把"广泛地促进民主制和市场的目标同较为传统的地缘战略利益结合起来。"① 这种结合的产物就是北约东扩。

在过去的半个多世纪里，北约经历了五次扩充，成员国由成立时的 12 个发展到现在的 26 个。四次扩大分别为：

第一次：1952 年 2 月 18 日，土耳其和希腊加入北约。

第二次：1955 年 5 月 5 日，联邦德国加入北约，这次扩大促使苏联和波兰、捷克、民主德国、罗马尼亚、匈牙利、保加利亚、阿尔巴尼亚等东欧 7 国于同年 5 月 14 日成立了华沙条约组织。从此，两大军事集团开始了在冷战状态下几十年的军事对抗，直至 1991 年华约解散。

第三次：1982 年 5 月 30 日，西班牙加入北约。

第四次：1999 年 3 月 12 日，原华沙条约成员国波兰、匈牙利和捷克加入北约。

北约的第四次扩大是实现其东扩计划迈出的实质性的一步。早在 20 世纪 90 年代初，随着华约解散和苏联解体，美国即乘机调整它在欧洲的战略，提出北约东扩主张，意在将西方在欧洲的势力范围东移，以填补苏联解体后中东欧地区出现的"真空"，确立北约在未来欧洲安全格局中的主导地位。

第五次：2002 年 11 月 21 日，罗马尼亚、保加利亚、拉托维亚、立陶宛、爱沙尼亚、斯洛文尼亚和斯洛伐克加入。这是北约历史上最大的一次扩大，其成员增加到 26 个。

法国与北约的恩恩怨怨

戴高乐当选为法兰西第五共和国第一任总统后，一改欧洲国家只能在美苏两强冷战夹缝中曲意逢迎的政策，执行了一系列强硬的外交政策。这些政策后来被称为"戴高乐主义"，概括起来大体上为：维护民族独立，力争大国地位；对美既联盟又独立，对苏既坚定又对话，打破美苏两极格局，推动世界多极化；建立以法国为核心的"欧

① Anthong Lake, Effective Engagement in a Changing World, Bulletin of USIS, December 20, 1993。

洲人的欧洲”；主动向中东、拉美等地出击；建立法国独立核力量，树立法国在世界事务中的大国形象等。戴高乐的这一系列政策让美国人感到如芒刺在背。尤其让他们不能接受的是，戴高乐政府不仅坚持发展独立核力量，还提出要在北大西洋联盟内与美英平起平坐；在遭到拒绝后，戴高乐于1966年愤然退出北约军事一体化，但保留北约政治成员身份。北约总部被迫由巴黎迁到比利时的布鲁塞尔。2009年，法国总统萨科奇宣布，法国将全面重返北约。

（二）北约东扩的原因

北大西洋公约组织是第二次世界大战那后，美国为了遏制苏联，维护其在欧洲的主导地位，联合西欧国家成立的一个军事政治组织。冷战时期，他的对立面是苏联与东欧国家组成的华沙条约组织。20世纪90年代后，苏联解体，花月解散，北约存在的基础已不复存在北约应该立即解体，为何北约向东扩张呢？北约东扩是冷战后欧洲战略格局转变时期的必然产物，其原因是错综复杂的，既有大国霸权因素，又有小国寻求“保护伞”的因素；既有经济发展不平衡的因素，又有民族主义、宗教信仰等因素。

首先，苏东剧变、华约的解散，北约拓展战略生存空间，进一步压制俄罗斯是北约东扩的关键原因。1991年华约解散，冷战时期形成的雅尔塔体系土崩瓦解，欧洲乃至世界的战略格局开始大分化、大调整。东欧各国处于游离状态，前苏联诸国虽然组成了独立国家联合体，但形式分散，机制不全，力量薄弱。前苏联最大的继承国俄罗斯在独立之后，为了迎合西方，获取西方的经济援助，奉行向西方“一边倒”的外交政策，从东欧地区收缩力量，与该地区的国家拉开了距离。这样，在安全格局上，欧洲均势严重失衡，出现了所谓东欧地区“力量真空”的局面。针对这种局面，各种力量为争夺未来欧洲安全主导权展开了激烈的竞争，北约东扩就是这种竞争的产物。

其次，美国为维护其霸权地位，极力主张北约东扩。北约创建的目的之一就是控制欧洲。欧洲几个世纪以来，都是世界政治经济文化中心。美国作为唯一的超级大国，野心勃勃妄想充当领导世界的角色。因此，美国军队绝对不能撤离欧洲，没有北约，美国靠什么左右欧洲？左右不了欧洲，又怎能领导世界？对美国而言，40 多年来，一直自恃是西方的盟主，一手筹组并控制着北约，其目的就是为了防止苏联影响的扩大，尽可能地将西方的军事势力乃至西方的意识形态向东扩展。华约解体后，美国认为这是扩大冷战胜利成果，加紧建立一个单级世界的大好时机。因此，美国力主吸引东欧国家加入北约，尽可能快地把东欧国家列入西方的地缘政治范围。这样一来，可以扩大北约的存在基础，加强自己在联盟内的地位，起到牵制欧洲联盟并向该地区施加影响的作用。此外，还可以进一步削弱俄罗斯的力量，遏制俄罗斯的重新崛起，避免俄罗斯再次对西方构成威胁。

再次，欧洲各国自身利益也驱使北约东扩。多少世纪以来，在世界上起支配作用的国家都在欧洲，但欧洲在 1914 年至 1945 年间经历了两次世界大战，不但欧洲主要国家的实力削弱了，而且使整个欧洲陷于分裂状态。二战以后，欧洲的局势一直被北约和华约集团所左右，西欧国家出于战略利益的需要，在国际事务中往往委曲求全，任由美国摆布；东欧国家则处于前苏联的控制之下。冷战的结束也意味着欧洲分裂的结束，西柏和东德的统一，德国和波兰的和解，和平伙伴关系纷纷建立，一个完整的欧洲正在逐步显现。西欧各国在安全方面基本消除了冷战时期形成的各种担心，以法国为主的西欧国家不再一味顺从美国的意志，力图增强自主权，由自己主宰欧洲的命运，它们日益重视加强欧洲联盟的建设，竞相吸收东欧国家加盟，扩大影响，试图在政治、经济和军事上加强欧洲的力量，从而达到排挤美国的目的。一位西欧外交官说，如果欧洲国家团结起来，我们的力量不会比美国弱，通过北约东扩，我们向成员国以外的国家证明了一种有用的东西。

最后，西欧国家不得不依靠北约，也就是依靠美国，来保证自己的利益。西欧国家早已意识到，欧洲的安全问题虽然不像过去那么严峻，但即使想波黑地区冲突，没有美国参与，欧洲自己也解决不了。俄罗斯虽然眼前没有大的威胁，但并不意味着将来不会东山再起，欧洲将再度笼罩在俄罗斯的阴影之下。因此，现实的道路只能是承认美国的主导地位，维持并扩大北约。德国力图巩固和扩大他在欧洲的影响。如果东欧参加北约，无疑为德国防范俄罗斯筑起一道屏障，德国也从北约前沿变为北约中心，这当然是德国求之不得的。如果东欧加入北约，将为德国的经济提供广大的市场，德国今天的经济实力已超过英法的总和，如果东欧加入北约，必将大大巩固和扩大德国在欧洲的经济政治影响力，使德国最终主导欧洲事务成为可能。

此外，东欧各国自己也强烈要求加入北约。华约解体后，以前在两极格局掩盖下的诸多矛盾日益显现。前南危机的爆发、前苏联民族与地区冲突的出现，表明欧洲在新形势下已成为国际冲突地区，民族、宗教和经济对抗在东欧国家时有发生。另外，俄罗斯又调整对外战略，企图重新以大国姿态出现在国际舞台上，这都引起东欧国家的恐慌。东欧国家自己没有能使其免遭军事威胁和外部入侵的有效组织，为了确保自身的独立与安全，开始主动求助于北约，并申请加入北约，希望得到北约确实的安全保障。

总的说来，北约东扩也存在很多制约因素。第一，俄罗斯强烈反对北约东扩。因为欧洲历来是俄的战略重点，不仅俄国家和民族的根本利益在欧洲，而且未来发展与复兴的主要战略空间也在欧洲，俄要发展与复兴必须面向欧洲。而北约东扩将把俄推向欧洲的最深处，不仅卡住了俄向欧洲发展的战略咽喉，而且把北约的军事力量直接推进至俄罗斯的家门口，对俄构成直接的现实威胁。因此，俄政府不会对北约东扩听之任之。第二，北约内部对北约东扩立场也不一致。北约一些国家认为，当务之急是整顿内部，发展与俄罗斯的良好合作关系，不要让俄罗斯产生孤立感，从而激发俄罗斯社会的反美反西方情绪，把俄罗斯彻底推向西方的对立面。它们还担心过快的东扩，很可能把东欧国家之间一些未能解决的领土争端和民族矛盾等不安定因素带入北约内部，加剧北约内部的复杂形势。第三，将东欧国家纳入北约一体化军事机构，需要开支大量的经费，北约国家对此有不同的想法和意见，难以达成统一意见。第四，北约东扩在法律程序上也存在有障碍，北大西洋公约第五条款规定，对一个成员国的攻击将被看作是对所有成员国的攻击，对东欧国家实施这一条款，尚不具备现实基础。因此，由于上述这些因素的制约，要让东欧国家都加入北约，其进程将是长期的、曲折的。

（三）北约东扩的影响

北约东扩不仅关系到北约在新的历史条件下自身的存在，也直接关系到冷战结束后欧洲战略格局的构建与重组，对于欧洲各国乃至国际社会都具有重大影响。

第一，北约东扩对欧洲的影响。北约东扩是冷战结束以来在全球范围内引起震动和争议的最重大的事件之一。新一轮东扩标志着北约从地区性政治军事联盟向全球性政治军事组织迈出了新的一步，北约以输出安全带动输出政治，让前苏联东欧阵营的新成员接受了它的价值观和理念，同俄罗斯分道扬镳，在重大国际问题上对美国言听计从，成为美国赏识的“新欧洲“。以美国为首的北约牢牢掌握着欧洲的安全，在欧安组织和欧盟难以称大维持欧洲稳定和安全的情况下，北约在欧洲安全格局中占据和核心地位。北约前秘书长罗伯逊对德国报纸说：“东扩无论如何都会使北约变得更强大。因为对北约来说这不只是涉及军事能力，而且也涉及政治影响，这关系到建立一个由共同价值观的区域”。事实上北约扩大的过程就是强化北约在欧洲安全中主导地位的过程。北约的势力已经通过罗马尼亚和保加利亚渗透到黑海沿岸，由此巩固了与黑海南岸土耳其的关系。从巴尔干半岛东部沿岸，北约能够轻易的到达格鲁吉亚和能源丰富的里海，在黑海东海岸和阿富汗之间构成一个地缘战略统一体。东扩扩展了北约的战略边疆和影响，扩大了美国的军事存在，开创了一个对美国有利对中亚周边大国不利的战略格局。冷战结束后，美国主导的北约的影响和势力范围在不断扩大：军事干预波黑内战，发动科索沃战争，启动《大西洋公约》第五条支持美国在阿富汗进行的反恐斗争，推动北约在阿富汗实施并扩大维和行动。美国又极力促使北约以集体名义参与伊拉克的维和于重建，而且还要求北约在“大中东地区发挥作用。19 国变为 26 国，比数字扩大更有意义的是地理上的扩展。因为这些国家覆盖了从波罗的海到黑海之间的广大中东欧地区、俄罗斯传统上的势力范围，而这些地区如今已成为北约的“领土”。而冷战后北约扩大给欧洲安全带来的是积极作用，还是消极作用，很大程度上取决于北约扩大进程是能够加强俄罗斯与欧洲的联系，还是将俄罗斯隔绝于欧洲安全重构进程之外。如扩大能加强俄罗斯与欧洲的联系，北约将会促进欧洲的总体安全；如扩大将俄罗斯排挤出欧洲，欧洲将重新回归到二战之前均衡政治的恶性循环之中。同时，随着欧洲一体化进程的加快，欧盟的力量将会增强，欧盟与美国的矛盾会越来越多，欧盟与美国的距离将会拉大，北约的性质和职能也会发生变化，至少要改变冷战时期遗留下来的传统形象和色彩。

第二，对美俄关系的影响。北约东扩最初的主要意图就是要防范和遏制俄罗斯的再度崛起，阻止其再次向中东欧扩展势力范围。虽然北约一再声称东扩不会威胁俄罗斯的安全，但不管俄罗斯以什么方式接受北约东扩这一事实，有一点是不可改变的，就是俄的地缘政治军事态势较过去是恶化了。北约坚定不移地推进即定的东扩进程，表明北约对俄仍不信任，遏制俄重新崛起仍是西方的战略目标。而俄美之间对地缘政治经济利益的争夺也决定了俄难以成为西方社会的一员，俄与美国的关系不会是俄一度追求的战略盟友关系，也不是后来的战略伙伴关系，而只能是在世界战略中既合作又斗争，时分时合，时好时坏的关系，而在地缘军事政治战略中只能是相互视为潜在的地缘政治对手的关系。俄与北约能否真正建立合作关系，既取决于俄政治经济危机的克服和实力的恢复，还取决于今后北约在欧洲安全问题上给予俄多大的发言权和在利益上做出多大的让步。

第三，对北约自身的影响。北约从 19 国扩大到 26 国后，对其内部成员运转效率与处理危机能力产生负面影响，增加北约机构的负担，削弱北约的政治、防御和安全作用。“9·11”事件后，北约成为一个反恐联盟，但由于联盟成员增多，内部利益分化将更加严重，很大程度上会降低北约的行动效率，变成一个“有一定行动维和能力的空谈场所”，一个微型联合国，“具有联合国的所有摩擦和弱点，但缺乏联合因包含全世界每个国家而具有的合法性”。如何加强北约内部的凝聚力和效率将是北约在 21 世纪面临的巨大挑战，能否适应大规模增加成员国的新变化将决定北约未来扩张战略的选择，也在一定程度上考验美欧关系和北约的生存能力。因此必加速其正在进行中的几项重大改革，以确保其决策和运作效率。同时，北约将加速战略转型，其对外干预倾向凸显。北约盟军司令琼斯在接受媒体采访时指出，北约“正处在其历史上最根本的一次革新进程中，它正在由区域性走向全球化”。北约秘书长夏侯雅伯也公开提出，传统的地缘安全概念对北约已失去意义，北约“应准备在世界任何地方采取行动，并且应快速行动”，“9·11”以来，美国为推行其全球反恐战略，一直强烈主张北约接纳更多新成员，以便为北约“注入新的活力”，使其转为强大的反恐联盟。在一个特定的时期，美国对国际事务的干预将会越来越明显。冷战以后，美国失去了昔日的对手，成了世界上推一的超级大国，北约东扩又将其军事势力范围大大扩大，以致其帝国霸权思维与日俱增。

北约东扩并未停止，目前还在进行之中，有许多不定因素，因此，北约东扩对国际关系的影响还会随情况的变化而变化，如何评价北约东扩还没有定论。

第十章　非洲热点问题

一、达尔富尔问题

对绝大多数中国人来说，几年前达尔富尔这个词汇在自己的记忆里还是相当陌生的，很多中国人甚至认为达尔富尔是中美洲的一个小国。随着西方传媒不断鼓噪、屡次提及这个概念，甚至其中不乏诸多对中国污蔑的论断，人为把达尔富尔问题与中国挂钩。特别是以斯皮尔伯格以达尔富尔问题为由宣布辞去奥运会艺术顾问后将此事推向高潮，有些人甚至宣称因为达尔富尔问题号召运动员“抵制北京奥运会”，这才引起大多数中国人的注意，但是究竟什么是达尔富尔问题？为什么一些别有用心的人要把北京奥运会于此挂钩？

（一）达尔富尔问题的由来

达尔富尔位于苏丹西部边缘地区，因处于非洲大陆中心地带，也被媒体称为“非洲的怀抱”，与乍得接壤，面积约 50 万平千米，约占苏丹领土的 1/5，约 600 万人口。达尔富尔地区包括三个州，即北达尔富尔州、西达尔富尔州和南达尔富尔州。这里居住着包括阿拉伯人、富尔人和黑人等 80 多个部族①，其中信仰伊斯兰教的阿拉伯人大多居住在达尔富尔北部，

① 部族（tribe）是民族共同体发展中的一种历史类型。指氏族和部落之后、现代民族以前的处于奴隶社会和封建社会时期的民族共同体。与氏族和部落不同，部族已不再以血缘为联系，而是以地域为联系并建立在私有制基础之上，内部已出现阶级对抗和人剥削人的现象。关于部族一词的涵义和用法，中国学术界尚有两种观点。一种认为，在民族共同体发展过程中不存在部族这一类型，民族是由氏族和部落直接发展而成的；一种认为，部族是民族共同体发展过程中的一种历史类型，是客观存在。

而信仰基督教的土著黑人则住在南部。达尔富尔是苏丹经济发展水平最落后的地区，当地居民多从事家庭畜牧业，古老的富尔部落是当地最大的部落，达尔富尔也因此得名，译为“富尔人的家园”。

历史上由于苏丹边界是由殖民者人为划定，并没有考虑当地的实际情况，结果导致不少部落曾被人为分割为几个国家，因而造成了该地区的跨界民族问题出现。苏丹独立以来，由于经济落后，物资匮乏，造成该地区民族、部族矛盾激化。随着达尔富尔地区石油矿产资源的不断被开发，部族之间为争夺资源的斗争日趋激烈，一些邻国也以各种形式卷入其中。达尔富尔地区曾经雨水充沛、土地肥沃。20 世纪 60、70 年代以来，随着人口膨胀、过度放牧，造成了北部地区严重荒漠化。北方游牧的阿拉伯民牧民被迫向达尔富尔南部迁移，为了争夺水草资源与当地黑人部落发生冲突。长期以来达尔富尔地区部族间的武装冲突不断，致使该地区的许多地方一直处于无政府的混乱状态。但是这一问题始终没有引起西方媒体的关注，进入新世纪以来，西方处于需要大肆炒作达尔富尔问题，认为达尔富尔地区出现了血腥的“种族屠杀”，强烈呼吁国际社会关注达尔富尔问题。其实几十年来的纷争冲突，几百万苏丹人在冲突中丧生，而 2003 年出现的所谓“达尔富尔危机”只不过 10 万左右的人口伤亡数字，不难发现，一些人对此问题过分“关注”显然是别有用心的。

所谓的达尔富尔危机指的是 2003 年 2 月，达尔富尔地区黑人居民相继组成“苏丹解放军”和“正义与平等运动”两支武装力量。以政府未能保护土著黑人的权益为由，要求实行地区自治，与政府分享权力与资源，并不断展开反政府武装活动。尽管苏丹政府曾召集当地部族首领举行大会，试图化解矛盾，但未能如愿。此后。随着反政府组织内部不断分化，这一地区的派别日益增多，形成派别林立、多个反政府组织并存的局面。在国际社会和非盟及部分非洲国家斡旋下。苏丹政府于 2003 年 8 月开始同反政府武装在尼日利亚首都阿布贾进行和谈。2004 年 8 月，非盟开始向达尔富尔地区派出特派团（AMIS）执行维和行动，而西方国家积极推动联合国接管 AMIS。由于非盟自身能力的限制、维和经费的缺乏，再加上来自国内外的各种干扰，达尔富尔的稳定问题没有完全得到解决，局部小规模武装冲突时有发生。非盟于 2006 年 1 月宣布，非盟部队在 3 月底任期结束后将难以继续执行维和任务，建议把维和任务移交联合国。联合国随后表示，愿意承担这项任务。联合国安全理事会于2004 年7 月和9 月先后通过第1556号决议和第1564 号两项决议，以改善该地区的安全局势。2004 年11 月，联合国召开苏丹问题特别会议，通过第1574 号决议，敦促苏丹政府和达尔富尔反政府武装加速政治谈判。2006 年5 月，苏丹政府与达尔富尔地区主要反政府武装力量“苏丹解放运动”签署《达尔富尔和平协议》，从而为结束达尔富尔长达3 年多的流血冲突迈出关键的一步。8 月，根据协议规定，“苏丹解放运动”主席米纳维就任首席总统助理。8 月31 日，安理会通过联合国接管达尔富尔地区维和任务的1706 号决议。苏丹政府认为，达尔富尔问题是苏丹内政问题，因此坚决反对1706 号决议。11 月16 日，联合国秘书长安南提出一个比较折中的“三阶段”方案，即第一、二阶段由联合国向非盟特派团提供财政、后勤和技术支持。第三阶段在达尔富尔地区部署非盟、联合国混合维和行动。这一方案得到多方认可，苏丹政府表示原则接受，但对第三阶段持有保留意见。

2006 年12 月，安南方案第一阶段开始部署，首批联合国维和技术人员抵达达尔富尔地区。2007 年4 月，苏丹与联合国、非盟就安南方案第二阶段内容达成一致。4 月11 日，作为中国政府特使结束对苏丹访问的外交部部长助理翟隽在北京表示，在达尔富尔问题上，苏丹方面已原则接受安南第三阶段方案，但对混合维和行动司令人选、混合部队的规模等一些细节问题有所保留。6 月12 日，联合国、非盟和苏丹政府代表在亚的斯亚贝巴发表联合声明，宣布苏丹接受经修改后的关于联合国与非盟向苏丹达尔富尔地区派驻混合维和部队的方案。7 月15 日至16 日，苏丹达尔富尔问题国际会议在利比亚首都的黎波里举行，会议通过最后公报，表示支持达尔富尔政治进程，确立非盟、联合国和周边国家为政治解决达尔富尔问题的主渠道，并宣布相关“路线图”进入谈判准备阶段。7 月30 日，英国和法国正式向联合国安理会提文了有关苏丹达尔富尔问题决议草素，建议安理会批准向达尔富尔派遣大约2. 6 万人的联合国和非盟混合维和部队。7月31 日，联合国安理会一致通过第1769 号决议。决定向苏丹达尔富尔地区派遣大约2. 6 万人的联合国和非盟混合维和部队。这支混合维和部队将由约2 万名军事人员和6000 多名警察组成，任期初步定为12 个月。8 月1日。苏丹政府宣布接受联合国安理会第1769 号决议，并将同联合国和非盟合作落实该决议。

（二）达尔富尔问题形成的原因及实质

达尔富尔问题的出现不是偶然的而是长期的历史积怨累积的必然结果，由于自然条件恶劣、社会经济发展落后，加上人口增长较快，当地部落之间历史上就因资源问题关系紧张。由于近代欧洲列强瓜分苏丹时人为划定殖民边界，使当地不同种族、部落之间的发展愈加不平衡，导致局势动荡。1956 年苏丹独立后，近 40 年的内战，使中央政府无力对达尔富尔进行有效的治理和开发，没有使达尔富尔地区经济有实质性好转，造成当地人对中央的归属感不强，力图实现自治，由此社会经济矛盾越来越尖锐。达尔富尔问题的出现是多种因素综合作用的结果，具体说来原因如下：

首先，生态环境恶化的结果。联合国秘书长潘基文 2007 年 6 月在美国《华盛顿邮报》上撰文认为，“全球气候变暖是达尔富尔问题背后的真正黑手”。他指出，苏丹南部降水量在最近的 20 年内减少了 40%，由于降雨量的减少，苏丹边远地区的生活物资变得匮乏，使得冲突在旱灾中爆发。潘基文认为，要建设持久的和平，必须从气候变化入手。由此可见，达尔富尔问题的实质是发展问题，实现当地经济重建和发展是解决这一问题的必由之路。

其次，政府政策失误推波助澜。独立后的苏丹政府，陷入了持久的权力斗争，政府频繁更迭，无暇顾及去缓解西部的贫困。而发展经济，消除地区间贫富差距，提高当地人民生活水平是达尔富尔地区实现持久和平的关键。由于政府执行力及具体做法存在问题，特别是当达尔富尔地区出现危机迹象时，苏丹政府没有采取行之有效的措施，结果使冲突升级，造成达尔富尔问题。另外长期以来苏丹政府一直把投资项目和发展计划集中在青、白尼罗河流域内的中央地区而忽视了国家其余地方的发展。国家财政支出基本上都放在了杰济拉棉花开垦项目上。致使其余地区的经济、教育以及基础设施建设都远远落后于中央地区，逐渐处于被边缘化的境地。达尔富尔地区就处在西部的边缘地区，当地的黑人之所以武装起来反抗政府，就是因为喀土穆政权所实行的现行社会制度，导致黑人在社会各个方面都处于劣势地位，没有平等的权利，更没有应有的权力。

再次，南方内战的“示范”作用。南方内战是指 1983—2004 年间，苏丹政府与南方苏丹人民解放运动军之间展开的长达 21 年的内战。内战结束后，苏丹人民解放运动（SPLM）与苏丹政府签署了最终协议：与国民议会组成联合政府共同执政；它的领导人出任国家第一副总统；南方苏丹拥有自己独立的司法体制，不需要信奉伊斯兰沙里亚教法。这些使达尔富尔黑人看到，只有拿起武器进行反抗才能为自己谋得权力。因此苏丹解放军（SLA）和正义与平等运动（JEM）惟恐任何新组建的国家政府把注意力都放在苏丹南部的政治与经济发展上而忽视达尔富尔地区。苏丹解放军喊出"解放达尔富尔"的口号，指责苏丹政府不重视达尔富尔地区基础设施的发展，在中央权力机构中排斥富尔部族的官员，呼吁在达尔富尔地区实现更广泛的自治，在新的基础上重建苏丹；正义与平等组织主张政教分离，呼吁建立民主世俗的新苏丹。

由此可见，达尔富尔问题的确是苏丹国内问题，因为危机产生的原因恰恰是由于政府决策的失误导致的中央与地方之间的冲突。在考查达尔富尔问题时，外部因素、宗教冲突、种族矛盾、资源之争等等都表现的不是十分典型。所以，达尔富尔问题的实质就是权力之争，是为了给达尔富尔地区的黑人谋得更多的权力，谋得更平等的权利。

（三）为什么达尔富尔问题被广泛关注

达尔富尔问题为什么被广泛关注的确是一个很难回答的问题。为什么在 2004 年才被"重视"，为什么非要把达尔富尔问题与中国挂钩？

美国为什么把达尔富尔问题定性为种族大屠杀？这是国际社会热炒达尔富尔问题的关键所在。2004 年 7 月，美国国会通过决议，把达尔富尔地区的状况定义为种族大屠杀。接着 9 月初，美国国务卿鲍威尔也使用了种族大屠杀这一字眼，几周后，布什总统在对联合国的讲话中也照办了这一用语。一种行为是否是种族屠杀行为，就必须考虑两个方面：其一是意图，其二是行为。种族大屠杀行为是指屠杀某些团体的成员或者破坏他们的物质生存条件和生命支柱，而且实施这些行为时必须怀有种族灭绝的意图。通过对达尔富尔问题的了解，显然它不是种族大屠杀问题。美国之所以把达尔富尔定义为种族大屠杀，不是实事求是地对该地区状况的科学判断，而是另有其它政治上的考虑。

2004 年是美国大选年，小布什要想实现成功连任，就必须要找到民主党的死穴，并就此大做文章，毕竟在任期内小布什的内外政策遭到了很多美国人的质疑与批评。2004 年恰好是卢旺达种族大屠杀十年祭，而卢旺达种族大屠杀带给世人极大震惊。出于政治阴谋，美国掀起了纪念卢旺达种族大屠杀 10 周年祭奠活动，此时把达尔富尔问题的性质定性为种族大屠杀，其目的一目了然。既然美国是“世界警察”，那 10 年前在非洲发生如此血腥的暴力行为美国为什么没有介入？当时执政的美国政府是哪个党派？通过如此巧妙的一个布局，让民主党无话可说，从而大大提高小布什的人气指数。因此，从现实角度而言，苏丹 20 多年内战的伤亡人数是以百万计，而达尔富尔危机的伤亡是以数万计，为什么美国不关注苏丹内战，而死死咬住达尔富尔问题大做文章？问题的关键是现在美国共和党需要用达尔富尔问题做彩头，来设计一个损人利己的“政治陷阱”。

同时，苏丹的战略位置对美国反恐意义重大。美国在非洲的反恐重心主要集中在非洲之角和撒哈拉西部地区，苏丹恰好就是连接这两片地区的重要纽带。20 世纪 90 年代中期，基地组织还曾把苏丹作为基地开展活动，策划多起针对美国的恐怖活动。美国政府担心，如果苏丹达区失控，可能引发恐怖组织向非洲腹地大规模渗透。苏丹拥有丰富的石油和天然气资源。把达尔富尔问题国际化，有利于美国对苏丹现政权施加压力，以便为未来该地区的石油资源的分配重新洗牌做准备。

把中国和达尔富尔问题挂钩完全是“中国威胁论”的另一种表现形式。虽然中国同达尔富尔冲突的发生、发展毫无关系，但中国政府还是为帮助缓解危机和解决问题发挥了重要作用。中国主张任何解决方案都应该尊重苏丹的主权、有助于当地局势的缓解。2007 年年初，中国国家主席胡锦涛对苏丹进行国事访问，达尔富尔问题亦成为苏中双方会谈的主要内容之一。中国提出了处理达尔富尔问题四项原则：即尊重苏丹的主权和领土完整；坚持对话和平等协商，以和平方式解决问题；非盟、联合国等应该在达尔富尔维和问题上发挥建设性作用；促进地区局势稳定，改善当地人民生活条件。中国为解决达尔富尔问题做了大量工作，中国积极参与联合国和非盟主导的达尔富尔混合维和行动，是向达尔富尔派遣维和部队的第一个非洲以外的国家。中国还向达尔富尔地区提供了物资援助，自 2004 年至今，中国政府前后分四批，承担了总额一千多万美元的援助，是世界上向达尔富尔提供人道主义援助最多的国家。中国公司帮助当地居民找水、打井和铺设、安装供水管道。近年来中国企业在达尔富尔地区打井46口，修建小电站达20座，其中18座已经建成。中国有关企业利用中国的优惠贷款5千多万元为南达尔富尔州援建供水工程，包括打井、水净化及铺设总长85千米的输水管线。中国政府的原则立场，以及中国的做法受到苏丹政府和国际社会的积极肯定和广泛赞誉。

二、索马里海盗

索马里位于非洲大陆的最东端的索马里半岛上，北临亚丁湾，东濒印度洋，西接肯尼亚和埃塞俄比亚，西北界吉布提处于亚洲和非洲的交界地方，是亚、非、欧三大洲同太平洋、大西洋、印度洋三大洋的交通要冲，亚丁湾被称作世界航运的生命线。每年约有100个国家和地区的近两万艘船只经过这里，世界14%的海运贸易和30%的石油运输要过往此地。而如今，由于索马里海盗的存在，这条“黄金航线”成为过往船只的“百慕大”。最近几年，海盗人数激增，从2005年的120多人增加到现在的1200多人。

据统计，2003—2007年，全球已报告发生的海盗袭击事件共1552起，2008年前两个季度统计数据又高于2007年同期20%。事实上，据总部设在马来西亚吉隆坡的国际海事局统计，年头个月索马里海域已经发生了起海盗袭击事件，占全球同期海盗袭击事件总数的以上，平均每天就有一艘船只遭到劫持，索马里海盗的猖獗程度几乎到了无以复加的地步①。

相信很多人对于索马里只知道海盗，那么遥远的海域，那么遥远的国家，国人却对此一无所知，有一种无知感和无力感，索马里到底是个什么样的国家呢？索马里海盗又是怎么出现的呢？

（一）索马里国家概况及索马里海盗的起因

索马里全称是索马里联邦共和国（The Somalia Democratic Republic，另译“索马利亚”）。全国面积63万平方千米。其中陆地面积627340平方千米，水域面积10320平方千米。海岸线长3200千米，东南沿海为平原，亚

① 中国国际广播电台“国际在线专稿”，（CRI－Online）：“国际观察：索马里海盗活动为何十分猖獗”http：//gb.crin.cn/19224/2008/11/17/3785s2325652.htm

丁湾沿岸为低地，内陆为高原，北部多山。大部分地区属热带沙漠气候，西南部为热带草原气候，全境终年高温少雨，河流稀少，主要河流有谢贝利河和朱巴河。人口大约1040万（2004年估计），自然增长率2.2%，绝大部分是索马里人。全国分萨马莱和萨布两大族系。官方语言为索马里语和阿拉伯语，通用英语和意大利语。伊斯兰教为国教。从地理方位上来看，索马里的位置很重要，是从印度洋通过红海和苏伊士运河进入地中海及大西洋的咽喉要塞，号称“非洲之角”。

由于冷战结束以来索马里国内一直战火不息，索马里海盗凭借有利的地理条件兴起，海上打劫活动十分猖獗，成了亚丁湾上的“恐怖幽灵”，整个索马里沿海水域也成为海盗频繁出没的“恐怖地带”。早在大航海时期，索马里海域就有海盗活动。当代索马里海盗兴起于1990年代，即在索马里内战爆发之后，并于2007年底以来迅速发展。在20世纪90年代，当索马里国内陷入军阀混战状态时，国际社会积极参与索马里维和行动①。1991年，索马里前独裁政权被推翻，却又掉进了军阀混战的漩涡。时任美国总统的克林顿曾派特种部队介入索马里内战。1993年10月，美军在索马里首都摩加迪沙遭遇袭击，18名美军士兵死亡，随后，美军匆匆撤出索马里，好莱坞后来将这场战斗搬上银幕，推出了《黑鹰坠落》。

1990年代，索马里海盗的规模较小，一般认为仅有100多人，其作案情况并不引人注目。当时，这些由地方军阀打着“保护索马里海洋权益”的幌子组建的、以所谓索马里“海岸警卫队”为名义的海盗组织，其主要犯罪活动就是袭击在索马里海域“违规”作业的外国渔船。2006年底埃塞俄比亚出兵索马里以后，索马里局势进一步陷入混乱，该国的海盗活动也日益猖獗。但一直到2007年下半年，索马里海盗活动主要范围仍然局限于摩加迪沙港附近海域②。此后，索马里当地各支土匪武装与大大小小的海盗团伙纷纷乘机不断发展壮大，成为今天索马里海盗的前身。

（二）索马里海盗的现状

据国际海事局（International Maritime Bureau，IMB）估计，目前索马

① 植有志：《索马里海盗问题的由来及其应对之道》，载《国际问题研究》，2009年（02）。

② RogerMiddleton, *Piracy in Som alia: Threatening global trade, feeding local wars*, the Royal Institute of International Affairs, London, October 2008, p. 3

里海盗人数已经比过去增加了十多倍，达1200多人。现在，在索马里邻近海域专门从事“劫持过往船只然后索要高额赎金”这档海上“营生”的海盗主要由以下四支势力构成第一支力量被称为“邦特兰卫队”（Puntland Group），是索马里海域最早从事有组织海盗活动的团伙第二支力量被称为“国家海岸志愿警卫队”（National Volunteer Coat Guard），它的规模较小，主要劫掠沿岸航行的小型船只第三支力量被称为“梅尔卡”（Merkah），它以火力较强的小型渔船为主要作案工具最后一支力量被称为“索马里水兵”（Somalia Marine），它的势力最为强大，其活动范围已经扩大到了距海岸线公里的海域，正是他们劫持了“狼星号”①。

索马里海盗作案能量大，凶焰日炽，重要原因之一是其打劫手段不断提升。近年来，索马里海盗的装备日益先进，作案手法也更加老到。一方面，索马里海盗不再是往日衣衫褴褛的形象，所使用的装备也早已不再是昔日的绳索、大刀和长矛而往往是身着迷彩服，驾驶配有船载全球定位系统和卫星通讯设备的快艇，配备有自动步枪、反坦克火箭发射器和手榴弹等先进的轻重武器。不单如此，由于索马里连年遭受战乱影响，索马里海盗团伙的军事训练水平甚至不亚于一般国家的正规部队，已发展成近似于一支实力比较雄厚的高技术海上军事组织。这些海盗组织拥有陆上基地及AK—47冲锋枪、肩扛式火箭筒、枪榴弹发射器、手榴弹、反坦克火箭弹、大马力渔船、挂机快艇、卫星电话等先进装备。依靠远程通信，索马里海盗可以指挥200海里以外的海盗船，甚至能在800海里外的公海成功劫持油轮。

目前，索马里海盗能够依赖远距离通讯手段，遥控指挥海里外的“海盗母船”肆意劫持没有配备足够武装力量的过往船只，有时还凭借其对周边环境的熟捻与一些国家专事打击海盗的军舰在海上玩起“捉迷藏”的游戏。

另一方面，索马里海盗作案手法的技术含量越来越高。他们通常先将一些可以出海的大型拖网渔船改造成“海盗母船”，每艘“母船”配以十余艘性能优良的小型快艇。他们一般利用这些伪装成渔船的“母船”来发

① 中国日报网“环球在线”：“四大海盗团伙横行索马里”。http：//www. chinadaily. com. cn/hqgj/2008 - 12/11/ content_ 7294532. htm.

起劫船行动“母船”轮流出港游弋，一旦发现合适的目标，“母船”就会迅速放下快艇，在数分钟内实现对“猎物”的快速包抄。身陷全副武装的海盗包围圈，形同瓮中之鳖的船只一般只好束手就擒。顷刻之间，快艇上的海盗们就会用钩锚钩住大船，然后搭起绳梯爬上大船，将其劫持回索马里海盗的老巢。索马里海盗的行动速度突出反映一个“快”字，从选定目标、包围威慑到登船控制，整个流程往往不超过一刻钟的时间，几乎没有给营救被劫船只和打击海盗的行动留下反应时间。更为严重的是，索马里海盗的活动范围已经不再局限于索马里沿海水域，而是扩展到了数百公里外的公海，有时甚至明目张胆地闯人邻国的海域公然实施抢劫①。

（三）海盗猖獗的原因

然而，近20年来，索马里一直处于无政府状态，令这个贫瘠的非洲国家陷入混乱，几乎所有的公共机构都已经崩溃。那里居民的平均寿命只有46岁，1/4的孩子不到5岁就夭折。但是在北方沿海城镇，海盗经济正在兴起。

新华社曾经报道说：在许多索马里人的心中，昨天是黑暗的，充满饥饿、恐惧与失去亲人的痛苦；昨天是空洞的，没有希望和目标；顾得上得只有今天，要想方设法地生存，哪怕铤而走险。那么在这样的一个贫困而混乱的国家里，海盗的猖獗反映的正是是当年战乱带来的一种普遍绝望的心态。那么索马里海盗猖獗的根源是什么呢？

第一，由于索马里处于无政府政府状态，无力打击海盗。一般认为是根本原因，因为海盗的根基在陆地上，如果不能铲除海盗在陆地上的基地，也就无法从根本上打击海盗活动。但在索马里，海盗们几乎安然无恙。在索马里这样一个陷入无政府状态的国家，更没有相应的健全法律去管理，海盗根本无人去管。据估计，索马里目前人均GDP为600美元，是世界上最贫穷的国家之一。据世界银行统计，2008年，近73%的索马里人口人日均收入低于两美元。生活的贫苦和对财富的向往让很多索马里年青人加入了海盗团伙。

在最近的20年来，国内战争不断，成千上万人死亡。在联合国支持下成立的索马里过渡政府，实际上也是有名无实，反政府武装控制着索马里

---

① 植有志：《索马里海盗问题的由来及其应对之道》，载《国际问题研究》，2009年（02）。

大部分地区，政府的实际管辖范围也仅仅在首都摩加迪沙地区，很难超出这个范围。

索马里海盗问题的产生存在国际、国内，历史与现实等多方面的原因，但是国内持续稳定政治治理的缺失是造成问题滋生和蔓延的根本原因。消除派别间对立，结束武装冲突，提高人民生活水平，尤其是解决索国人民目前十分紧迫的温饱问题是根本解决海盗问题的关键和核心①。所以，海盗问题的根本解决之道在于，在索马里成立一个稳定的政府，但是目前还看不到曙光。

第二，主要原因是美国等西方国家的影响。除了历史遗留的问题之外，索马里海盗问题的成因，还有一个原因就是后冷战时期国际环境的催化作用。著名经济学家郎咸平教授分析说，长时间以来，西方列强等国家，以及他们代理人在索马里国家的沿海肆意投放废弃物，是造成索马里现在国家贫困和战乱的根本原因，在索马里3300千米的海岸线附近，由于没有人防守，也没有主权，西方国家把一些污染严重的垃圾，比如：核废料等到入海里，使得索马里的海域受到了严重的影响。更为严重的是欧美的渔船进行灭绝式的捕捞，使索马里渔民失去了生活的保障，最初的海盗就是劫持欧美的渔船，进而向其索要赎金，表现的是一种补偿性的心理。

9.11 事件发生后，美国在全球进行反恐活动，布什政府想方设法阻止教派武装组织控制索马里政权。2006 年 10 月，美国政府支持埃塞俄比亚出兵入侵索马里，推翻了当时的索马里政权。在埃塞俄比亚军队的帮助下，在索马里组建了由美国支持的索马里过渡政府。但是，由于该政府能力有限，不能有效控制全国局势，从而全国大部分地区就陷入了无政府状态，形成武装割据，出现了几十支武装力量。一些海盗组织甚至得到了与临时政府有密切关系的军阀的支持，使得他们能成为“乱世枭雄”。

“索马里已经被世界遗忘。这对索马里非常不公平。”索马里驻华大使阿威尔说，索马里内战到今天的局面，是由西方国家插手造成的。然而，当内战失去控制之后这些国家便甩手不管索马里，使索马里的局势变得更为复杂、严峻。全世界只听到了关于索马里海盗的报道，但没有索马里人民遭受战乱、干旱、粮食危机与经济破产的报道。这对索马里政府和人民

① 赵虎敬、赵东：《索马里海盗问题解决“瓶颈”探析》，载《学理论》，2009 年（20）。

来说，是非常不公平的。索马里渴望得到国际社会的帮助和援助，但目前的结果让索马里政府和人民非常失望。目前，国际上运送救援粮食的船只不敢前往索马里，这就更加剧了那里的粮食危机。

第三，常年的内战导致难民激增，由于生活所迫。索马里是世界上最不发达的国家之一。经济以畜牧业为主，工业基础薄弱。20 世纪 70 年代初，由于国有化政策过激，加上自然灾害等因素，经济严重困难。连年战争给索马里人民带来无穷的灾难。目前索马里已有 110 万难民，首都摩加迪沙每月就会新增约 2 万名难民。由于难民不断增加，难民们生活没有着落，过度的通货膨胀和干旱等自然灾害更加剧了国内危机。国内频繁的暴力活动使联合国等机构的人道主义努力也无法实施，无法向索马里运送粮食等生活必需品，即使运进去了有时还会遭到抢劫。近来，索马里安全形势进一步恶化，针对联合国工作人员及援助机构人员的袭击事件频频发生，国际援助机构大多已撤离索马里。难民们缺衣少穿，度日如年，饥寒交迫，更使暴力活动增加，因此，海盗只是在海上的一种暴力活动表现形式。这些举动得到了难民和居民的支持，使海盗活动有了广泛的群众基础。由于得到了老百姓的支持，使海盗活动变得更为频繁凶残。

第四，无本万利，巨大利润的诱使。海盗活动的投入非常少，他们只需些许的小船和枪支、通信等装备，而与劫持所带来的巨额赎金是不成比例的。被劫船只的船东宁愿支付高额赎金，也要保护船员的生命安全。海盗每劫持一艘船平均可获 100 万至 200 万美元，劫持了“斯特拉·玛丽斯”后，索要赎金达 300 万美元。2008 年赎金总额可能在 1800 万美元至 3000 万美元之间。全球每年损失 250 亿美元。巨大的赎金使海盗活动变得更加猖狂。这样一次劫持成功，就可一夜暴富，买名车、建别墅、娶妻纳妾，远离贫穷生活。从而诱使更多的人铤而走险，参加海盗活动。

第五，国际打击力度不够，各国缺乏有效的合作。随着索马里海域海盗活动的不断升级，国际社会对索马里海盗的打击也在加强。欧美已派出军舰加强对该海域的巡逻。北约派遣意大利、美国、英国、希腊、土耳其军舰各 1 艘、德国 2 艘共 7 艘战舰开赴索马里，开展行动。俄罗斯也派出“无畏”号护卫舰奔赴索马里执行任务。2008 年 10 月 16 日，印度国防部宣布，将向亚丁湾部署 1 艘海军舰艇，展开巡逻。日本也考虑派遣海上力量。肯尼亚则将参与打击海盗，保护世界粮食计划署运粮船。而联合国安理会自今年6月以来通过了二份有关打击索马里海盗行为的决议。通过采取部署海军舰只和军用飞机以及与索马里过渡联邦政府合作等行动，积极参与打击索马里沿岸公海的海盗行为。但打击海盗及其他犯罪行为的国际合作仍存在着一些法律障碍，比如说许多国家担心国际合作会损害其主权，加之许多相邻的沿海国之间本来就存在着主权和海洋资源争议；部分有争议海域犯罪管辖权不明，越境犯罪控制机制不完善，相关国家未能就海盗、恐怖主义等定义达成共识等原因，造成国家间合作打击海盗并积极性不高，打击效果不好。

（四）解决办法

在这个无法无天，战乱贫困的国度，人们为了生存，选择铤而走险，这些接着小艇节或船只，就敢公然要挟一个国家的海上亡灵，给全世界出了一道难题，索马里海盗横行不仅损害了世界贸易，恶化了其国内形势，更可怕的是他们可能为恐怖主义作伥，威胁到国际政治安全。为此国际社会采取了标本兼治、双管齐下的办法，合作打击海盗。

目前，采取打击海盗活动的方式主要有几种：

首先，有国际组织的制裁。联合国安理会2008年6月通过第1816号决议，授权外国军队经索马里政府同意，可以进人索马里领海打击海盗及海上武装抢劫行为，有效期6个月；2008年11月20日，安理会又通过1843号决议，决定对包括海盗和武器走私人员在内的所有破坏索马里和平与稳定的个人和实体进行制裁同日，红海附近阿拉伯国家决定建立联合机制，共同打击红海附近海域的海盗活动。但是，安理会决议向来是“影响大、约束小”，所以，这种方法对海盗来说，安理会的决议基本上只是一纸空文，形同虚设，连威慑作用也起不到①。

其次，与此同时，索马里政府也开始承担起责任来。据摩加迪沙消息报道，索马里海军首批士兵6月13日开始在首都摩加迪沙接受训练，这标志着索马里开始重建海军。索海军司令法拉赫·奥马尔·艾哈迈德在摩加迪沙老港举行的训练营开营仪式上说，新招募的海军士兵将接受为期4个月的训练，随后将承担起保卫索马里海疆和打击海盗活动的重任。首批受训人员为500人，而海军计划最终将规模扩大到500人。而索马里新任国

---

① 梁斌：《索马里海盗》，载《海洋世界》，2009，(01)。

防部长优素福·穆罕默德·西亚德也说，与聚集在亚丁湾海域打击海盗的外国军舰相比，索马里人更了解这些海盗，因此可以更加有效地打击海盗活动。

再次，还有就是目前在亚丁湾共聚集了来自欧盟、俄罗斯、美国、中国、印度和马来西亚等多国军舰，共计20艘战舰。俄罗斯曾派出“无畏号”驱逐舰攻打海盗，2009年将由太平洋舰队所取代。

但是，归根结底，索马里海盗问题仍然是和平与发展的问题。首先，在其国内各派军阀混战的情形下，国际社会既需要“扬汤止沸”式的停火协议与和解大会，也需要“釜底抽薪”般的武器禁运与经济制裁，同时应协调周边各国立场，增加对非盟派驻索马里维和部队的资金援助，这样才能扑灭索马里内战之火，提高其国民的平均寿命①。

索马里武装海盗的存在和活跃，的确对通过这一水域的船舶和船员以及对整个航运界都造成了极大的风险，但如果我们提前做好相关的防范措施，并认真严格地执行好相关的操作，那么海盗活动所产生的风险仍然是可预防可控制的。索马里海盗问题引起了如此大的影响，证明了全球对生命航线的倚重，以另一个层面来诠释“全球化”时代的来临。全球性问题需要全球各个层次因素的共同应对。

① 杨凯：《索马里海盗问题的出路》，载《双周刊》，2008，（11）。

第十一章　非传统安全问题

一、恐怖主义

美国的911事件影响深远，从某种程度上而言，这种刻骨的痛楚和血腥的代价使人们愈加重视恐怖主义现象，并让理性的反思进入并占据想象的空间，不再仅仅停留在道德评判的层面上。恐怖主义一词最早出现在18世纪末的法国大革命时期，现代意义上的极右派恐怖主义和极左派恐怖主义都产生在意大利。当代的国际恐怖主义除在西欧、中东、拉美等热点地区泛滥外，在世界其他地区都不同程度地存在着。各类恐怖主义组织遍及全球，从日本的“赤军”到斯里兰卡的“泰米尔猛虎组织”，从英伦三岛的“北爱尔兰共和军”到巴勒斯坦的伊斯兰极端组织“哈马斯”，从德国的“红军派”到意大利的“红色旅”等等，它们或是聚集在民族主义的、宗教的旗帜下，或是在“极左”、“极右”的思潮影响下，进行带有某种政治目的或社会目的恐怖活动。

从根本上说，恐怖主义是一定范围内社会经济发展不平衡与世界范围内政治经济发展不平衡相互作用而生成的社会恶性肿瘤。国际恐怖主义的泛滥也是民族矛盾上升、种族和宗教冲突加剧的必然结果。此外，霸权主义、干涉主义以及西方媒体等外部势力的支持和怂恿，导致恐怖活动更加嚣张。人类在20世纪创造了光辉灿烂的物质成果，但是在道德、法律和价值观念方面的发展则相对失调，二者的落差是滋生恐怖主义最为广泛和深厚的土壤。

（一）什么是恐怖主义

恐怖主义就像中世纪的“瘟疫”（黑死病）既让当今世界各国的当权

者抓耳挠腮，又让平民百姓惊恐不已。究竟什么是恐怖主义，究竟如何给恐怖主义下个较为科学的定义，目前学术界对此问题还没有达成有效的、普遍认可的一致意见。究其原因，一方面由于世界各地的恐怖主义活动皆有不同的动因和背景，另一方面研究恐怖主义的学者亦有着不同的政治立场和研究方法，所以造成“恐怖主义”概念的众说纷纭，一些西方学者解释说，这是因为“恐怖行为特别难于用中立态度进行研究”[①]，也有一些西方学者据此还预言，“一个被普遍接受的全面的恐怖主义概念现在不存在，而且将来也不会存在”。[②] 1987 年 12 月第 42 届联合国大会通过了一项重要决议，核心内容是，“只有确定得到普遍承认的国际恐怖主义的定义才能有效地同恐怖主义作斗争”。为什么到目前为止，并未出现一个得到普遍认可的恐怖主义概念？给恐怖主义下定义的难点在哪里？以色列学者勃兹·加纳在他的著作《定义恐怖主义》一书中明确提出，现今所有的恐怖主义定义之所以或多或少不尽完美，就是因为它们对下列个问题多多少少均存有模糊不清或解答不明的地方。这些问题是：如何区分恐怖主义与其他政治暴力形式之间的界限？当政府采取恐怖主义行径或是在抵制恐怖主义时采取恐怖主义，对这两种情况如何评判，是否都应把它们划归为恐怖主义？如何将恐怖主义同简单的刑事犯罪区分开来，如何将同意公开宣战的组织与那些犯有精神病的人的暴力行为区别开来？恐怖主义是否属于高压政治、暴力、权力或政治影响等范畴下的子概念？恐怖主义是否合法？什么情况下使用恐怖主义是正义的？游击战争与恐怖主义之间是一种什么样的关系？刑事犯罪同恐怖主义之间是一种什么样的关系？[③] 由此可见，给恐怖主义下一个较为科学的概念的确不是一件很容易的事情。

科学的概念界定是研究问题的逻辑起点。要想从根本上厘清恐怖主义，首先要明确的是，恐怖主义不同于恐怖行为。“恐怖之成为主义，完全是由于它具有一些鲜明的现代特点：它有着明显的政治经济和社会目的；它经过精心组织与策划，充分利用了现代计算理性的缜密和科层制度的效率；它拥有巨大的财源，足以利用一切高科技手段造成最大的恐怖效

---

① ［美］杰克·D·道格拉斯、弗兰西斯·C·瓦克斯勒：《越轨社会学概论》，河北人民出版社 1987 年版，第 276 页。

② Walter Laqueur, The Age of Terrorism Boston: Little Brown and Company, 1987, p. 149.

③ Boaz Ganor, Defining Terrorism, Israel, Sep. 24, 1998, p. 2.

果；它不择手段，不受任何道德和法律的约束，有意拿百姓开刀，以恐怖手段使受害者屈服。……恐怖主义是典型的现代概念。”李湛军认为：“恐怖主义指的是使用或主张使用无规则的暴力或技术手段，或是袭击平民或是袭击公用设施，以图达到政治目的的一种行为与社会思潮。”①

较为流行的恐怖主义定义

“有组织地使用恐怖，特别是作为一种强制手段”。

——《韦伯斯特新学院词典》

“对各国公众和个人使用令人莫测的暴力、讹诈或威胁，已达到某种特定目的的政治手段。各种政治组织、民族团体、宗教狂热者和革命者、追求正义者、以及军队和警察都可以利用恐怖主义”。

——《简明大不列颠百科全书》

“为了达到一定目的，特别是政治目的而对他人的生命、自由、财产等使用强迫手段，引起如暴力、胁迫等造成社会恐怖的犯罪行为的总称”。

——《世界知识大辞典》

“恐怖主义是一种故意使用和威胁使用暴力，袭击平民或民用目标，以达到政治目的的行为”。

——Boaz Ganor

“具有下列四个特点的我们称之为恐怖主义：一是以平民和民用设施为攻击对象，二是通过攻击达到制造一种恐怖气氛，三是具有政治目的，四是在和平状态下而不是在战争状态下”。

——阎学通

从词义上看，“恐怖主义”属于理论范畴，而“恐怖主义行为或活动”属于实践范畴。为了把二者统一起来，可以从行为者、手段、对象和目的四个方面来规定和分析恐怖主义和恐怖行动。

首先，恐怖主义的真正目标不是实际受害者，而是更为广泛的社会群

① 李湛军著：《恐怖主义与国际治理》，中国经济出版社2006年版，第21页。

体。恐怖主义最本质特征就在于它的恐惧性，就是通过使用暴力或暴力相威胁来制造恐怖气氛，对更为广泛的社会群体造成心理压力，使其产生恐惧、害怕等不安全感。因此，恐怖主义的真正目标往往并不是实际的打击对象，而在于影响更为广泛的社会大众或国家的政策。国际反恐怖活动专家布鲁斯·霍夫曼指出："恐怖分子感兴趣的是引起公众的注意，而不是死者。"恐怖主义者进行的是一种心理战，而不是军事战。

其次，恐怖主义实施的手段具有暴力性或破坏性。施米德和庄曼在他们合著的《政治恐怖主义》一书中，对国际学术界较为流行的109个有关恐怖主义定义进行了统计分析，他们发现在涉及到恐怖主义定义的各项要素中，出现频率最高的三项内容分别是：暴力性83.5%，政治性65%，恐惧性51%。一提起恐怖主义，人们往往情不自禁地联想起暗杀、爆炸、劫机等暴力活动。随着计算机技术的飞速进步和互联网的普及，恐怖分子利用网络技术进行政治和经济破坏活动日益猖獗，是一种新型的恐怖活动。因此，在强调恐怖主义实施的手段具有暴力性的同时，应注意新型恐怖主义的破坏性。

再次，恐怖分子的行为具有一定的政治目的。恐怖主义一个最本质的特征是它有某种政治目的或社会目的。恐怖活动不同于一般的暴力犯罪，它不是因暴施暴，而是具备某种政治或社会目标。恐怖主义是达到目的的一种手段，而不是目的本身。恐怖分子诉诸暴力或破坏活动只是将其作为一种强制、说服或宣扬方式，真正目标是为了影响政府或社会大众，实现其政治或社会目标。自20世纪60年代以来，伴随着恐怖主义的泛滥，出现了追求社会目标的低政治性的恐怖主义。这类恐怖主义不具有非常鲜明的政治性，它的目的旨在反对或影响某一微观的社会政策。

最后，恐怖主义的暴力或破坏性不可预测。通常而言，恐怖活动具有一定的隐蔽性，因此很难事先预测并加以防范。何时何地会发生恐怖活动？目标是谁？采用何种手段？这些问题是恐怖主义带给人们最扣人心弦的问题。恐怖主义的不可预测性加大了人们防范的难度。

综上所述，恐怖主义是一种现代现象，是恐怖主义行为者为了达到一定政治或社会目的，采用突发性地暗杀、绑架、劫机、爆炸、网络攻击等暴力或破坏手段，或以暴力或破坏手段相威胁，来制造社会恐怖，从而实现其目的的违法犯罪行为的总称。

(二) 恐怖主义的类型和缘起

当代世界恐怖主义泛滥潮主要起源于20世纪60年代，自此以后，恐怖主义便在全球范围内迅速蔓延。随着冷战结束，国际关系不断重新组合分化，恐怖主义组织的类型和特点也在不断发生变化，目前，世界上有案可查的恐怖组织约有1000多个，不仅数量繁多，而且类型各异。根据恐怖组织形成的原因和活动特点，可以将当代恐怖主义分为以下几种类型。

1. 民族主义型恐怖主义

民族主义尤其是民族利己主义型的恐怖主义是当代恐怖主义的主要类型。民族主义型恐怖主义是根源于人们对本民族领土、语言、宗教、文化、心理、生活方式等的认同，旨在追求本民族的独立而引发的恐怖主义活动。据不完全统计，目前世界上的恐怖组织约有三分之一是民族主义型恐怖主义。20世纪90年代初，随着东西方冷战的结束，原来被掩盖的民族矛盾重新暴露出来。在一些民族问题较为严重的国家，民族分离主义分子不顾历史现状和其他民族的利益，大搞恐怖活动。从俄罗斯车臣到前南斯拉夫的波黑与科索沃地区，分离主义的极端分子频频制造恐怖活动，成为冷战结束后威胁国际安全的重要因素。西班牙的分离主义极端组织“埃塔”、法国的“科西嘉民族解放阵线”、中东的“哈马斯”和“伊斯兰圣战”组织、东南亚斯里兰卡的“泰米尔猛虎”组织和俄罗斯车臣的民族分离主义组织等都是目前对国际社会造成严重危害的民族主义型恐怖组织。

2. 宗教极端型恐怖主义

宗教性质的恐怖活动已成为当代恐怖主义的主要形式。宗教极端型恐怖主义是指带有明显宗教狂热色彩的或打着宗教旗号的新兴教派或膜拜团体的狂热性引发的恐怖主义活动。据资料显示，目前全球神秘宗教团体超过10000个，信奉者超过1亿人。宗教极端型恐怖主义是历史最为悠久的恐怖主义类型之一，它的产生最早可以回溯到两千年前。在公元1世纪初，在罗马人统治地区，一些信仰犹太教的狂热信徒以谋杀手段来反抗罗马人的统治。英语中的狂热者“Zealot”一词即来源于此。极端的伊斯兰原教旨主义组织是当代世界宗教型恐怖主义的典型代表，除了在传统的中东地区外，在俄罗斯、中亚等地区的活动也非常突出，成为跨国恐怖活动的主要组织。

3. 极右型恐怖主义

通常而言，极右型恐怖主义主要集中在西欧、美国等发达国家。随着东欧剧变，苏联解体，极右型恐怖主义在该地区也大量滋生蔓延。极右势力不但对左派政党进行恐怖破坏活动，而且把目标集中在犹太人、有色人种和外来移民。德国是极右型恐怖主义最为突出的国家之一。据德国官方统计，到1999年底，全德共有96个极右组织，成员大约5万余人，其中不少组织从事恐怖活动。仅2000年上半年，德国就发生暴力排外事件129起，造成数十人死亡。美国的极右型恐怖势力近年来也不断壮大。1995年4月19日，极右型恐怖分子制造了俄克拉荷马城爆炸事件，致使168人死亡，400多人受伤。极右型恐怖组织的泛滥已成为欧洲和美国的社会难题。社会的两极分化，失业率上升等因素使一些人对生活失去信心，对社会产生仇恨情绪。此外，大量移民涌入西欧各国，引发了就业、福利、种族等多种矛盾。而且，长期以来西欧政府实施“打左纵右”方针，致使极右势力迅速做大，渐成气候。极右型恐怖组织不能不引起人们的警戒。

4. 极左派恐怖主义

20世纪70至80年代，极左派恐怖组织的一系列活动曾震惊世界。欧洲一些国家的政府甚至因此被迫引咎辞职。联邦德国的“红军派”、意大利的“红色旅”、日本的“赤军”、希腊的“反帝小组”、法国的“直接行动”等都是当时最主要的极左派恐怖组织。这些恐怖组织活动的一个最大特点，就是专门绑架、暗杀政要。1978年3月16日，意大利“红色旅”绑架了意著名政治家、前总理莫罗，由于意政府拒绝与恐怖分子谈判，莫罗最后横尸街头。极左派恐怖组织的产生是当时资本主义国家内部社会关系紧张与国际社会社会主义和资本主义两大阵营分化的产物。一些人对现行社会制度不满，推崇无政府主义，主张以暴力彻底摧毁现存社会。近年来，在欧洲各国政府的严厉打击下，极左派恐怖组织力量大为减弱。

较为流行的恐怖主义类型划分

“国家恐怖主义；试图推翻本国政府或追求独立的组织的恐怖主义；伊斯兰组织恐怖主义。”

——John Deutch

"镇压型恐怖主义；革命型恐怖主义；分离主义型恐怖主义；国际恐怖主义。"

—— Prof. Yasin Ceylan

"民族主义型恐怖主义；宗教极端型恐怖主义；极右型恐怖主义；极左型恐怖主义。"

——胡联合

"意识形态类；极端民族宗教类；政策歧见类（如极端环保、反堕胎、动物保护等）。"

——中国现代国际关系研究所反恐怖研究中心

"单一诉求型、民族主义型、分离主义型（种族民族主义）型、宗教原教旨主义型、宗教狂热教派型、左翼型、右翼型、跨国网络型、个人单独作案型等等。"

——俞正梁

恐怖主义不是一个现代概念，在人类历史的长河里，恐怖活动一直如影随形随着社会的存在而存在。但发展到今天，恐怖主义不仅成为了一种国际现象，而且变成当今世界的一大国际公害。从根本上说，恐怖主义的滋生与泛滥有着复杂的社会和文化背景，存在着深刻的政治、经济与思想根源。从根本上说，恐怖主义是一定范围内社会经济发展不平衡与世界范围内政治经济发展不平衡相互作用而生成的恶性肿瘤。[①] 在当今社会，市场经济居于主导地位，失业、社会贫富悬殊与政治腐败在一些国家和地区大量存在，社会矛盾因此激化。更为重要的是，随着发达快速的交通、通讯和信息技术的发展，人类生活的地球变得越来越小，人们借助于这些通讯和传媒工具，很快发现自己与他人，本国与邻国在生活水平、社会福利与文化教育等方面存在的差距。贫富悬殊、社会的分配不公和政治腐败这三大原因不但使人们心理失衡，而且使人们感到相对贫困。在这种情况下，一些激进分子为了摆脱苦难，走上了与现实抗争的恐怖之路。在西方一些发达国家，一些青年出于对社会不公和政治腐败的不满或是因为精神空虚，为了发泄怨恨也加入到了恐怖主义的行列中。正如列宁而言"经济

① 孟祥青：《恐怖主义当今世界的大敌》，载《世界知识》，1996 年，第 5 期。

主义者与现代恐怖主义者有一个共同的根源，即崇拜自发性的态度。……。"① 所以恐怖主义泛滥的现代因素之一就是不断激化的社会矛盾所导致的必然结果。

民族矛盾上升，种族和宗教冲突加剧是导致恐怖主义泛滥的另一个重要成因。民族与宗教矛盾在冷战时期被美苏两个超级大国所压抑遏制。冷战结束后，这些矛盾迅速上升，成为引发深层次社会动荡的主要原因。中东地区的阿以冲突、海湾地区的库尔德族问题、东欧及巴尔干的武装冲突、亚洲地区斯里兰卡的泰米尔反政府武装都是多年来遗留下来的历史问题，因长期得不到有效解决，导致民族和宗教矛盾越积越深，从而成为大量恐怖主义事件爆发的导火索。发源于埃及的伊斯兰原教旨主义是冷战后突显的一股宗教势力。它的活动范围不仅集中在中东地区，而且扩大到北美、南美、南亚等地区。伊斯兰原教旨主义力图以恐怖手段，夺取国家政权，建立完全伊斯兰化的国家。由于这些组织有明确的目标和行动纲领，有狂热的献身精神，有严密的组织和实施暴力的手段，因此这些组织的恐怖活动危害严重。

霸权主义、干涉主义以及西方媒体等外部势力的支持和怂恿，是导致恐怖活动更加嚣张的一大催化剂。国际社会中，一些大国为了实现自己称霸世界的目标，经常干涉别国内政。他们通常利用其他国家内部存在的民族和宗教矛盾，扶持一个反对现政府并且听命于自己的势力，为其提供资金、武器使之具备与政府对抗的能力。由于这些大国所支持的往往是民族分离主义，有时是直接支持恐怖主义集团，从而导致恐怖活动的上升和猖獗。此外，西方媒体对于恐怖主义的滋生和泛滥发挥了消极作用。在"新闻自由"与利益原则的双重驱使下，西方各媒体给予恐怖活动以大量的宣传报道。西方的主流媒体都不同程度地奉行双重价值标准，以西方意识形态与利益来判断是非。他们把一些恐怖分子视为所谓的"民主斗士"。西方媒体对恐怖活动的宣传，使恐怖分子一举成名，他们的政治主张得到广泛传播，从而在客观上帮助了恐怖组织，促进了恐怖主义的发展。

在现代社会中社会规范与社会进步之间出现相对失调，这是导致新型恐怖主义出现的重要原因。在 20 世纪人类创造了大量光辉灿烂的物质成

---

① 列宁：《做什么》，载《列宁文选》（两卷本）第一卷，人民出版社1953年版，第242页。

果，但是在道德、法律和价值观念方面的发展则相对滞后，人的道德水准下降、责任心减退。特别是在高技术以及长期紧张状态下，一些人产生了孤立、自私的精神状态。特别是进入网络时代后，网络最大的影响在于人的社会化过程降低。人类社会是以人类共同的物质生产活动为基础而相互建立的共同体。人们只有遵守社会的行为规范，才能保证社会的正常运行。但是网络将人们带入了一种虚拟的世界中，以匿名的方式进行沟通，因此过分依赖网络将导致错失社会化的学习过程。特别是对于青少年而言，他们的控制力较弱，道德和法律观念淡薄，极易从事网络恐怖活动。制造 CIH 病毒危害全球的陈盈豪就是典型代表。社会进步与社会规范相对失调的另一个后果是人们在迷茫之际转而祈求神秘主义，邪教的恐怖活动由此诞生。这些邪教组织以所谓的“末世论”来蛊惑信徒，声称得到了神灵的启示，要求信徒听从他们的摆布，制造了一系列恐怖活动。

（三）恐怖主义对当代国际关系的影响

恐怖主义在全球的肆虐无时无刻不在毒化着国际关系。在热点地区，它是和平之路的绊脚石；在对立的国家之间，它是对话的障碍；在国际事务中，它是某些国家借反恐怖主义之名，行霸权主义之实，干涉他国内政的借口；更有甚者，国际恐怖主义的存在成为国与国之间发生冲突的导火索。恐怖主义是令人深感忧虑的全球问题之一。尤其是“9·11”事件以来，它对当代国际关系的未来走向产生了广泛而深远的社会影响。

首先，恐怖主义对伊斯兰世界的影响。

在 20 世纪，世俗化、西方化和现代化的发展，使大量非伊斯兰的价值观念、文化、生活方式进入伊斯兰社会，给传统的道德观念、生活方式带来巨大冲击，伊斯兰世界出现了大量的政治、经济和社会问题。伊斯兰极端势力——即恐怖主义者成为左右这一纷争的重要力量。伊斯兰教义中的“圣战”概念是伊斯兰极端势力进行恐怖主义的最重要的口号。《古兰经》里的“圣战”（JIHAD）思想分为两个不同的层次：大圣战（JIHAD AKBAR）和小圣战（JIHAD ASGHAR）。大圣战指的是个人层次、也是灵魂层次上同内心的欲望、邪恶、撒旦展开的斗争。小圣战指的是社会层次、也是战场上同异教徒展开较量。伊斯兰极端分子宣扬的“圣战”指的是为了伊斯兰教，向异教徒和背教者发动的永久性战争，包含宗教、军事两个层面的含义。另外，他们还认为，伊斯兰允许穆斯林为自卫而战，为捍卫宗教而战，或代表被赶出家园的人而战。如果暴政成为实现正义要求的障碍时，战争是解决问题的手段。伊斯兰极端势力“圣战”的宗教层面矛头所指的是伊斯兰世界的世俗国家，军事层面主要指向西方大国，但也适用于伊斯兰的世俗国家。恐怖主义对伊斯兰世界的主要影响在于：伊斯兰世界的未来走向何方——是更多地回归原教旨主义（如果恐怖主义势力强大）或被现代化（或全球化）完全整合（如果恐怖主义力量被抑制在微乎其微的范围内）？还是保持现在相互僵持状态？无论哪种走向，都将对当代国际关系的未来产生巨大作用。

应该明确的是，无论是支持恐怖主义还是反对恐怖主义都不会成为伊斯兰国家组合与分化的黏合剂。例如：支持恐怖主义的塔利班统治下的阿富汗与同为原教旨主义势力统治下的伊朗就因为具体的国家利益而彼此仇视。问题的根本在于，作为伊斯兰极端势力的恐怖主义思潮和力量会不会成为伊斯兰原教旨主义的主流。如果恐怖主义势力坚持“排除外来干涉和推翻阿拉伯国家世俗政权”以及保持为整个阿拉伯民族的利益和复兴而战为斗争目标不变，并在一些国家占据优势并获取政权，那么，伊斯兰国家间将会发生剧烈组合与分化。因此，尽管现在还难以看出伊斯兰国家间重新组合与分化的明显征兆，但可以肯定的是各个伊斯兰国家都对恐怖主义的发展更为关注。

其次，恐怖主义对国际社会的影响。

恐怖主义破坏了国际社会政治和经济的安全与稳定，威胁了国际社会中大多数人的生命与财产安全。所谓安全是指客观上没有危险与威胁，主观上没有恐惧与疑虑。而恐怖活动将人类社会置于一种有形与无形的恐惧之中。过去的恐怖分子大多通过有选择的袭击来恐吓对手，或以单纯的绑架人质为筹码来要求释放政治犯。现今的恐怖活动规模越来越大，震撼力越来越强，而且大量杀伤无辜平民来扩大其政治影响。据美国兰德公司提供的数字，从1970年至1979年的10年间，在恐怖活动中遇难的人达4000多人。此外，恐怖主义成为诱发局部战争和武装冲突，影响地区安全的重要原因。在中东，频繁的爆炸、暗杀事件是和平进程停滞不前的一个重要原因。在南亚，由于宗教问题制造的恐怖活动使民族和宗教矛盾更加激化。近年来，恐怖主义与极端民族主义相结合，以恐怖手段谋求民族独立。在前苏联、南斯拉夫与阿富汗地区，这一问题更加突出。

恐怖主义对世界经济产生了直接和间接的危害，导致一些国家经济处于长期停滞甚至倒退不前，普通民众生活有待提高与改善。据统计，1968年至1997年全球发生的恐怖活动共造成人力资源损失14.35亿美元，年均人员伤亡损失约4800万美元。此外，恐怖主义使全球旅游业和国际航空业遭受了严重损失。恐怖组织与恐怖分子通过各种非法渠道或掩护机构敛取大量钱财。需要特别指出的是，从事毒品生产与走私是恐怖组织筹集资金的一大突出特点。拉美与中东地区最为严重。在秘鲁，“光辉道路”组织通过毒品走私每年都敛取几亿美元的巨额钱财。在哥伦比亚，“哥伦比亚革命武装力量”和“民族解放军”两者每年都对可卡因毒品生产征收约5亿美元的“税”。

恐怖主义对中国的安全与发展也形成了一定威胁。在中国周边地区，民族和宗教分离主义势力活动频繁，对中国必然产生负面作用，为国际恐怖主义向中国国内传播开辟了途径。特别是中国的西部地区，是少数民族聚居地区，也是宗教势力相对集中地区。伊斯兰教、基督教和天主教在当地广泛流传。长期以来，一些敌对势力不断制造分裂活动，少数国家对新疆少数民族进行调唆与鼓动，并将恐怖主义向中国传播。

我们不应该幻想恐怖主义的威胁可以祛除，不论在西方自由民主制度中还是在大工业社会中这都是不可能的。在一个特别是通过信息技术互联的世界中，任何国家不可能闭关锁国。但下一次恐怖袭击可能发生在巴黎、伦敦、科伦坡，也可能发生在新德里。只要恐怖主义生存的土壤依然存在，恐怖主义不可能被永远剔除，因为它是一个动态的不断发展着的现象。

二、环境问题

20世纪70年代以来，环境问题这一被认为是属于“低层政治”范畴的事物引起了越来越多人的关注，环境问题在国际关系中的地位不断攀升，同时也给国际社会提出了新的课题，并导致国际政治发生了一些新变化。环境问题进入国际政治领域并非是当代社会出现的新现象，自十九世纪末以来，马汉的“海权论”、麦金德的“大陆心脏说”、豪斯浩弗尔的

"生存空间理论"都凸显了地理环境因素对国家的外交政策乃至国际关系产生重要影响。20世纪70年代以来为了应对越来越复杂的环境问题，一些新的环境理论纷纷出现，一系列全球性的环境问题日益引起广泛关注，如大气污染问题、水污染问题、土壤退化问题、森林消失和生物多样性的破坏问题、固体废物和核污染问题等，正在对人类生存与发展构成严重威胁。全球环境问题成为当今世界关注的一个重要问题。

（一）什么是环境问题

当今社会，环境问题已经成为困扰人类生存与发展的世界难题。所谓环境问题，是指由于人类活动作用于环境所引起的环境质量不利于人类的变化，以及这些变化危及人类和发展的问题。它包括两个基本方面：一是自然环境的破坏，二是环境污染。[①] 环境是指人类社会所处的外部各种自然条件的总和。人类赖以生存的环境按照不同标准可以分为：天然环境和人为环境；大气环境、水环境、土壤环境、生物环境；聚落环境、区域环境、地理环境、地质环境、宇宙环境等。由自然力或人力引起的环境污染或生态平衡破坏，导致直接或间接地影响人类的生存和发展的客观存在的问题都是环境问题。由自然力引起的是原生环境问题，也叫第一环境问题。它主要指地震、火山、龙卷风、海啸、水灾、旱灾等自然灾害。人类对由自然过程引起的灾害的抵御能力非常薄弱，所以人类在自然灾害面前经常显得束手无策。第二类环境问题，即次生环境问题，是由人类活动引起的。它又可分为环境污染和生态破坏两种情况。环境污染包括由物质引起的污染和由能量引起的污染。当污染严重时会发生"公害"事件，公害是严重的环境污染，它能造成大面积的影响，形成对人体和生物体严重危害，短期内会发生人群大量发病或死亡事件。生态环境破坏则是人类活动直接作用于自然界引起的。例如乱砍滥伐引起的森林植被破坏，过度放牧引起的草原退化，植被破坏引起的水土流失，草原植被破坏引起的土壤荒漠化，生态环境破坏和大量捕杀野生动物危及地球物种多样性等等，都属于生态环境破坏问题。

所谓全球环境问题，就是指当代国际社会面临的一系列超越国家和地区界限，由人类活动作用于全球环境而引发的，关系到整个人类生存与发

---

① 蔡拓：《全球问题与当代国际关系》，天津人民出版社，2013年版，第104页。

展的环境问题。由于环境与人类有着极为密切的关系，所以各国都积极加强对环境问题的研究。就其主要原因，一是环境问题是人类社会发展的基本问题。第二，环境问题是当代社会发展的突出问题，环境问题的解决关系到人类的命运。

其实环境问题的产生不是当代的新现象，在人类社会早期，因乱采、乱捕破坏人类聚居的局部地区的生物资源而引起生活资源缺乏甚至饥荒，或者因为用火不慎而烧毁大片森林和草地，迫使人们迁移以谋生存，环境问题因此出现。在中古晚期，随着城市化进程的深入，在人口集中的城市，各种手工业作坊和居民抛弃生活垃圾，造成环境污染。产业革命以后到20世纪50年代，出现了大规模环境污染，局部地区的严重环境污染导致“公害”病和重大公害事件的出现，同时由于自然环境遭到破坏，造成资源稀缺甚至枯竭，开始出现区域性生态平衡失调现象。西方发达国家更是深受其害，环境污染日趋严重，出现了伦敦烟雾、洛杉矶光化学烟雾、水俣病、骨痛病等一系列公害事件。20世纪60年代末70年代初，人们对环境问题的广度与深度有了全新的认识，这就是地球比我们原来想象的要小得多，地球的生态系统非常脆弱，人类已经具有毁灭其自身生命支撑系统的力量。这便是人类“第一次环境革命”。1972年6月5日，联合国人类环境会议在瑞典首都斯德哥尔摩召开，通过了著名的人类环境宣言。70年代罗马俱乐部的《增长的极限》和《人类处于转折点》两个报告的提出，成为国际社会关注和研究全球性问题的一个里程碑。1972年环境大会以后，人们认识到全球的经济和生态正以新的形式联结在一起，各国不仅在经济上相互依存，而且在生态环境的互相依存也日益增加，环境问题具有全球性和整体关联性，是全人类的共同问题，这便是80年代末90年代初开始的“第二次环境革命”。1992年，召开了被称为“地球首脑会议”的里约“世界环境与发展”大会。这次大会“可持续发展”的概念被广泛接受，并具体体现在大会通过的全球《21世纪议程》和里约宣言等文件中。1997年6月各国领导人聚会于纽约联合国总部，召开了“第二次地球高峰会议”。这次大会列举了1992年大会以来世界各国在环境领域相互协调所做出的五大功绩，但同时也指出了存在的严重不足。联合国秘书长安南呼吁，我们必须以前所未有的方式来执行《21世纪议程》，现在不行动将不可逆转地损害我们星球的未来，所以我们决不能失败。总之，全球环境问题严重困扰着人类，人们忧心忡忡地谈论着“地球的可居住性”和“人类杜会的可持续发展”等问题。

（二）全球主要环境问题

综合而言目前威胁人类生存构成威胁并被人类认识到的环境问题主要有：全球变暖、臭氧层破坏、酸雨、淡水资源危机、能源短缺、森林资源锐减、土地荒漠化、物种加速灭绝、垃圾污染及化学污染等等。

1. 全球气候变暖

全球变暖是指全球气温升高，全球气候变暖是一种“自然现象”。由于人们焚烧化石矿物以生成能量或砍伐森林并将其焚烧时产生的二氧化碳等多种温室气体，由于这些温室气体对来自太阳辐射的可见光具有高度的透过性，而对地球反射出来的长波辐射具有高度的吸收性，也就是常说的“温室效应”,[①] 导致全球气候变暖。1981—1990 年全球平均气温比 100 年前上升了 0.48℃。科学家预测有可能出现的影响和危害有：较高的温度可使极地冰川融化，海平面每 10 年将升高 6 厘米，将使一些海岸地区被淹没；全球变暖也可能影响到降雨和大气环流的变化，使气候反常，易造成旱涝灾害，这些都可能导致生态系统发生变化和破坏；影响人类健康，将对人类生活产生一系列重大影响。为了阻止全球变暖趋势，1992 年联合国专门制订了《联合国气候变化框架公约》，该公约于同年在巴西城市里约热内卢签署生效。依据该公约，发达国家同意在 2000 年之前将他们释放到大气层的二氧化碳及其它“温室气体”的排放量降至 1990 年时的水平。

2. 臭氧层破坏

在地球大气层近地面约 20—30 千米的平流层里存在着一个臭氧层，其中臭氧含量占这一高度气体总量的十万分之一。臭氧含量虽然极微，却具有强烈的吸收紫外线的功能，因此，它能挡住太阳紫外辐射对地球生物的伤害，保护地球上的一切生命。然而人类生产和生活所排放出的一些污染物，如冰箱空调等设备制冷剂的氟氯烃类化合物以及其它用途的氟溴烃类

---

① 温室效应，又称“花房效应”，是大气保温效应的俗称。大气能使太阳短波辐射到达地面，但地表向外放出的长波热辐射线却被大气吸收，这样就使地表与低层大气温度增高，因其作用类似于栽培农作物的温室，故名温室效应。自工业革命以来，人类向大气中排入的二氧化碳等吸热性强的温室气体逐年增加，大气的温室效应也随之增强，已引起全球气候变暖等一系列严重问题，引起了全世界各国的关注。

等化合物，它们受到紫外线的照射后可被激化，形成活性很强的原子与臭氧层的臭氧（O_3）作用，使其变成氧分子（O_2），这种作用连锁般地发生，臭氧迅速耗减，使臭氧层遭到破坏。

70年代中期，美国科学家发现南极洲上空的臭氧层有变薄现象。80年代观测发现，自每年9月份下旬开始，南极洲上空的臭氧总量迅速减少一半左右，极地上空臭氧层中心地带，近90%臭氧被破坏，若从地面向上观测，高空臭氧层已极其稀薄，与周围相比象是形成了一个直径上千公里的洞，称为“臭氧洞”。到1994年，南极上空的臭氧层破坏面积已达2400万平方公里，南极上空的臭氧层是在20亿年里形成的，可是在一个世纪里就被破坏了60%。北半球上空的臭氧层比以往任何时候都薄，欧洲和北美上空的臭氧层平均减少了10%—15%，西伯利亚上空甚至减少了35%。南极的臭氧层空洞，就是臭氧层破坏的一个最显著的标志。科学家警告说，地球上空臭氧层破坏的程度远比一般人想象的要严重的多。

3. 酸雨污染

酸雨是由于空气中二氧化硫（SO_2）和氮氧化物（NOx）等酸性污染物引起的pH值小于5.6的酸性降水。但现在泛指酸性物质以湿沉降或干沉降的形式从大气转移到地面上。酸雨中绝大部分是硫酸和硝酸，主要来源于排放的二氧化硫和氮氧化物。60、70年代以来，随着世界经济的发展和矿物燃料消耗量的逐步增加，矿物燃料燃烧中排放的二氧化硫、氮氧化物等大气污染物总量也不断增加，酸雨分布有扩大的趋势。欧洲和北美洲东部是世界上最早发生酸雨的地区，但亚洲和拉丁美洲有后来居上的趋势。酸雨危害可以发生在其排放地500—2000公里的范围内，酸雨的长距离传输会造成典型的越境污染问题。酸雨的危害表现为：可以直接使大片森林死亡，农作物枯萎；也会抑制土壤中有机物的分解和氮的固定，淋洗与土壤离子结合的钙、镁、钾等营养元素，使土壤贫瘠化；还可使湖泊、河流酸化，并溶解土壤和水体底泥中的重金属进入水中，毒害鱼类；加速建筑物和文物古迹的腐蚀和风化过程；可能危及人体健康。

4. 淡水资源污染

水是生命之源，随着地球上人口的激增，生产迅速发展，水已经变得比以往任何时候都要珍贵。地球表面虽然2/3被水覆盖，但是97%为无法饮用的海水，只有不到3%是淡水，其中又有2%封存于极地冰川之中。在仅有的1%淡水中，25%为工业用水，70%为农业用水，只有很少的一部分可供饮用和其它生活用途。在过去的三个世纪里，人类提取的淡水资源量增加了35倍，1970年达到了3500平方千米。20世纪的后半叶，淡水提取量每年增加4%—8%，其中农业灌溉和工业用水占了增长的主要部分，特别是本世纪70年代“绿色革命”期间，灌溉用水翻了一番。与淡水资源短缺相对应的是水资源的大量浪费。农业消耗了全球用水量的70%左右，但农业灌溉用水效率普遍比较低，许多灌溉系统60%以上的水在浇灌庄稼前就渗漏和蒸发掉了，并带来土壤盐渍化。由于区域分布不均匀，致使世界上缺水现象十分普遍，全球淡水危机日趋严重。

然而，在这样一个缺水的世界里，水却被大量滥用、浪费和污染。水污染有三个主要来源，生活废水、工业废水和含有农业污染物的地面径流。另外，固体废物渗漏和大气污染物沉降也造成对水体的交叉污染。1993年1月18日，第47届联合国大会根据联合国环境与发展大会制定的《21世纪行动议程》中提出的建议，通过了第193号决议，并确定自1993年起，将每年的3月22日定为世界水日，旨在推动对水资源进行综合性统筹规划和管理，加强水资源保护，以解决日益严峻的缺水问题。同时，通过开展广泛的宣传教育活动，增强公众对开发和保护水资源的意识。

5. 资源、能源危机

随着人口不断增长和对自然自然的过度开采，目前世界上大多数国家甚至全球范围内出现了资源和能源短缺问题，这种现象的出现，主要是人类无计划、不合理地大规模开采所至。目前矿物、土地、淡水、森林、野生动植物等自然资源逐渐显现出相对紧缺的趋势。不可再生资源总是有限的，消耗一部分，就减少一部分；可再生资源的再生总量是有限的，承受不了日益增长的需求。由此，资源成为经济增长的一个限制因素，最终要使经济增长停止下来，甚至引起“崩溃”。为了摆脱资源危机，必须要进行技术创新，那么可利用自然资源的范围就会不断扩大，同时要提高资源利用的效率，或找到相应的代用品，资源不足的局面总会改观。对于能源危机也要采取相应对策，毕竟可供我们利用的石油资源是有限的，它的蕴藏量不是无限的，剩余储量的开发难度越来越大，到一定限度就会失去继续开采的价值。在世界能源消费以石油为主导的条件下，如果能源消费结构不改变，就会发生能源危机。煤炭资源虽比石油多，但也不是取之不尽的。代替石油的其他能源资源，除了煤炭之外，能够大规模利用的还很少。太阳能虽然用之不竭，但代价太高，并且在一代人的时间里不可能迅速发展和广泛使用，其他新能源也如是。因此，人类必须估计到，非再生矿物能源资源枯竭可能带来的危机，从而将注意力转移到新的能源结构上，尽早探索、研究开发利用新能源资源。否则，就可能因为向大自然索取过多而造成严重的后果，以至使人类自身的生存受到威胁，资源危机和能源危机的阴霾就会一直环绕在我们周围。

6. 森林植被破坏严重

据 2006 年绿色和平组织发布的世界森林地图，发现地球上只剩下 10% 的陆地面积是未受侵扰森林。而世界森林中未受侵扰的原始森林主要由两种森林类型构成：热带雨林和北方针叶林，其中 49% 是分布在拉丁美洲、非洲和亚太地区的热带森林，另外 44% 是分布在俄罗斯、加拿大和阿拉斯加广袤大陆的针叶林。森林是人类赖以生存的生态系统中的一个重要的组成部分。地球上曾经有 76 亿公顷的森林，到 1976 年已经减少到 28 亿公顷。由于世界人口的增长，对耕地、牧场、木材的需求量日益增加，导致对森林的过度采伐和开垦，使森林受到前所未有的破坏。森林植被破坏和减少的主要原因包括砍伐林木、开垦林地、采集薪材、大规模放牧、空气污染等，当然也包括自然因素对森林的破坏，如森林火灾、昆虫、疾病、天气、物种之间的竞争等。森林的不断减少，将给人类和社会带来很大的危害：一是产生气候异常；二是增加二氧化碳排放；三是物种灭绝和生物多样性减少；四是加剧水土侵蚀；五是减少水源涵养，加剧洪涝灾害。

7. 土地荒漠化

简单地说土地荒漠化就是指土地退化，也叫“沙漠化”，土地沙漠化使土地生物和经济生产潜力减少，甚至基本丧失，因此土地荒漠化是当今世界最严重的环境与社会经济问题。全球荒漠化面积已从 1984 年的 34. 75 亿公顷增加到 1991 年的 35. 92 亿公顷，约占全球陆地面积的 1/4，已影响到了全世界 1/6 的人口，到 1996 年为止，全球荒漠化的土地已达到 3600 万平方千米，占到整个地球陆地面积的 1/4，相当于俄罗斯、加拿大、中国和美国国土面积的总和。全世界受荒漠化影响的国家有 100 多个，尽管各国人民都在进行着同荒漠化的抗争，但荒漠化却以每年5—7万平方千米的速度扩大，相当于爱尔兰的面积。到二十世纪末，全球将损失约1/3的耕地。在人类当今诸多的环境问题中，荒漠化是最为严重的灾难之一。

1996年6月17日第二个世界防治荒漠化和干旱日，联合国防治荒漠化公约秘书处发表公报指出：当前世界荒漠化现象仍在加剧。全球现有12亿多人受到荒漠化的直接威胁，其中有1.35亿人在短期内有失去土地的危险。荒漠化已经不再是一个单纯的生态环境问题，而且演变为经济问题和社会问题，它给人类带来贫困和社会不稳定。

土地荒漠化是自然因素和人为活动综合作用的结果。自然因素主要是指异常的气候条件，特别是严重的干旱条件，由此造成植被退化，风蚀加快，引起荒漠化。人为因素主要指过度放牧、乱砍滥伐、开垦草地并进行连续耕作等，由此造成植被破坏，地表裸露，加快风蚀或雨蚀。就全世界而言，过度放牧和不适当的旱作农业是干旱和半干旱地区发生荒漠化的主要原因。荒漠化的主要影响是土地生产力的下降和随之而来的农牧业减产，相应带来巨大的经济损失和一系列社会恶果，在极为严重的情况下，甚至会造成大量生态难民。

8. 生物多样性减少

物种就是指生物种类。现今地球上生存着500—1000万种生物。一般来说物种灭绝速度与物种生成的速度应是平衡的。但是，由于人类活动破坏了这种平衡，使物种灭绝速度加快，当前地球上生物多样性减少的速度比历史上任何时候都快。据科学家估计，按照每年砍伐1700万公顷的速度，在今后30年内，物种极其丰富的热带森林可能要毁在当代人手里，大约5%—10%的热带森林物种可能面临灭绝。总体来看，大陆上66%的陆生脊椎动物已成为濒危种和渐危种。海洋和淡水生态系统中的生物多样性也在不断丧失和严重退化，其中受到最严重冲击的是处于相对封闭环境中的淡水生态系统。

当前大量物种灭绝或濒临灭绝，生物多样性不断减少的主要原因是人类各种活动造成的：一是大面积森林受到采伐、火烧和农垦，草地遭受过度放牧和垦殖，导致了生境的大量丧失，保留下来的生境也支离破碎，对野生物种造成了毁灭性影响；二是对生物物种的强度捕猎和采集等过度利用活动，使野生物种难以正常繁衍；三是工业化和城市化的发展，占用了大面积土地，破坏了大量天然植被，并造成大面积污染；四是外来物种的大量引人或侵入，大大改变了原有的生态系统，使原生的物种受到严重威胁；五是无控制的旅游，对一些尚未受到人类影响的自然生态系统受到破坏；六是土壤、水和空气污染，危害了森林，特别是对相对封闭的水生生态系统带来毁灭性影响；七是全球变暖，导致气候形态在比较短的时间内发生较大变化，使自然生态系统无法适应，可能改变生物群落的边界。尤其严重的是，各种破坏和干扰会累加起来，会对生物物种造成更为严重的影响。

9. 垃圾污染及化学污染

全球每年产生垃圾近 100 亿吨，而且处理垃圾的能力远远赶不上垃圾增加的速度，特别是一些发达国家，已处于垃圾危机之中。美国素有垃圾大国之称，其生活垃圾主要靠表土掩埋。过去几十年内，美国已经使用了一半以上可填埋垃圾的土地，30 年后，剩余的这种土地也将全部用完。世界上的许多城市周围，都排满了一座座垃圾山，除了占用大量土地外，还污染环境。垃圾侵占土地，堵塞江湖，有碍卫生，影响景观，危害农作物生长及人体健康的现象，叫作垃圾污染。圾污染包括工业废渣污染和生活垃圾污染两类。工业废渣是指工业生产、加工过程中产生的废弃物，主要包括煤矸石、粉煤灰、钢渣、高炉渣、赤泥、塑料和石油废渣等。生活垃圾主要是厨房垃圾、废塑料、废纸张、碎玻璃、金属制品等等。在城市，由于人口不断增长，生活垃圾正以每年 10% 的速度增加，构成一大公害。防治垃圾污染，关键是从源头抓起，控制垃圾产生量，实施总量控制，遵照谁污染谁治理原则，利用经济杠杆惩治污染，改善环境。

由于化学物质（化学品）进入环境后造成的环境污染叫化学污染，这些化学物质有有机物和无机物，它们大多是由人类活动或人工制造的产品，也有二次污染物。市场上约有 7—8 万种化学品，对人体健康和生态环境有危害的约有 3.5 万种。其中有致癌、致畸、致突变作用的约 500 余种。随着工农业生产的发展，如今每年又有 1000—2000 种新的化学品投入市场。由于化学品的广泛使用，全球的大气、水体、土壤乃至生物都受到了不同程度的污染、毒害，连南极的企鹅也未能幸免。自五十年代以来，涉及有毒有害化学品的污染事件日益增多，如果不采取有效防治措施，将对人类和动植物造成严重的危害。

（三）环境问题产生的原因及对策

全球环境问题的凸现给人类社会的生存发展带了了前所未有的威胁，这促使人们重新思考人与自然的关系。人类在追求生存和发展的过程中，在处理人与自然相互关系方面，由于人类行为的非理性，社会变迁过程中社会结构内出现的功能障碍、关系失调及整合错位等原因，导致基本生态过程即生态系统结构与功能遭到破坏，最终危及人类利益甚至威胁到人类的基本生存和发展的全球性问题。综合而言，造成环境问题的主要原因如下：

第一，人口压力过大。

环境是人类生存发展的物质基础和制约因素，人口的增长要求工农业迅速发展，从环境中取得食物、资源、能量的数量必然要增大，其中一部分供人类直接消费，有的经人体代谢变成废物排入环境，有的经使用后降低了质量。然而，环境的承载能力和环境容量是有限的，如果人口的增长、生产的发展，不考虑环境条件的制约作用，超出了环境允许的极限，就会导致环境污染与破坏，造成资源的枯竭和对人类健康的损害。从环境问题的发展历程可以看出，人为的环境问题是随人类的诞生而产生，并伴随着人类社会的发展而发展。造成环境问题的根本原因是人类对环境价值的认识不足，缺乏妥善的经济发展规划。

第二，环境问题的产生有着深刻的经济根源。长期以来，工业化被视为经济增长的良方，但它并没有充分考虑环境支撑和资源约束问题。传统的发展模式关注的只是经济领域的活动，其目标是产值和利润的增长，物质财富的增加。人们采取了以损害环境为代价来换取经济增长的发展模式，其结果是在全球范围内相继造成严重的环境污染。托夫勒认为传统工业社会遵循的是“一味追求增长的逻辑”，即更多的生产、更多的消费、更多的就业。整个工业文明都被这种“更多”的逻辑所支配，而体现这个逻辑的根本性指标就是国民生产总值。“……从 GNP 的观点出发，不论产品采取什么形式，是粮食还是军火，都无关紧要。雇佣一批人盖房子或拆房子，都增加了总产值。”丹尼尔·贝尔批评 GNP 统计“只是一种加法”，指出：它并区分福利的真正增加还是实际上可能减少，却都看成增长的情况。因此，按照常规，一个钢铁厂的生产是 GNP 的增加数值，但是，如果这个钢铁厂污染了一个湖泊，然后使用额外的资源来净化湖泊，这笔新的开支也增加了 GNP。他把环境问题看成一面镜子，认为从这面镜子中照出了现代工业文明的病态。它映现出市场竞争体制在生态上的巨大缺陷。因为这种竞争体制并不计算生态成本和环境代价。

第三，环境问题的产生有着深刻的技术根源。技术是人类在其能动的实践活动中实现对自然的利用和改造所不可或缺的中介和手段。但工业化以来的技术对待自然的方式却是一种挑战性的处置，即改变自然界和自然物的天然存在形态与结构，使之全面人工化、功利化。巴里·康芒纳认为，新技术是一个经济上的胜利，但它也是一个生态学上的失败。在考察了核污染、化肥、杀虫剂、洗涤剂、塑料、合成纤维、汽车和啤酒进入生物圈循环的例子后，他发现“在每个例子上，新的技术都加剧了环境与经济利益之间的冲突”。现代技术在生态上的失败是由于它忽视了生态上的要求，而仅仅以生产效率为追求目标，这是导致环境危机的技术根源。技术发展对于人类的正面效用和负面影响是并存的，而现代技术的极度化扩张所造成的负面影响，正从众多的方面积聚成这样一种危险性：它可能抵消技术带给人类的种种伟大的文明成就。

第四，环境问题的产生有着深刻的制度根源。现代环境问题的根源绝不仅仅是人口增长、技术水平，或工业主义造成的，最根本的原因还是资本主义制度。资本主义的生产目的和动机就是追求利润的最大化，而环境问题得产生恰恰是资本主义生产方式牺牲环境、保证利润的结果。另一方面，从国际政治角度而言，不公正的国际环境旧秩序，也是导致环境问题产生的制度根源的另一个方面。在无政府状态的国际社会中，信奉实力原则，以大国政治为主导，西方发达资本主义国家早期工业化和现代化是掠夺了他国大量的资源，以牺牲环境和他国利益为代价实现的，他们是当今全球环境问题的主要责任者。在环境问题上，他们对己一个标准，对发展中国家则另外一个标准。强权主导的国际政治格局不但不能解决全球环境问题，反而进一步使问题加深。

第五，环境问题的产生有着深刻的思想根源，那就是人类中心主义。洛克认为，人类要有效地从自然的束缚下解放出来，“对自然的否定就是通往幸福之路”。人们依据这种思想，在应用现代科学技术的基础上，开始在实践上大规模地向大自然进攻，人类改造自然、征服自然思想和实践的极端化。随着近代哲学和科学的发展，人类中心主义建立在理性和科学的基础上时，发展为人统治自然的思想和实践，不仅包括以人为中心的哲学和科学的知识体系，以及以人为中心的技术体系，而且包括整个人类社会的生产方式和生活方式。一切以人为核心，人类行为的一切都从人的利益出发，以人的利益作为唯一尺度，只按照自身的利益行动，并以自身的利益去对待其他事物。人类中心主义在人类理论和实践中的地位，它作为社会价值观核心的作用，已成为当今环境问题重要的思想根源。

可以认为，环境问题的实质在于人类经济活动索取资源的速度超过了资源本身及其替代品的再生速度，以及向环境排放废弃物的数量超过了环境的自净能力。在当今国际社会的无政府状态下，包括气候变化在内的全球环境问题可能的解决途径就是通过政府之间、社群之间的互动，来实施某种程度的全球治理来达到目的。具体来说，加强国际组织的作用，建立健全国际机制；主权国家应采取积极措施控制包括气候变化在内的全球环境问题：重视跨国公司在包括气候变化在内的全球环境问题中的提出技术标准、技术支持、资金支持等方面的作用；加强社会团体及个人等在解决包括气候变化在内的全球环境问题中的作用。为了使全球问题的解决……得以实现，以全球中心治理替代国家中心治理已经是必要和可行的了，只有通过全球范围的多维度的共同努力，包括气候变化在内的全球环境问题才可能得到解决。

京都议定书

《京都议定书》（Kyoto Protocol，又译《京都协议书》、《京都条约》；全称《联合国气候变化框架公约的京都议定书》）是《联合国气候变化框架公约》的补充条款。是1997年12月在日本京都由联合国气候变化框架公约参加国三次会议制定的。其目标是“将大气中的温室气体含量稳定在一个适当的水平，进而防止剧烈的气候改变对人类造成伤害”。1997年12月条约在日本京都通过，并于1998年3月16日至1999年3月15日间开放签字，共有84国签署，条约于2005年2月16日开始强制生效，到2009年2月，一共有183个国家通过了该条约（超过全球排放量的61%），引人注目的是美国没有签署该条约。

三、粮食问题

> 如果你控制了石油，你就控制了所有国家；如果你控制了粮食，你就控制了所有的人；如果你控制了货币，你就控制了世界。
>
> ——基辛格

“民以食为天”，粮食是每个国家国民经济的基础，粮食问题历来受到各国统治阶级的高度重视。有数据显示，随着全球化进程的发展，近年来全球粮食问题的矛盾不断上升，基本农产品价格指数在2006年上升了8%，2007年上升了24%，目前全球至少有37个国家的食品供应受到威胁，有20多个国家因食品涨价发生骚乱，超过一亿人因高粮价陷入赤贫，基本生存面临威胁。2008年6月份，联合国粮农组织在罗马召开了世界粮食安全峰会，商讨在生物能源和气候变化挑战下如何发展农业生产，保障全球粮食安全。会议通过了世界粮食安全宣言，呼吁各国采取积极措施，高度重视农业发展和粮食生产，加强应对气候变化的国际合作，进一步改善粮食等农产品国际贸易环境。2009年世界粮食日提出的主题是“应对危机，实现粮食安全”，粮食安全问题再次凸显在人们的视野中，

（一）什么是粮食问题

简而言之，粮食问题就是解决老百姓日常生活中的吃饭问题。粮食是指烹饪食品中，作为主食的各种植物种子总称，也可概括称为“谷物”。大多数粮食属于禾本科植物，所含营养物质主要为醣类，主要是淀粉，其次是蛋白质。环境决定粮食的产量，而粮食的产量决定人口的存活量。高的人口出生率致使消耗的粮食超过原有土地的生产能力，只得去破坏森林和草地来增加土地数量；被破坏的环境对气候的调节能力不断下降，造成干旱，洪涝等灾害的不断发生，直接后果就是粮食作物的减产，绝产，饥饿面积不断扩大，从而造成粮食短缺，粮食问题因此出现。粮食问题首先是一个经济问题，严重的粮食危机也会使粮食问题由经济问题演变为政治问题；另外，粮食问题的产生也是一个历史问题，粮食恐慌由来已久，这与人口爆炸、自然环境恶化相互交织，从而形成一个严重的社会问题。

第二次世界大战以后，世界粮食生产发展很快。1950 年至 1984 年，世界粮食总产量从 6.3 亿吨增至 18 亿吨，增长了 180% 还多。此期间，世界人口从 25.1 亿增至 47.7 亿，增长约 90%。由于粮食增长速度快于人口增长，所以世界人均粮食呈增长趋势。然而，世界粮食生产地区不均。发达国家人口占世界 1/4，生产粮食占世界 1/2。发展中国家人口世界占 3/4，生产粮食占世界 1/2，因此人均产粮少、消费少。由于发展中国家人口增长过快，许多国家缺粮问题日益严重。据联合国粮食农组织 1992 年 6 月 2 日的新闻公报透露：贫穷困扰着大约 10 亿人，而约占世界人口的 10% 的 5 亿多人营养不足，其中约 5000 万人面临饥饿。2008 年以来，国际粮食价格上涨，大米价格 2 个月内爆涨 75%。菲律宾、海地等多个国家闹起了粮荒，美国也出现了大米抢购潮，非洲发生抗议游行，亚洲出现抢购囤积，发达国家与发展中国家之间相互指责。撒哈拉以南非洲有 3 亿人生活在日均消费 1 美元的贫困线以下，其中许多国家的粮食需求严重依赖进口，因此，全球粮价上涨对这些国家的人民生活和政治形势产生严重影响。喀麦隆、布基纳法索、塞内加尔、科特迪瓦等多个非洲国家相继发生“粮食骚乱”，造成人员死亡。

联合国粮农组织（FAO）把每年的 10 月 16 日定为“世界粮食日”①，“世界粮食日”的诞生说明人类对粮食问题有了正确的认识，世界各国开始对发展粮食和农业生产有了足够的重视。为什么要设立“世界粮食日”呢？从 19 世纪以来，一直存在两种粮食观，即盲目乐观主义和悲观主义粮食观。19 世纪末 20 世纪初，悲观主义思潮占主导地位。到 20 世纪 40 年代后，随着世界粮食形势的好转，悲观主义思潮也逐渐被盲目乐观情绪所取代。1972 年，由于连续两年气候异常造成的世界性粮食歉收，加上苏联大量抢购谷物，出现了世界性粮食危机。严峻的现实又把盲目乐观情绪一扫而光。联合国粮农组织于 1973 年和 1974 年相继召开了第一次和第二次粮食会议，以唤起世界，特别是第三世界注意粮食及农业生产问题。但是，问题并没有得到解决，世界粮食形势更趋严重。关于“世界粮食日”的决议正是在这种背景下做出的。FAO 自创立以来，不定期地进行了五次“世界粮食调查”。从这些调查得出的结论是：饥饿不但没有消除，反而在

---

① 联合国粮农组织（FAO）创建于 1945 年 10 月 16 日，所以选择次日为世界粮食日。

不断扩大。联合国人口活动基金80年代初的一份报告中估计，当时世界谷物产量可以养活60亿人口。但就在同一时期，全球有4.5亿人挨饿。当时世界只有45亿人左右。1995年，世界人口增长到57亿，挨饿人口增加到10亿。目前全世界人口约为67亿，2009年以来，由于金融危机和食品价格暴涨等因素影响，饥饿人口上升到10.2亿，比2008年增加了11%，这意味着全球约1/6的人口正在遭受饥饿的威胁。

粮食问题是人类面临的全球性问题之一，世界各国都认识到粮食问题是关系本世纪全球的安全性问题。当前粮食问题凸现，并不完全是供求上的问题，而是要求人们反思粮食生产能力问题，对于事关国家经济安全的重大战略问题之一的粮食问题，务必引起高度重视。

2005年以来，全球食品价格累积上涨超过了75%。而2007年全年，全球粮食价格则呈飙升之势，全年飙升了40%。联合国粮农组织（FAO）以各国主要的出口品种为基础统计得出全球米价指数（以1998至2000年为基数100）从2007年3月至2008年3月，从130上升到216，升幅高达66%左右。2008年4月价格上涨速度进一步加快。大米最大出口国泰国的代表品种“B级泰国白米”是国际米价的“风向标”。2月该品种的价格为每吨795美元，是2007年12月时的两倍，更糟糕的是，粮食的库存量严重不足，粮食危机正成为全球性的热点话题。2008年4月12日，国际货币基金组织和世界银行分别就全球粮食价格飙升可能引发的后果发出预警，海地首都太子港的居民已经因为米价问题，与粮食零售商发生了冲突，骚乱持续已近一周。4月16日，在菲律宾首都马尼拉，面对国际市场大米价格大幅上涨的局面，菲律宾政府决定在两周内实行一项限购低价米的政策。菲国家粮食署将不再向市场投放每千克18.25比索（约合0.45美元）的低价大米，而是改由粮食署在各区市公共场所设立大米直销点等新的销售渠道，直接向贫困家庭销售政府补贴的大米，以保障贫困人口的口粮供应。在巴基斯坦，运送小麦和面粉的车辆都需要准军事部队护送，而在马来西亚，未经许可出口面粉等产品就属于犯罪。埃及、柬埔寨等国家为了平抑国内物价，纷纷限制本国大米出口，越南将2008年的大米出口量从去年的450万吨调低到350万吨，减少1/4，印度除价格最昂贵的大米外，其他所有等级的大米均列入了禁止出口的行列。眼下粮荒在全球蔓延，世界上许多地区的食品价格都大幅度上涨，给许多国家和地区带来了紧张和压力。随着国际粮价的增长，粮食危机的幽灵，在阔别数年之后，重新回到世界的上空。

（二）粮价上涨的原因

当全球都在努力应对愈演愈烈的金融危机时，波及到人们日常生活的粮食危机已悄然上演。联合国粮农组织（FAO）最新调查显示，目前全球约有9. 63亿人处于饥饿线。海地80%的国民只能靠吃一种特殊的泥巴维持生命，埃及民众也为了购买政府救济的面包或者大饼而排队。为什么在我们大谈经济全球化、贸易自由化给我们生活带来便利、增加福利的同时，世界有些国家或地方的人民正挣扎在生死饥饿边缘，连基本的温饱都不能满足？世界粮食的格局究竟发生了怎样的变化？其实，粮价上涨是多种因素综合作用的结果，各种因素相互交织、促进，将粮价推向一个又一个的高位。从基本的供需关系来分析，粮价的上涨很大程度是因为全球粮食需求在近几年增长速度远远高于粮食供给的增长速度。粮食需求为什么会在近几年出现爆发性的增长呢？造成粮食危机的原因主要有成本上升、减产、消费量增加、储备下降、美元贬值、生物能源的发展等。

1. 全球人口爆炸性增长，导致粮食需求增加。如今，全球人口已增加到67亿多人，预计2013年将突破70亿，多年来世界粮食总产量一直在18亿吨—20亿吨之间徘徊。世界粮食增产速度大大落后于人口增长速度，在当今的世界上，缺粮最严重的国家正是那些人口增长速度极高的国家。按照生态学专家的推论，人口以目前的速度爆增，不到20年，人类食物的供给和需求将被打破，全球的食品短缺和粮荒将不可避免地发生。

2. 气候变化和土地荒漠化，加剧了粮食危机。近年来全球气候变化加剧，所造成的水灾、旱灾导致粮食产量直线下降。全世界100多个国家的荒漠化土地面积已达3600万平方千米，占地球陆地面积的28%，并且正以每年5—7万平方千米的速度扩大，年吞噬耕地近2100万公顷。全世界100多个国家荒漠化土地面积已经达到36亿 hm^2，占地球陆地面积的28%，并正以每年600万 hm^2 的速度扩大。而人均可耕种面积已从1970年的0. 38 hm^2 降低到2002年的0. 20 hm^2 工112，到2050年将可能降低至0. 15 hm^2。全球温室效应加剧对农业生产的灾难性冲击。受温室效应冲击，世界粮食生产出现下降趋势。2006年全球粮食产量比2005年减少1400万吨，减幅达23%，其中低纬度的发展中国家受打击最大。鉴于温室效应难以根本缓解，低纬度发展中国家粮食产量下降趋势将持续较长时期。

3. 不合理的世界粮食生产消费格局，是粮食危机产生的主要原因之一。发达国家生产的粮食接近全球粮食总产量的一半，少数发达国家生产过剩，多数发展中国家粮食匮乏。粮食生产的不平衡导致了分配与消费的不均等。发达国家人均年消费粮食700多千克，发展中国家则不足300千克。发达国家谷物消费的20%用作口粮，70%作饲料粮；和发达国家相比，发展中国家在农业机械化和良种化的程度等方面存在很大差距。不合理的国际经济秩序对发展中国家的粮食生产亦有不利影响。粮食问题突出反映了当前国际经济秩序的性质，表明争取新的国际经济秩序、变革旧的国际经济秩序的任务远没有完成。当前的粮食危机主要是就那些最不发达的粮食进口国而言的，这些国家主要位于撒哈拉以南非洲和南亚。这些国家的特点之一是穷，根本无力对农业进行补贴，另外国内市场狭小，对发达国家市场具有高度的依赖性，无力执行独立的农业政策，因而对这些国家来说，粮食问题的根源是外源性的，是发达国家推行的不公正、不合理政策的结果，只要不公正、不合理的经济秩序仍然存在，这些国家从根本上解决粮食问题的可能性就微乎其微。

4. 美国新能源法案的颁布，加大对粮食的巨大需求。在过去五六年时间里，美国国内对玉米需求急速增加，使价格大幅提高。很多第三世界国家的百姓，根本无法购买国际高价的玉米。2007年12月19日，美国总统布什19日签署了新能源法案，该法案要求大幅增加乙醇等生物燃料的添加比例。2003年，美国全年用1. 1亿蒲式耳的玉米提炼出2.8亿加仑的乙醇；到2007年，用于提炼乙醇的玉米用量竟然达到2. 3亿蒲式耳，对玉米的使用量翻了一倍多。发达国家让8亿辆汽车烧乙醇应对油价上涨，却因此使世界上8亿穷人陷入吃不起粮食的危机之中。英国首相布朗将美国的此种行为比喻成8亿辆汽车与8亿饥民在进行夺粮大战。美国是世界最大玉米生产和出口国。2007—2008年度，美国玉米产量占世界总产量的43%。根据世界银行的报告，生物能源在粮价上涨诸因素中占75%。

5. 大部分传统的粮食出口大国出台限制粮食出口的政策。2007年，世界第五大小麦出口国，也对小麦出口加征了10%的出口关税，2008年此项关税被提高到40%。2008年，越南政府宣布大米出口量减少四分之一，从

450 万吨减少到 350 万吨。由于国际粮价上涨，这些传统粮食出口大国的政府，致力于阻止国内粮商一味追逐国际高价而获得超额利润，满足国内需求，稳定政府日益减少的粮食储备。

6. 发展中国家生活水平不断提高，人们的饮食结构发生极大变化，大幅提高了对粮食的需求。发展中国家经济向好，食物结构改变，以前生活水平较低，饮食主要目的是解决温饱问题，多以素食为主；而现在更多地消耗肉类等蛋白质含量高的食品。而对于肉类生产，也需要大量的谷物，统计资料显示，一般生产 1 公斤肉需要 7 公斤谷物。在全球粮食需求急剧增加的同时，粮食的供给状况并没有得到急速的增长，虽然没有明显的减产，但由于与需求的增长速度不匹配，使供给和需求之间出现一个缺口。

7. 人为因素以及战乱破坏的影响。一些国内农业体系被替代的国家，大量农民改种另外的经济作物或者外出务工，使本国粮食供给大幅度减少，完全依靠进口。例如，过去几年前，海地还是一个在农业上自给自助的国家，但是面对低价的进口粮食，本国农产品根本不具有竞争力，农民纷纷改种咖啡豆、甘蔗等经济作物，这对粮食安全问题构成巨大威胁。冷战结束后，世界上出现了许多地区冲突和战乱，这些冲突和战乱绝大多数发生在以农业为主的最贫穷国家。20 世纪 80 年代，人类平均每年要面对 5 场战争，1999—2002 年，每年上升到 11 场。

8. 国际资本的炒作。粮食价格上涨，无论从期货到现货，都与各路资本炒作有关。国际粮商们操纵着全世界粮食的进出口，制定粮食价格，如美国 ADM、美国邦吉、美国嘉吉、法国路易达孚等机构垄断着国际粮食交易市场，控制着国际谷物 80% 的市场份额的。原来在房地产、石油和有色金属相关的金融市场上赚足甜头的投机者们，开始把目光转向粮食期货市场。由于美国次贷危机的打击，虚拟资本市场面临打压，面对稍微上涨的粮价，他们迅速大规模地买入，大量的游资反过来又抬高了粮价，大大夸张了“紧张效应”。

（三）解决粮食问题的出路

人口增多，耕地减少，粮食缺乏，粮食问题该如何解决？美国的一些科学家认为，为了战胜世界性的饥荒，富裕国家必须拿出更多的钱用于基因改良粮食作物的研究，同时必须打破技术垄断，放宽对发展中国家的技术转让限制，向穷国的农民传授先进农业技术。在一份由 7 个发达国家和发展中国家的研究机构共同撰写的报告中，科学家们一致认为，基因改良农作物对于解决世界性的饥荒问题中具有至关重要的作用。目前而言，人均粮食较少的亚、非、拉国家又缺少足够资金购买粮食，使国内的饥馑加剧。产粮较多的发达国家，粮食库存增加，政府为保管粮食和食品而耗费巨资；有的国家采取减少耕地或休耕制限制粮食产量，甚至用销毁粮食等办法，以维持世界市场的粮食价格。世界粮食问题的实质是发展中国家的贫困和国际间南北贸易的不平等。要解决粮食问题，应该从以下角度入手：

一是缺粮的发展中国家要把发展粮食生产放在优先地位。

发达国家通过“优惠”措施诱使发展中国家放弃粮食生产。发达国家除了实行价格补贴、鼓励出口、限制进口来阻止发展中国家的粮食生产外，它们还通过提供一些优惠政策，引诱发展中国家专门生产发达国家不生产或很少生产的初级产品，从而诱使这些国家放弃粮食生产，成为初级产品出口国和粮食进口国。从 1975 年第一个《洛美协定》签订，到 2000 年第四个《洛美协定》被《科托努协定》取代，《洛美协定》下的特惠贸易安排运行了 25 年，受惠的国家从最初的 46 个增加到 1999 底的 71 个。《洛美协定》产生了一种“锁定效应”，使相关发展中国家长期成为单一的初级产品出口国，同时成为欧盟国家粮食出口市场，那些原本出口粮食或者粮食能够自给的国家也逐渐成为粮食进口国。2000 年《洛美协定》被《科托努协定》取代，尽管在内容上有一些不同，但其根本目的仍然是保障欧盟初级产品的来源和工业品及粮食的出口，因而仍然阻碍着发展中国家的粮食生产。另外，如“加勒比海盆地协定”、“非洲增长与机会法”、“除武器外一切商品”倡议等从表面看给予发展中国家一些优惠措施，实质上都损害了发展中国家的粮食生产。据世界银行统计，1990 年低收入国家的粮食进口占总进口量的比例为 7%，2005 年则上升至 11%，而整个世界同期则由 9% 降为 6%，而根据联合国粮农组织食品贸易数据，1996—2001 年只有 7 个最不发达国家为非食品净进口国，这说明低收入国家对进口粮食的依赖大为上升，粮食安全状况普遍恶化。因而毫不奇怪，当前遭受粮食危机打击最沉重的国家许多都是这些“享受”优惠的国家。

二是发达国家对发展中国家在农矿产品贸易方面应采取公平政策，改变南北贸易的不合理现状。

发达国家的农业政策冲击发展中国家的粮食生产。美欧等发达国家出于安全和维护农民利益的考虑，对本国农业实行保护政策，包括生产和出口补贴、进口限制等。美国是最早实行农业保护政策的国家，美国粮食的70%用于出口，政府对粮食出口采取鼓励政策，主要有保护性关税、出口补贴和出口信贷等。欧盟于1962年开始实行共同农业政策，其手段有建立共同农业基金、统一农产品市场和价格、对农产品出口予以补贴等。日本也对粮食生产实行补贴政策，并采取多种措施减少进口农产品对国内粮食生产的冲击。在本国政策的保护下，美欧农业畸形发展，导致农产品大量过剩，成为世界上最主要的粮食出口地区。同时由于这些国家实行鼓励出口的政策，美欧农产品在国际市场上大量低价倾销，摧毁了许多发展中国家的粮食生产，使许多发展中国家成为粮食净进口国，从而为粮食危机埋下了伏笔。

1995年生效的WTO《农业协定》是第一个农业方面的多边协议，旨在通过削减进口关税、减少生产补贴和出口补贴等措施，纠正和防止农产品市场的限制和扭曲，实现农产品贸易自由化和平等竞争。《农业协定》生效以后，发达国家的农业补贴尽管形式上有了一定的改变，但力度不但没有减少，反而继续增加，据美国官方估算，2002年美国农业法在2002—2007年六年间的农业补贴为1185亿美元，比1996年农业法规定的各项农业补贴666亿美元增加519亿美元，增幅高达78%，而2008年农业法案在5年的时间将花费2890亿美元，比2002～2007年的补贴多1705亿美元，增幅达143%；乌拉圭回合协议对欧盟的共同农业政策也没有太大影响，欧盟继续实行补贴政策，继续坚持进口壁垒并加强“绿色壁垒”等非关税壁垒，增大国外农产品进口的难度，因而国际农产品贸易环境并未得到实质性的改善。

三是加强对发展中国家的资金、技术援助。

对于如何应对粮食危机，世界粮食大会通过的《世界粮食安全宣言》提出了如下措施：增加对发展中国家的援助，放宽对粮食出口的限制，加强农业投资，呼吁世界贸易组织成员国尽快完成多哈回合谈判等内容。由于发达国家只愿意提供少许援助，而不愿削减其生物能源计划，更不愿削减其粮食补贴，因而粮食危机很难消除。

因此，美欧等国先是通过对农业的支持、通过自由贸易以及“优惠”措施在发展中国家大肆倾销其农产品，摧毁了发展中国家的粮食生产，这是粮食问题的历史根源；然后又以“能源独立”为由，减少粮食的生产和出口，直接造成了当前的粮食危机，同时操纵粮食价格、使美元贬值等加剧粮食危机。因而粮食问题的实质就是一些发达国家利用自身的优势地位对进口粮食的发展中国家实行的剥夺。从长远来看，发达国家应削减乃至停止其农业补贴，开放市场，为发展中国家提供一个公平的农产品贸易环境，使它们能够利用自身的比较优势，推动粮食生产，提高人民的生活水平。这可能是解决粮食问题的最终出路。

四、人口问题

人口、资源、环境已成为当今世界人类普遍关注的三大问题，三者相互制约，相互联系，核心问题是人口问题。人口问题主要是人口过多（又称人口爆炸或人口过剩），指人口剧增，通常是指数式增长，给环境带来压力。人口问题是当今世界令人瞩目的社会问题之一，也是全球政治经济发展格局中的重要构件，它对世界各国社会经济的发展有着深远的影响。作为国际社会所面临的一个普遍性问题，人口问题几乎在所有的国家和地区都存在，差别只在于表现形式不一，但其实质主要表现为人口再生产与物质资料再生产的失调，人口增长超过经济增长而出现人口过剩。联合国计划生育委员会强调指出了当代人类面临的几个相互作用问题的“三角关系”：人口增长——环境污染——社会经济发展。而人口问题在这一宏观系统中居关键地位，它“指挥着”该系统的所有其他因素。

（一）世界人口问题现状及实质

世界各国的人口问题都不是一个新问题，从历史上看各国统治者都十分关注人口问题，在近1000年来地球人口增长了18倍。1804年，全世界人口只有10亿，1927年世界人口达到20亿，1960年增至30亿，1974年增至40亿，1987年突破50亿，1999年达到60亿，2009年，世界人口达到68亿人。如果按现在的出生率预测，那么世界人口到21世纪末将达到120—140亿，总数将翻一番。全球人口总数从10亿增到20亿用了123年时间，从20亿增至30亿用时33年，从30亿增至40亿和从40亿增至50亿则分别仅用了14年和13年时间，据美国华盛顿人口问题研究所公布的材料，1995年世界人口净增1亿，是有史以来净增最多的一年，1995年底的世界人口为57.5亿。

世界人口日

1987年7月11日，前南斯拉夫的一个婴儿降生，被联合国象征性地认定为是地球上第50亿个人，并宣布地球人口突破50亿大关。联合国人口活动基金会（UNEPA）倡议将这一天定为“世界50亿人口日”。1990年，联合国决定将每年的7月11日定为“世界人口日”，以唤起人们对人口问题的关注。

现在地球上每一秒钟就增加三个人口（每年增加9000万）。要满足这些新增加人口的生活需要就要花掉每年三分之二的社会生产总值增长。目前世界上大约有10亿人口是食不裹腹，而90%的人口增长都是在发展中国家，它们的经济、社会与技术能力都无法承受其日益增长的人口。20世纪70年代以来，由于各国政府的高度重视，特别是广大发展中国家成功地实施了计划生育政策，世界人口控制取得了显著的成效，全球人口年增长率降到了1.3%，人口总数翻番的时间也在不断向后推迟。但是人口爆炸、人口增长过速问题依然十分引人关注，令人深思。人口增长过速是指人口的增长没有获得生活资源、住宅数量和医疗服务等方面的相应增长和支持，特别是没有获得粮食的相应增长的支持。尽管有些专家曾“乐观”认为，从全球角度来看资源增长超过了人口的增长。事实上，这种乐观的态度给人的毒害是深刻的，尽管从1970～1985的15年时间内发展中国家挨饿的人数比例从27%下降到21.5%，但其绝对数字却从4.6亿增加到5.12亿。

世界人口问题是多方面的，但关键性的问题是增长过快。在不同的国家里，人口增长的速度是不同的。就当代来说，经济发达国家人口增长得慢，经济落后国家人口增长得快。全球范围的人口生育率向两极方向延伸，已经成为世界人口发展较为突显的问题之一。一方面，人口的高生育率使许多欠发达国家背上了沉重的社会包袱；另一方面，人口的低生育率却使发达国家以及生育率迅速下降的某些发展中国家对其可能的潜在后果感到不安和忧虑。目前，全球人口的平均生育率是2.8，发达国家只有1.6，而发展中国家高出发达国家整整一倍，达到了3.2，生育率最高的国家是尼日利亚，高达6.5。1973年，西方国家的人口增长率为8.60‰，发展中国家为20.38‰，后者为前者的2.4倍。1993年，前者为5.4‰，后者为20.1‰，后者为前者的3.7倍。因此，当今世界人口增长多数发生在相对贫穷落后的发展中国家。

与此同时，许多发达国家的生育率持续低迷，自从20世纪70年代以来，加拿大、日本、澳大利亚、新加坡、俄罗斯等国的生育率已降至历史最低。加拿大生育率仅为1.52，日本为1.33，皆为有纪录以来的最低点。其中又以日本为最低，据人口学家估计，到本世纪中叶，日本人口总数将会减少30%，到那时，每天死亡人口比出生人口将多出80万。为了改变这些国家人口严重萎缩的局面，这些国家的政府正在设法制定相关的政策措施，以保证本国人口的持续发展。与高人口增长率所带来诸多问题相比，人口的增长率下降也会导致另外一些问题出现，如劳动力的增长下降，人口老化，社会赡养人口比例增大（从而导致国民收入的“人口补偿费用”比例增长并降低了全社会的福利增长速度）以及对早先建立的固定资产的利用不足等等。而由于克服这些人口衰减的消极后果比解决人口增长过速所带来的问题更为容易些，因而人们一般都更为重视人口爆炸问题而忽视人口衰减问题。

尽管世界上少数地区的人口出生率近年来有些下降，但是全世界性的人口爆炸仍在继续。因此，全球人口问题的实质是在于世界上最落后国家的人口增长和生活资源增长之间的日益失调。人口问题是具有战略意义的全球性问题，其本质是个发展问题。由于历史的原因和新出现的问题，世界人口形势目前依然严峻。人口过多、老龄化进程加快、人均资源日趋减少等与人口密切相关的种种问题，近年来已越来越多地引起有关国际机构、各国政府和许多有识之士关注。为解决人口问题，各国政府已经和正在采取多种对策，有些已取得明显成效。

（二）人口爆炸所造成的影响

世界人口剧增必然导致资源消费量增加，引起资源蓄积量减少、甚至枯竭，出现诸如过度开垦土地、沙漠化日益严重、不合理地砍伐森林、绿色空间缩小、能源紧张等问题。世界人口剧增还会带来空气污染，引起全球气候变化异常、温室效应、酸雨、臭氧层变薄和出现空洞、水体污染、核污染、噪音污染等环境问题，造成全球性生态平衡失调。世界人口数量的激增和失控带来了一系列的问题，这些问题的出现又直接或间接地对人类自身生存产生了广泛影响，具体如下：

1. 加剧了粮食危机的出现。

过快的人口增长给全世界的粮食生产造成巨大压力。在全世界的可耕地总数不变甚至减少的情况下，粮食生产总量不可能大幅度提高，“民以食为天”，人口增长过快的国家将不可避免地面临着饥饿、灾荒等问题，这些国家的政局可能因此而长期处于动荡之中，进而影响到世界其他地区。一般地说来，凡是人口增长得快，粮食增长得慢的国家和地区都存在着缺粮问题。1950—1984 年间，世界粮食产量每年约增长 3%，略高于人口自然增长率，因而人均粮食量也略有提高。1984 年，世界人均粮食量达 344 公斤。可是 1984—1992 年，粮食产量年增长率不到 1%，仅为人口增长率的一半，导致人均粮食量减少 6%。由于人口激增所产生的粮食危机所带来的一系列问题已经对当今国际格局产生了一定的影响。

2. 导致失业队伍扩大。

人口增长过快，劳动适龄人口也必然增长过快，劳动适龄人口增长而导致失业队伍出现不断扩大的趋势。1994 年，在全球 28 亿劳动力中，约有 1.2 亿人失业，7 亿人不能充分就业。发展中国家的情况更突出，由于亚、非、拉美人口年龄构成，劳动适龄人口继续迅速增长，失业问题将在一个相当长的时间里继续存在。

3. 城市膨胀，人满为患，加重了“城市病”。

由于农村人口增长过快，农村人口大量流入城市，使城市的人口容量处于超负荷状态，出现各种城市人口问题。世界卫生组织 1996 年 4 月发表的报告认为，随着城市化的发展，人口众多的大城市越来越多，这一趋势将是人类下个世纪在健康方面的最大威胁全球城市化的迅速发展会使数十亿人的健康受到不同程度的影响。在人口密集的大城市，空气污染、水和食品的不卫生状况已成为现实问题。人口拥挤、饮用水缺乏、清除垃圾手段不足等因素，会导致麻疹、肺结核、霍乱、痢疾等疾病的蔓延。此外，失业、住房拥挤、看病难等问题也会引起市民情绪紧张，心情优郁。据世界银行 1996 年 4 月公布的报告说，到 2015 年，世界人口超过 800 万的“巨型城市”将有 33 座，100 万人以上的城市有 500 多座。

4. 用水量猛增，淡水短缺，导致水资源危机。

地球上的水资源大约有 13.8 亿立方千米，其中 96.5% 是咸水，3.5% 是淡水。而在淡水中能够供人们开采的只占其总量的 0.35%。随着经济的发展，人均用水量猛增。由于有限的淡水供给和人口的不断增加，世界人均可用水量正在日趋减少。在中世纪，每人每天用水约为 30 升，18 世纪增加到 60 升，当前在欧洲的一些大城市里，每人每天用水为 500 升。随着人口的增加，预计到 2025 年，至少有 35 亿人甚至世界 48% 的人将会生活在“水需求压力”地区，其中 24 亿人将生活在高“水需求压力”状态。再加上人口不断增加这个因素，全世界的用水量每年都在增加，淡水越来越感到短缺。目前世界上有 55 个国家缺水，其中非洲为最严重。受水资源危机影响最严重的群体依然是最贫困国家的人民，因为有 50% 的发展中国家已经面临着被污染的水资源所带来的危险。

5. 耕地面积减少，农田不堪重负。

地球表面的总面积为 51000 万平方千米。陆地约占 30%，耕地约占陆地面积的 10%。随着人口的过快增长，对土地的压力越来越大，从而导致土地资源的恶化。人口急剧增多，使耕地不断转为他用的情况越来越严重。城镇、乡村的扩展不断占用耕地，公路、铁路的延伸，开矿山，建工厂……无时不在蚕食农田。结果是耕地表土侵蚀严重，肥力急剧下降。土壤遭受侵蚀还造成农田水肥大量流失，导致土壤大面积荒漠化。目前地球表面的沙漠面积达 3800 万平方千米，每年沙漠化土地达 6 万平方千米，在全世界 150 个国家和地区中至少有 2/3 受到沙漠化的威胁或影响。同时水土流失、土壤盐渍化和土地被污染在世界范围内有越来越扩大的趋势。

6. 能源危机。

世界能源消耗石油所占比例为 39.7%，煤炭占 30%，天然气占 20%。已知的全球石油储量为 4550 亿桶，煤炭储量为 50000 亿吨，天然气储量为 138.47 万亿立方米。如果全球能源消费量按此增长，而能源消费结构保持不变，不开发可再生能源的话，那么，已知全球储量的石油可维持 20 年，煤炭可维持 111 年，天然气可维持 22 年。

强大，并断言人口在无妨碍时，以1、2、4、8、16、32、……的几何级数率增长，而生活资料则以1、2、3、4、5、6……的算术级数率增长。当人口增长超过生活资料的增长时，就会发生贫困和罪恶，要限制人口增长，使二者保持平衡。他把自己的人口理论归为3个命题：①人口必然地为生活资料所限制。②只要生活资料增长，人口一定增长，除非受到某种非常有力而显著的抑制。③这些抑制全部归纳为道德节制、贫困和罪恶。他认为这3点是支配人类命运的“人口自然规律”的基本内容。马尔萨斯根据上述基本观点引申出几点结论：①贫困和罪恶是人口规律作用的结果，而不是社会经济和政治制度造成的。②只有私有制才能消除人口的过快增长。③工人的工资受人口规律的支配，工资水平随人口的增减而变动。④济贫法促使人口增长。以上结论充分体现了马尔萨斯人口论为资本主义制度辩护的本质。该理论以土地报酬递减规律为基础，认为由于土地报酬递减规律的作用，食物生产只能以算术级数增长，赶不上以几何级数增长的人口需要，并认为这是“永恒的人口自然规律”。马尔萨斯人口论的错误在于抛开了社会制度，抽象地从生物属性和脱离现实的假设来说明人口规律。

五、能源问题

自古以来，人类在改善自身的生存条件、促进社会经济的发展的过程中，能源一直扮演着极其重要的角色。能源一词过去人们谈论得很少，两次石油危机使它成了人们议论的热点。能源是整个世界发展和经济增长的最基本的驱动力，是人类赖以生存的基础。自工业革命以来，能源安全问题就开始出现。在全球经济高速发展的今天，国际能源安全已上升到了国家高度，各国都制定了以能源供应安全为核心的能源政策。能源问题是指由于能源生产无法满足快速增长的能源需求导致能源价格过快上升从而对世界经济造成严重影响的问题。2004年以来石油价格迅速上升，2008年7月11日纽约商品交易所的原油期货价格曾创下每桶147.27美元的历史最高纪录，此后石油价格虽然有所下降，但随后又向高位回升。由于以石油为主的化石能源受资源量限制增产有限，而同时非化石能源又难以弥补能源供需缺口，因此，总的来看，廉价能源时代结束，能源价格保持在高水平是对未来能源形势的基本判断。

（一）能源问题及其由来

近二百年来，人类利用煤、石油及天然气等化石燃料作为能源，使生产力提高近200倍。在历史上相当长的一段时期内，世界能源结构以煤为主，尽管石油的利用也有悠久的历史，但是由于科学技术的落后，在石油开采的初期，其开采的规模和利用的范围都极为有限，主要用于家庭照明和机器润滑。当时的石油产量不多，1860年只有7万吨，到1880年也只增加到40万吨。二十世纪初，由于汽油柴油发动机的发明，汽车成批的生产，遍及世界各地，石油作为动力燃料才开始大放光彩，并且成为世界最主要的能源之一。第二次世界大战后，内燃机的广泛应用和世界市场上低廉的石油价格，极大地刺激了石油消费，石油在能源结构中比重迅速上升，尤其是五十年代以后，中东地区石油的大量开采，石油化工的蓬勃发展，石油生产大幅度上升，石油在能源消费结构中比重超过煤炭，1965年石油占能源总消费的百分之五十六。要发达资本主义国家的能源消费结构到了六十年代后期，基本上是以石油为主，这段时期世界范围内进入了“石油时代”。因此，世界能源问题的核心问题就是石油价格暴涨，石油危机的出现。

美国能源消耗占世界第一位，约为世界能源总消耗的1/4，每年消耗石油10亿吨，其中进口6亿吨，进口油中75%来自中东。中国能源消耗占世界第二位，2006年统计约折合24.6亿吨标准煤，其分布情况为：煤占63%，石油占20%，天然气占2.8%，水电占7.4%，核电及可再生能源占6.8%。由于石油热效率高，运输及使用方便，故已超过煤的使用量，1870年石油每桶售价为1.6美元，而今已上涨至120余美元，可以说没有石油，近代文明将不复存在！2005年世界消耗石油量为31.4亿吨，2006年已增至38.6亿吨，目前为41亿吨，其中40%由欧佩克国家生产，世界主要产油国的年产量为：伊朗2亿吨，美国4亿吨，沙特4.8亿吨，俄罗斯4.7亿吨，中国1.8亿吨，委内瑞拉1.28亿吨，尼日利亚1.2亿吨，伊拉克1.2亿吨，安哥拉0.98亿吨，科威特1.1亿吨。如从石油的储藏量来看，占前三名的是沙特、俄罗斯和伊朗。从目前石油的出口量来看，占前三名的是沙特、俄罗斯和挪威。

世界石油的储藏量约为5000亿吨，已探明可开采储量为1815亿吨，还可供开采40多年，如果没有石油勘探新技术的支撑，目前以探测到得石油到2050年时将逐步耗尽，而煤及天然气储量尚可供开采200年。中国2006年生产石油1.85亿吨，进口1.45亿吨，共耗油3.3亿吨，中国石油主要从安哥拉、沙特、伊朗、俄罗斯等国进口，即56%来自中东，23.5%来自非洲，总的来说80%需经过马六甲海峡，中国石油储备量仅为15天，而美、日、德诸国的石油储备量分别为158、161和127天。中国石油总储藏量估计为1080亿吨，可开探储量为212亿吨，分布于渤海海湾地区、塔里木盆地、鄂尔多斯草原、东海、黄海及南海地区。中国天然气可开采储量在22万亿立方米，世界能源的争夺越发激烈，从第二次世界大战中，日本发动珍珠港事件，南下进攻南洋诸岛国及缅甸，其主要目的即在夺取石油；德国进攻苏联力争控制斯大林格勒，其目的重在夺取巴库一带肥沃的油田；目前美国发动伊拉克战争的主要目的亦在控制石油。

20世纪60年代主要资本主义国家能源结构发生变化，其根本的原因，就是掠夺亚非拉产油国资源，压低国际石油市场价格，垄断石油贸易，改煤用油从而获得更大的利润，从而形成了世界石油贸易基本格局。主要石油输出地区是中东、北非、拉美、苏联，主要石油进口国家是西欧国家、美国、日本。随着六十年代末、七十年代初中东石油国家民族独立运动的风起云涌，他们成立了石油输出国组织①，并且在石油“国有化”，在石油产销价格、参股权、税率等万面取得了显著的效果，特别是石油售价从1974年1月的每桶3.011美元提高到1980年的30美元，后来又涨到40美元，石油价格的变动，给主要资本主义国家的经济增长带来了极大的震动，点燃了世界能源问题的导火线。围绕石油生产、销售，尤其是中东地区，苏联，美国及西方主要发达资本主义国家一直在明争暗斗。

世界经济的现代化，得益于化石能源，如石油、天然气、煤炭与核裂变能的广泛的投入应用。因而它是建筑在化石能源基础之上的一种经济。然而，由于这一经济的资源载体接近枯竭。“石油短缺”和油价上涨，使

① 1960年9月，由伊朗、伊拉克、科威特、沙特阿拉伯和委内瑞拉的代表在巴格达开会，决定联合起来共同对付西方石油公司，维护石油收入，14日，五国宣告成立石油输出国组织（Organization of Petroleum Exporting Countries——OPEC），简称“欧佩克”。随着成员的增加，欧佩克发展成为亚洲、非洲和拉丁美洲一些主要石油生产国的国际性石油组织。欧佩克总部设在维也纳。

很多国家和地区经济受到严重打击和震动，集中的体现在世界范围内的能源危机，它标志着主要发达的资本主义国家以廉价石油为能源使经济得以高速发展的时代一去不返。能源危机的形成，深刻的揭示了资本主义经济的固有矛盾和价值规律，同时也表明，石油生产输出国家团结起来，反对帝国主义和石油垄断集团剥削、掠夺，争取自由独危的民族解放运动获得了一定范围的胜利。另一方面，在石油危机的刺激下，一些国家和地区的石油开采和勘探会更加强，新的石油生产地还会不断产生，一些国家在能源消费结构上也会作一些调整和采取相应的政策和措施。

（二）能源问题形成的原因及影响

迄今为止，或者在我们能看得见的将来，石油和天然气依然是地球上最便宜、最安全、最有效率的能源。能源的消耗水平，已成为衡量一个国家国民经济发展和人民生活水平的重要标志。但是，在目前我们所拥有的技术水平制约下，各国为了发展本国经济，提高公众生活质量，因此都对这种不可再生能源展开激烈的争夺，从而使能源危机愈演愈烈，究其实质，我们说能源问题的核心不是量的问题，而是事关发展的问题。有关数据表明，1988 年，我国由于缺电而导致国民生产总值减少了 2000 亿元人民币，这个数目相当于当年我国国民生产总值的 1/6。因此，人们把能源比作社会经济发展的“火车头”，是极为贴切的。能源问题的出现是与西方所推行的现代化相伴而生，应该说它是一个新问题，但是却又是一个不可忽视的制约经济发展的核心问题，综合而言形成能源问题的原因如下：

第一，还是来自人口激增所带来的巨大压力。人口膨胀是造成能源供应紧张、能源危机不断出现的主要原因。特别是随着现代社会生产力的发展和人民生活水平的提高，商品能源消耗的增长速度大大超过了人口的增长速度。1975 年，世界人口比 1925 年增加了一倍，世界商品能源的总消耗量增长了 4. 5 倍，而且这种增长仍呈上升趋势。1987 年世界商品能源总消耗量为 100 亿吨标准煤，比 1975 年增加 70%，进入新世纪以来，人口与能源的矛盾更加凸显。从另一个角度而言，世界上不同国家人均能源消耗的相对数量差别很大，发达国家绝对人口数量远远低于发展中国家，但是发达资本主义国家的能源消费量比发展中国家的能源消费量增长快得多，人均数量也高得多。能源问题主要源于三个不平衡：能源在地区分布上的不平衡；能源生产在地区分布上的不平衡；能源消费在地区分布上的不平衡。从根本上来看能源问题的实质就是工业大国与石油输出国之间的掠夺与反掠夺、控制与反控制的一场斗争。

第二，片面追求经济增长率，很多国家推行错误的能源消费政策。由于能源短缺而造成的国民经济损失，相当于能源本身价值的20—60倍，所以大多数西方国家在工业化过程中，为了过分追求经济效益而忽视了由此导致的能源、资源浪费问题。1975 年，美国由于短缺 1. 16 亿吨标准煤，使得其国民生产总值减少了 930 亿美元；日本由于短缺 0. 6 亿吨标准煤，导致其国民生产总值减少了 485 亿美元。20 世纪 50—70 年代，由于中东廉价石油的大量供应，导致整个资本主义世界经济的飞速发展。而 1973 年中东战争爆发以后，由于中东各国限制石油产量．提高石油价格，带来了资本主义世界长时间的经济危机。争夺能源，成了持续八年之久的两伊冲突及 1991 年春天震惊世界的海湾战争等一系列国际争端的导火索。为了争夺石油资源，有些国家诉诸武力的做法，加剧了国际局势的动荡。

第三，需求与供给之间的矛盾，造成了能源危机。而能源危机又进一步加剧国际经济格局的不稳定。一般而言，经济实力与能源消费量成正比。经济发展水平越高，能源消费量就越多，20 世纪 70 年代末，美国一个国家进口的石油就占世界石油进口总量的 20%。从市场角度而言，恰恰是这种能源消费不均衡的局面，导致国际能源市场投机成分增加。20 世纪 70 年代末 80 年代初，由于海湾局势动荡，为了应付突发事件，西方石油公司以及国际能源机构曾大量抢购石油，增加储备，之后又开始以每天 200—400 万桶的数量向世界市场抛售，企图迫使石油输出国组织降低油价，这就增加了世界石油市场石油价格的剧烈动荡。美国次贷危机爆发以来，西方国家经济形势恶化，能源需求相对减少，国际市场石油价格再次出现巨大波动，使产油国生产积极性下降。同时由于投资虚拟市场破产，一大部分国际“热钱”纷纷流入能源、粮食市场，对石油等能源进行投机炒作，这也是造成能源危机的一个不稳定因素。

第四，世界能源资源分配的极端不平衡。全球能源资源地理分布的不平衡先天造成了能源资源地与能源消费地在空间布局上的分割，这是世界能源问题出现的自然基础。石油资源主要集中在北半球，重要的含油带又集中在北纬 20—48 度之间，中东、中亚、俄罗斯是世界石油资源最集中的国家和地区。2003 年世界探明石油储量主要集中在 OPEC 成员国，占全球石油储量的 76.9%，而 OECD 成员国进展全球的 7.5%，其中美国一个国家就占 2.7%。世界能源分布不均是造成能源危机的又一诱因。

第五、国际政治经济秩序的影响。旧的国际经济政治格局对发动资本主义国家非常有利，他们在国际能源市场占有主动，拥有话语权。20 世纪 70 年代以前，西方工业发动资本主义国家的 7 大国际石油公司控制着世界大部分地区石油的勘探、开采与销售，进而牢牢控制着国际市场石油的价格。这种局面造成了截然不同的两种结果，一方面，发动资本主义国家利用廉价的石油大力发展本国工业化，极大提高了国民的生活质量和生活水平。另一方面，对于成员国而言，这的确是非常不公平的，几乎是赤裸裸地抢劫。因而造成发展中国家产油国的极端不满，这为后来的能源危机埋下伏笔。

另外，能源问题与人口、环境等问题相互交织、相互作用，这使得能源问题变得越来越复杂。但是归根结底，能源问题是一个涉及人类发展的问题，应该引起世界各国人们的共同关注。

（三）解决能源问题的出路

以石油为主的能源是大自然赋予人类的宝贵财富，但其储存量是有限的。人类要发展，要进步，造成人类对能源的需求是无限的。只要这有限与无限的矛盾客观存在，能源问题就很难淡出人们的视线。能源是整个世界发展和经济增长的最基本的驱动力，是人类赖以生存的基础。自工业革命以来，能源安全问题就开始出现。1913 年，英国海军开始用石油取代煤炭作为动力时，时任海军上将的邱吉尔就提出了“绝不能仅仅依赖一种石油、一种工艺、一个国家和一个油田”这一迄今仍未过时的能源多样化原则。伴随着人类社会对能源需求的增加，能源安全逐渐与政治、经济安全紧密联系在一起。两次世界大战中，能源跃升为影响战争结局、决定国家命运的重要因素。法国总理克莱蒙梭曾说，“一滴石油相当于我们战士的一滴鲜血”。鉴于“石油危机”的冲击以及石油的发展前景的不乐观，世界各国、特别是工业发达国家正在采取积极措施，节约能源使用并降低能源消费中石油所占的比重。这些措施突出地表现在：

1. 把节约能源作为能源政策的重点。节约优先，效率为本，这是解决我国能源问题的现实途径。一般来讲，由于技术水平较高，发达资本主义国家的能源利用率也比较高。然而资本主义制度本身限制了其能源的合理利用，造成大量浪费。所以，发达资本主义国家在一定限度内节能的潜力是很大的。西方各国为了减少能源、特别是石油的消费，都把节能作为能源政策的重点。节能这是保障能源供应的一个根本组成部分。节约能源是解决能源问题的重要途径，节能的潜力是巨大的。1985 年，全世界平均每人消耗初级能源 1940 公斤标准煤，比人均消耗能源最高的 1979 年的 2061 公斤标准煤下降 6%。据统计，西方工业国家近年来由于逐步改变能源结构和采取其它节能措施，初级能源的消耗有较大幅度的下降。1979 年至 1985 年，整个西欧的能源消耗量下降 8%，人均消耗量下降 9%；美国总能源消耗下降 2%，人均消耗下降 10%。节能的关键是产业结构的调整，发展低碳经济，走低耗能的可持续发展的道路。对于新的可再生能源的开发和利用，我们不能寄予太高的希望，毕竟从开发到推广需要走的道路还很漫长，替代能源和新能源到目前为止还没有现实的商业前景。因此在日常生活中，每个人的节能意识必不可少。

2. 重视对煤炭资源等传统能源的开发和利用，走能源结构多元化道路。煤炭是世界上最丰富的能源资源。据世界能源会议估计，世界煤炭储量约为 12 万亿吨，是石油储量的 6. 3 倍，根据目前的技术水平，其中可采储量约为 6370 亿吨，以目前年产 26 亿吨计算，可开采 245 年，同时，煤炭的分布比石油广泛得多，一些主要资本主义国家都有相当数量的煤炭储藏。然而，由于战后石油、天然气的开发和利用，煤炭在能源消费中的地位逐渐下降。由于石油的冲击，使各国政府重新开始重视煤炭的开发和利用。西方各国正在加强对煤炭利用的技术研究。美国 1978 年的煤炭科研预算达到 8. 5 亿美元，68% 用于利用研究，超过开采投资。英国、美国、加拿大、比利时和西德等国都在进行煤炭的气化研究，生产与天此气发热量相同的合成天然气以及低发热量的煤气。英国在研究在较难开采的厚煤层中进行直接气化的地下气化。西德已研制成功煤炭液化技术，由煤炭提炼合成石油，美国也已举办由政府和私人企业合办的大型液化企业。日本也在加强煤炭液化和气化的实用研究。“煤变油”技术就是煤炭的液化技术，它可将煤转化为柴油、汽油等，以缓解世界各国对石油的过度依赖。世界已经进入了多种能源并存的时代，各国普遍进行的替代能源的研究开发，由技术进步而节约能源的政策，以及前期投入很多的未来新能源的研究应该继续下去。

3. 加强科技创新，积极开发新能源。解决能源问题的出路归根结底要依靠高新科技，无论是节约能源还是开发新能源，都离不开高新科技。西方各国都在加强对核能、水力、太阳能、地热、海洋热能等方面的开发、利用和研究。1954 年，苏联建成世界上第一座核电站。50 多年来，特别是最近年来，核能技术发展很快。现在全世界有几十个国家在发展核能发电，已经建成和正在兴建的核电站计达 500 多座。美国是世界上核能利用最多的国家，目前有 70 多座核电站，总器机容量为 6082 万千瓦，占总发电量的 13%。日本 1980 年的能源结构中，核能占 5.2%，预计到 2030 年提高到 31%。另外法国、英国、西德、加拿大和苏联都有相当数量的核电站。世界上有十几个国家已建成地热电站，有许多国家建成风力电站。太阳能的利用也有很大进展。水力发电更是许多国家开发和利用的重点，目前有些国家的水力资源利用程度很高，如瑞士、法国在 95% 以上，意大利、西德也在 30% 以上。总之，目前世界各国、特别是发达资本主义国家都非常重视对最新能源的开发、利用和研究。能源问题已经由传统的满足供应、压低价格，转向清洁环保、与经济协调发展，问题的关键是我们要关注的不仅仅是产生了什么新的技术，更值得关注的是应该如何更好地推广新技术。

4. 建立全球能源管理机制，进行全球能源合作框架。在经济全球化深入发展、世界各国依存日益加强的今天，利益和责任共担的理念也适用于能源开发、消费和环境保护等领域。能源问题是全人类面临的共同问题，完全依靠市场解决不了问题，需要世界各国共同努力。新能源的研发与利用耗资大、风险高，需要各方在资金、技术上进行合作。从长远看，应发展第四代核电技术、二氧化碳储存技术，而所有这些均需要开展国际合作。如果在能源开发和销售环节获利最大的发达国家能够作出实质性努力，在提高能源使用效率、新能源开发技术转让等方面给发展中国家更大的便利，降能减排将会取得更快更显著的进展。国际能源合作主要有三个方面，第一是节能减排，第二是气候变化与环境问题，第三是能源安全问题。这三个方面的合作是多层次多边多形式的。

在人类社会发展的历史长河中，人类文明的进步，总是给人类自身带来了无限的生机。尽管能源危机的存在已经是一个不争的事实，但是我们也没必要过分悲观失望，随着技术进步，人类对能源认识的不断深化，新的替代能源肯定会出现。

几次重要的能源危机

1973 年能源危机。石油输出的主要力量为阿拉伯国家，他们因不满西方国家支持以色列而采取石油禁运而导致。

1979 年能源危机。伊朗革命爆发而导致。

1990 年石油价格暴涨。波斯湾战争而导致。

加州电力危机。电力管制政策失败，加上供给小于需求而导致。

英国石油抗议活动。英国油税已高居不下，而原油价格却又上扬而导致。

2007 石油价格暴涨。供需关系失调而导致。

现实篇

第十二章　中国传统雕塑艺术与大学生人文素养

十九大报告指出："文化是一个国家，一个民族的灵魂。文化兴，国运兴，文化强，民族强。没有高度的文化自信，没有文化的繁荣昌盛，就没有中华民族伟大复兴。要坚持中国特色社会主义文化发展道路，激发全民族文化创新创造活力，建设社会主义文化强国。

中国特色社会主义文化，源自于中华民族五千多年文明历史所孕育的中华优秀传统文化，熔铸于党领导人民在革命、建设、改革中创造的革命文化和社会主义先进文化，根植于中国特色社会主义伟大实践。发展中国特色社会主义文化，就是以马克思主义为指导，坚守中华文化立场，立足当代中国现实，结合当今时代条件，发展面向现代化、面向世界、面向未来的，民族的科学的大众的社会主义文化，推动社会主义物质文明和精神文明协调发展。要坚持为人民服务、为社会主义服务，坚持百花齐放、百家争鸣，坚持创造性转化、创新性发展，不断铸就中华文化新辉煌。

通过十九大报告，我们看出中央对中华传统文化的高度重视，原因就在于它是中华文化的根和软实力所在。以下谈谈中国雕塑和中国画与大学生人文素养的关联。中国传统雕塑是一张靓丽的国家名片，例如，甘肃武威雷台汉墓出土的铜奔马，成为国家旅游的形象标志。而秦始皇兵马俑被誉为世界第八大奇迹。乐山大佛则是世界上最大的佛像……。在世界雕塑史上，有着明晰的历史继承关系，有连贯的实物遗迹可寻的雕塑传统，有发端于古代埃及、希腊的西方雕塑传统；古代波斯、印度的雕塑传统；古代中国的雕塑传统。中国古代雕塑作为世界三大雕塑传统之一，在世界雕塑史上具有重要的地位和独特的面貌。中国绘画是中华民族文化的重要组成部分，它有自己独立的绘画美学体系，在世界绘画艺术中，代表着东方，而独树一帜。中国画具有鲜明的民族形式和风格。“夫画者：成教化，助人伦，穷神变，测幽微，与六籍同功，四时并运，发于天然，非由述作。”① 中国绘画是文人士大夫的“琴、棋、书、画”四门修养之一。早在三国东吴时期，书、画、算、相、棋、占梦、候风气、观星象，就被誉为吴兴八绝之一。“故全世界东西两大系统的绘画中，国画是东方绘画系统中最中心的主流，为全世界绘画批评家与鉴赏家所一致首肯的。”② 它有着悠久的绘画史，是中华民族的伟大艺术瑰宝。

所以大学生同学通过对这两方面的学习，可以较好的掌握相关的美育知识，增强民族自信心、自豪感。

一、形式特征

雕塑是造型艺术中的一个主要形式。雕塑是一种使用一定的物质材料，在立体空间（即三维空间）中创造能够反映作者某种情感的静态形象的艺术。雕塑是以耐磨性和可塑性较强的物质材料塑造占有三度空间，静态和瞬间地再现客观物体形象的一种造型艺术形式。它是雕、刻、塑三种制作方法的总称，故称为雕塑。雕塑一般来说，从创作手法上来看，可以这样说：“雕刻以去掉多余材料为基础，塑造以添加材料为基础。”虽然雕塑艺术的品味高低不能以实际创作时，是采用何种的艺术手法来定，但是，一般来说，雕刻在实际操作上要难的多，要费事得多。雕塑的创作方法主要有两类：一是雕刻；二是塑造。所谓雕刻，一般是指通过对某种实体性材料的雕刻而制作（创作）立体形象的方法。它主要包括圆雕、浮雕、透雕；所谓的塑造，是指通过对一定的物质材料的塑造而制作（创作）立体形象的方法。它主要包括泥塑、陶塑、纸塑等。

（一）空间立体艺术

雕塑与绘画都属于空间造型艺术，但绘画是二度空间的平面造型艺术，雕塑则是三度空间的立体造型艺术。人们可以从不同距离和角度来欣赏同一作品，获得不完全相同的，甚至可能是对立的形体感觉，获得多样

① 俞剑华：《历代名画记》，江苏美术出版社，2007 年版，第 1 页。
② 卢忻：《中国名画家全集潘天寿》，河北教育出版社，2000 年版。

化的审美享受和审美愉悦。雕塑作品作为空间造型艺术和绘画这样的二度平面的艺术在欣赏上是很不同的，雕塑的空间立体艺术的特征还表现在它还可以与其周围的环境相融合，利用自然背景、光源投射而更好地体现雕塑的内容和意义。我国的乐山大佛在青衣江、大渡河、嘉陵江的交汇之地，地处四川盆地向青藏高原的过渡地带，被塑造在凌云山上，气势恢宏，雄伟壮观。真正体现了"山是一座佛，佛是一座山"的艺术魅力，充分体现了环境对于雕塑的重要性。而莫高窟第130窟弥勒佛像，高26米，几乎占据窟内整个空间，由于造像高大，为便于观拜者能在下面看到佛的慈祥善良的面容，造像时艺术匠师特意在佛的上眼睑、嘴唇中间塑造出一个向内倾斜的面，形成一种自然的光影，即使是在较低的视点和较暗的光线下，佛像的五官面目仍清晰可见，可见光线对于雕塑作品的欣赏也具有重要意义。

（二）静态、瞬间的艺术

雕塑占有一定的体积和空间，因而不适合于表现事物的运动过程，不像某些时间艺术，如音乐、舞蹈、戏剧等具有一定的时间长度，因而可以叙述和表现事物的运动过程。雕塑是抓住对象的瞬间动作和表情来刻画、塑造静态、凝固的艺术形象，其运动感只能借助人们的想象和联想从形象的动势中感受出来。例如，甘肃武威雷台汉墓出土的铜奔马，充分体现了李白《天马歌》："天马呼，飞龙趋，目明长庚臆双凫，尾如流星首渴乌，几喷红光汗沟珠。曾陪时龙跃天衢，羁金络月照皇都。逸气棱棱凌九区，白璧如山谁敢沽。回头笑紫燕，但觉尔辈愚。"的诗意，雕塑的动感呼之欲出。

（三）实体造型艺术

雕塑运用物质材料来进行实体造型，雕塑形象必须借助物质材料作为载体，才能给人以直观的视觉感受和直接的触觉感受。雕塑形象虽然具有具象和抽象形象之分，但二者都必须依托物质实体的外观形状、形态，都必须诉诸人们视觉或触觉。具象的雕塑作品给观众带来的审美愉悦自不待言，但是在当今社会，抽象雕塑作品的艺术魅力也越来越多地展现在人们面前。例如当代雕塑著名雕塑家黄震的《五月的风》，矗立在青岛五四广场上，和周围的自然环境和现代化的CBD商业街区非常的和谐，令人赏心悦目。当代雕塑家曾成刚的雕塑作品水浒人物《鲁智深》，那掏空的胸腔的抽象性手法，充分体现了梁山好汉直抒胸臆的、替天行道的万丈豪情，同样给人留下了深刻的印象。

（四）重于再现的艺术

造型艺术从总体上说偏重于再现，雕塑艺术也就自然偏重于再现，而不像某些时间艺术，例如音乐、舞蹈那样，偏重于抒情表现。也就是说，雕塑艺术相当于表现型艺术而言，较多地具有模仿性、客观性、真实性，但是雕塑作品偏重于再现并非排斥表现，偏重于此不等于偏废于彼，雕塑形象在再现生活的同时也寄托着艺术家对生活的感受和体验。“从写实技术的角度看，秦陵兵马俑离完美的典范艺术仅差一步之遥，看一看公元前六世纪前期和希腊‘库洛斯’雕像的演进过程，便会深切地感受到这一点。当时的希腊匠师们在克服库罗斯的生硬粗糙方面并未显示出他们比秦代工匠更近于天生的写实天才，相反，倒是后者在兵马俑上‘一举’显示的近似逼真的自然主义手法更令人惊叹。”①

雕塑艺术起源于人类对工具的打制加工，最早的雕塑艺术是融合在实用性的石器工具和泥塑陶器中的。可以说，雕塑艺术的历史和人类自身的历史一样的悠久。雕塑艺术和实用工艺难以分割，雕塑艺术中含有实用和工艺的成分，雕塑家的技术、技巧、操作熟练程度是作品成败的关键。例如，我国的青铜文明，是世界上最悠久的、最丰富的、最璀璨的，它和当时的青铜冶炼技术的高超是分不开的，青铜器的制造，需要经过炼矿、制范、熔铸等几个过程，《荀子》有“刑范正，金锡美，工冶巧，火齐得”的记载。雕塑依赖于操作，在一定程度上也指依赖于工具，工具的改进也会使雕塑有长足的发展。从手工操作到机械操作，再到现代化手段的操作，雕塑不仅依赖于心灵手巧，而且更依赖于现代科学技术的更新和发展。

综上所述，雕塑在艺术中具有鲜明的形式特征，雕塑是三维立体的、静态的、物态化的、偏重于再现的、操作性强的空间造型艺术，有突出的造型特点。

---

① 丁方、张谦：《风化与凝聚》，北京燕山出版社，1995 年版，第 46 页。

二、雕塑的艺术分类

雕塑艺术的分类大多从形式着眼的，是根据造型的规律和特征进行的。雕塑的各种类型都有自身的形式特征，从这一意义而言，雕塑类型之间的区别就是其形式的区别。归纳起来，雕塑的分类标准有以下几条：

（一）雕塑物质材料的材质形式特点

材料是雕塑的物质前提。雕塑家在确定题材后，要考虑用什么材料，是木雕还是玉雕，是石雕还是象牙雕，或是什么别的？对物质材料的选择决定了雕塑的类型。因为雕塑形式的选择是依赖于雕塑质料形式的，不同的物质材料具有不同的形式特征，雕塑家必须根据物质材料的形式及其特征进行创造。例如，以我国特有的印章钮饰的雕刻，所使用材料叶腊石为例，这种雕刻的石材是极其名贵的，叶腊石以其纯净的品质，绚丽的色泽，柔和的性格以及如金似玉的精魂，赢得了像林清卿这样的雕刻大师的高度赞扬和喜爱，并创造出很多国宝级的艺术珍品。此外，现存在台北故宫博物院的《翠玉白菜》，就是另一件充分利用玉石天然色彩的变化，因材施雕，而成的一件雕塑艺术杰作。对于雕塑材料常用的有：金属质的、玉石质的、化石质的、陶瓷质的、动物质的、植物质的等等，根据物质材料的特征，雕塑可以分为木雕、石雕、牙雕、骨雕、泥塑、面塑、铸铜、石膏、玻璃钢镀铜等类型。有的石头，诸如花岗岩，在石头的纹路中还有不同的色彩和花纹，构成了极天然又规整的图案和图形。此外不同的岩石的硬度也是不同的，在云冈石窟所在地，云冈堡，这里的石质松软，易于雕刻。另外，雕塑艺术因选取质料形态的不同，往往随物赋形。大自然赋予了物质材料一定的形态，形成了物质材料的外观形式，从而表现出自然美、形式美。例如，西汉的大将军冠军侯霍去病墓前的石雕都是采用这一表现手法，其中有一个石雕卧牛，充分体现了顺乎自然的原则，要雕这头牛，先去找类似的石头，然后拿过来稍加处理就成了。这类雕塑往往利用物质材料的形式和形式特征，使雕塑既具有艺术美，又具有自然美。

（二）雕塑艺术创造方式是其分类的基本依据

依照运用工具及其相关表达手段的不同，雕塑分为雕和塑两种创造方式，雕刻的工具主要是坚韧锋利的雕刀、刻刀、斧、凿、铲、锯等等，它们能根据实际需要切割或刻镂所要雕塑的物质材料，雕刻出各种形状和形体，创造出艺术的形式。塑造的物资材料较松软，如泥巴、石膏、蜡、面等，可以直接以手捏抹调制，例如，天津的“泥人张”，一家累世相传，从事彩塑创作，迄今已传五代。而那些质料相当坚固的物资材料，如钢铁、青铜，则可以采用浇铸、翻制的方式，先做好模型和模式，然后将材料融化后浇铸，制出具有一定的艺术审美形式的形体。这些创作手法及手段的不同，也是造成雕塑作品形式不同的主要原因。

（三）雕塑表现对象的形式影响着作品的分类

雕塑的不同题材决定着表现形式，从而决定着雕塑的分类形式。如人物雕塑，景物雕塑，动物雕塑的分类，就是因表现对象、表现题材的不同而划分的。如果就人物雕塑再细分的化，还可以划分为肖像雕塑，当然，这种划分标准只是相对的，这种雕塑类型的划分是依据雕塑对象、题材的形式特征的，表现对象的不同在作品中就反映为雕塑类型的不同。

（四）雕塑所用题材的不同是雕塑分类的重要依据

雕塑的表现形式有圆雕和浮雕两种类型。这两种类型集中体现出类型的不同和各自的形式特征。圆雕的形式特征表现为三维的以作品为中心点的立体形象。圆雕和浮雕不仅在形式上有区别，而且也在欣赏方式和欣赏效果上也有区别，圆雕欣赏因其角度可以不断的变化，因此是活动的，流动的，带有一定的动态性；浮雕的观赏有固定的角度和稳定的视域，因而是静态的，但其雕塑的叙述性、情节性和场面性也会使观众产生一定的动态感。例如，刘开渠和滑田友的雕塑作品《人民英雄纪念碑》，这幅大型的浮雕艺术作品，充分体现了浮雕的上述审美特征。虽然两者都有动态感，但是表现形式和接受的效果也是不同的。中国雕塑在几千年的发展过程中，形成了独具特色的雕塑类型，比如，透雕，介于圆雕和浮雕之间，是在浮雕的基础上镂空其背景部分，例如，苏州甪直镇的保圣寺的浮雕作品，就是多种技法共同使用的雕塑杰作。透雕又分单面雕和双面雕，再比如线刻或线雕，是在平面上进行粗细线条的刻画或刻镂出形象轮廓或线条来，例如，汉画像石的创作手法就是这样的，代表作品是山东嘉祥武梁祠的画像石作品。

（五）雕塑艺术的功用也是区分雕塑类型的标准之一

依据不同的目的，雕塑可划分为纪念性雕塑，装饰性雕塑，园林广场雕塑和架上雕塑四种类型。纪念性雕塑一般用于纪念重大的历史事件和重要人物，具有较强的社会内容和政治、教育、宣传色彩，其功利性、实用性很强，有鲜明的主题和意旨。装饰性雕塑一般与社会生活中的实用性和功利性联系在一起，起到一定的美化装饰作用，同时雕塑本身也具有一定的实用性和功利性。广场园林雕塑主要是观赏性的，在那些供人们游玩、休闲、消遣的公共场所中建立雕塑，一方面要和园林、公园的气氛吻合协调；另一方面也要与到这儿来的人们的情绪、心境吻合协调，因而广场园林雕塑的题材通常显得轻松、自由、随意、和谐、宁静，强调情调和气氛，强调艺术性和审美性。架上雕塑一般作为室内或展厅内的摆设、装饰，既能烘托作为艺术品或工艺品陈放在桌面、茶几和玻璃柜、书架上，以供人们欣赏或品玩。架上雕塑是淡化实用性和功利性，强化艺术性和审美性的纯艺术品。例如，中国恢复在联合国的合法席位后，于 1974 年赠给联合国的象牙雕作品，《成昆铁路》，作品共用去 8 只象牙，重达 300 千克，描绘了成昆铁路在 1970 年 7 月 1 日通车时的情景，整件作品雕刻精细，甚至连火车里的细小人物都清晰可见，水平之高令人赞叹。另外，根据雕塑者的立意和对立意的表达方式的不同分为抽象雕塑、具象雕塑和介于两者之间的雕塑。总之，雕塑艺术的分类多种多样，雕塑艺术的类型也多种多样。我们应具体问题具体分析，对雕塑艺术进行欣赏时，不必拘泥于雕塑分类，而要从作品形态和形式特征上去把握各种雕塑类型的艺术神韵。

三、雕塑艺术的一般审美特征

雕塑作品首先是艺术品，是供人们审美欣赏的。人们在观赏中获得审美愉悦和审美快感，从而实现审美体验。审美特征是雕塑艺术的本质特征。

（一）雕塑物质材料的天然形式美

雕塑形式美首先表现在物质材料本身就具有天然形式美的因素上。石雕所使用的物质材料如大理石、花岗岩、菊花石、青田石等不同的石类本身就具有整齐规整的石理纹路和漂亮鲜润的色泽，带有一定的外观几何形式和晶块的几何式特征。例如，青田石，地质学称“叶蜡石”，青田石色彩丰富、光泽秀润，质地细腻，软硬适中。用青田石雕制的作品五彩缤纷、玲珑剔透、晶莹如玉，至于其细部更可精微到头发丝一般而不致断裂，别具一格。正因为，青田石的自身石色、石质、可塑性的优势，宋代雕刻艺术家运用“因势造型”、“依色取巧”的技巧，开创了“多层次镂雕”的先河。这是青田石雕的一大创新，精细入微的刻画和多层次的艺术处理在其它雕刻门类中罕见。木雕所使用的物质材料如黄杨木、柚木、紫檀木、红木等，也有色彩、木纹、色泽、质地的不同，因而具有不同的形式。例如，紫檀木被誉为“木中之王”，其木质地坚硬，色泽深重，纹理纤细浮动，呈不规则的蟹爪纹。它不仅生长缓慢，非百年不能成材，而且有“十檀九空”的说法，因此它的价格比昂贵的楠木，还要高出 20 余倍。一张 18 世纪的紫檀桌子，在美国纽约索思比拍卖行的成交价高达 3000 多万美金。许多的宝石、玉石、矿石、珠贝、象牙还具有天然的美丽晶莹的光泽和色彩。这些形式因素都具有一定的形式美或含有形式美要素，可称为朴素形式美或简单形式美，属于自然形态的形式美。当洁白如玉的大理石被雕塑成一个婷婷玉立的少女时，就会给人以纯洁、无邪的感觉，天然形式美与艺术美相互融合了，天然形式美增加了艺术美的审美价值。我国的秦始皇兵马俑，在三号坑发掘的时候，发现了未褪尽颜色的兵马俑，可见当时的雕塑作品也是涂有颜色的，但是，纵观中外的雕塑发展史，雕塑除了利用物质材料的天然形状、色彩、光泽之外，还利用物质材料最基础的、最本源的原色，亦即无色特点。雕塑艺术从本性上说，便含有广阔的批评性。普希金就曾经指出“彩雕比单色雕给人们留下的印象要浅，色彩使雕塑失去概括力”。[①] 我国汉代的雕塑作品霍去病墓前的雕塑、唐昭陵的《昭陵六骏》等雕塑杰作。都是没有使用颜色来进行表现的杰出范例。可见，雕塑并不强求色彩的明艳，而是强调通过概括来表现形体体积和物质材料的单纯的本色，甚至无色都会给雕塑的创造带来有利的条件，较彩塑更适合于表现雕塑的特点和优势，同时也会给人以物质材料本身的单纯形

---

① 鲍列夫：《美学》，中国文联出版公司，1986 年版，第 424 页。

式美，给人以一定程度的美的享受。例如玉石，西汉大儒董仲舒主张“良玉不雕”，良玉本身就是极为珍惜贵重之物，这句话有着浓重的重材惜材的情绪，尽人皆知。“大圭不琢，美其质（《礼记. 郊特牲》）。”这一句话就是告诫人们，即使是将玉琢成圭，也不要再琢纹饰，也就是保持其玉质之美的完整性，显示玉质之美，以彰玉德，普照大地。这说明我国传统的雕塑艺术，是充分利用天然的形式美和自然美，为艺术美创造有利的条件。

（二）雕塑艺术是自然美和艺术美的结合

雕塑艺术是自然美和艺术美的结合。雕塑除了具有物质材料的形式美外，还具有艺术本身的形式美。形式按贝尔的说法是“有意味的形式”① 在形式中积淀着内容，内容转化为形式，形式的深层内涵中蕴藏着意义，体现出内容。雕塑家按形式美的规律和规则来创造艺术，从而使雕塑作品具有形式美。雕塑艺术作品的形式美展现在其造型形式，形象的外观形态形式和雕塑艺术的线条、块面、色彩构图形式上。其实，每一位雕塑大师对形式美的具体追求是不一样的，在追求对称、平衡、和谐、均匀、生动、节律、协调、多样统一、光滑、适度的比例等方面，每一位艺术大师的追求是不同的。但是他们所塑造的雕塑艺术形象又都是美的，又都是符合贝尔所说的“有意味的形式”这一主题。

（三）凝固的舞蹈美

舞蹈是表现人体动态的时空艺术，塑造具有生命力的动态形象，而雕塑则是塑造静态的空间的形象。雕塑作为静态、空间的艺术，确实具有稳定性、凝固性，与动态的时间艺术有明显的差别，从外表看，雕塑艺术短于叙事，也不长于抒情，这是因为它是静态的，但是雕塑为什么还具有极大的艺术魅力呢？这是因为雕塑具有想象力的特征，它被称为“凝固的舞蹈”。莱辛认为：“在一种激情的整个过程中，最不能显出这种好处的莫过于它的顶点。到了顶点就到了止境，眼睛就不能朝更远的地方去看，想象就被捆住了翅膀，因为想象跳不出感官印象，就只能在这个印象下面设想一些较软的形象。对于这些形象，表情已达到看得见的极限，这就给想象

① 克莱尔·贝尔：《艺术》，中国文联出版社，第4页。

划了界限，假定不能向上超越一步。”① 雕塑被誉为“凝固的舞蹈”是有其深刻的理论依据的，它所呈现出来的静态艺术形象，可以启发观众联想到这个动作的过去和未来，并且在艺术创作的过程中，牢牢抓住最感人的瞬间来表现，而且这个时间点，往往不是在最高潮的时候，这样做是确有其深刻内涵的。

（四）雕塑与周围环境和周围采光的和谐美

雕塑如果着眼于对象的创造而不顾及背景和环境，就会影响雕塑观赏效果，因此，雕塑家在创造时必须考虑到背景和环境的因素，无论是纪念性雕塑还是广场园林雕塑，都应考虑到它的置放环境和背景。一方面雕塑作为艺术可以优化、美化周围环境；另一方面，雕塑也以周围环境有机结合为一个整体，构成一种整体效果的和谐美。英雄纪念碑往往耸立在高山峻岭和苍松翠柏之中，这样就使纪念碑有顶天立地、大义凛然之感。

（五）雕塑艺术表现人体美

“雕塑是一种空间造型艺术，它以能表达事物生命姿态的材料塑成的立体形象来表现世界”。② 西方雕塑表现的形象主要是人体形象，表现人体美。人体美是雕塑表现的主要对象，也是西方雕塑表现的主要对象和最高对象。原始雕塑艺术中就有很多的人体雕塑，而我国的古代的雕塑作品中也有表现一些裸体的作品，例如，陕西汉景帝陶俑群，陶俑总数 4 万件以上，均为男性裸体，陶俑比例匀称，线条流畅，肤肌丰盈，彩绘的俑头上五官以及发式等细节却刻画得十分细腻，面部表情丰富。还有在辽宁省出土的新石器红山文化的陶裸体女像等。这些中外的雕塑杰作，将人的本质和本质力量以及精神追求物化在雕塑身上，这样也充分体现出雕塑艺术中所凝聚的人体美和人对自身美的礼赞和肯定。

（六）雕塑艺术的象征化、寓意化特征

黑格尔指出：“雕塑形象的基本任务在于把还未发展的主体的特殊个性的那种精神实体灌注到一个人体形象里，使精神实体与人体形象协调一致，突出地表现出与精神相契合的身体形状中一般的常住不变的东西，排

---

① 朱光潜：《拉奥孔》，人民文学出版社，第 18 页。

② 鲍列夫：《美学》，，中国文联出版公司，1986 年版，第 22 页。

出偶然的变动不居的东西，而同时又使形象并不缺乏个性。”① 雕塑作品的题材大多为内容宽泛、寓意深长，对象稳定化，理想化的正面形象，因此雕塑形象一般多为英雄形象、典型化形象、神化形象、拟人化形象，例如西汉时期的霍去病墓石雕群是足以与秦始皇兵马俑相媲美的杰出石雕艺术，而《立马》是其中极富象征意义的雕塑作品的代表，这件作品雕塑者运用象征主义的艺术手法，借威武的战马踏匈奴奴隶主的造型来表现击败匈奴族的侵扰、保卫国家统一的胜利者雄姿。例如，安置在，清皇陵神道旁的石人及其各种物象，均具有一定的寓意和象征意味，石象为背加鞍鞯，上托宝瓶，头施笼佩，四足平衡，完全依照皇帝的仪仗，其寓意为“太平有象”——动物失去了自身的个性特征和活力，成为皇权的象征。当然这些抽象雕塑作品的象征和寓意并非固定的、唯一的，而是具有多样性和相容性，更多地强调在接受中主客体关系的协调和交流，强调观众的想象和发挥。

（七）雕塑艺术的崇高美特征

雕塑艺术的题材和对象大多为英雄形象和神化形象，因而易于按照崇高美的标准来塑造。雕塑超越一般人的英雄化、神灵化倾向，使欣赏者产生敬畏感和崇高感。其次，雕塑往往与宗教结合起来，宗教题材是雕塑的重要内容，宗教也利用雕塑来进行直观、形象的宣传和劝喻。一般而言，雕塑作为空间立体的艺术和人体艺术，必须在“力的崇高和数的崇高”上下功夫，努力拓展活动空间延伸瞬间所表达的内涵和寓意，使雕塑形象具有超越现实、超越生活和理想的主义，具有超越人类个体的群类、类型的力量和超越人的肉体的精神力量。具有超越世俗的英雄化、神灵化力量。例如洛阳的《龙门石窟》共有佛龛 2137 个，碑刻题记 3600 品，共有雕像约 10 万余尊，其中卢舍那大佛雕塑高达 17. 14 米，无论从数量还是高度上来讲，都是堪称世界雕塑史上的奇迹，当人们徜徉其中的时候，能不产生出宗教敬畏感和崇高感呢？巨型雕塑本身就与人类宏大思欲和情怀相连。最后，值得指出的是，纯粹性也有助于表现雕塑作品的崇高感，一般说来，雕塑通常没有自身背景和复杂的叙述情节，不能表现人物与人物、人物与环境的复杂关系，只有通过外部形象的单纯性才能更集中地体现出思

---

① 黑格尔：《美学》，第 3 卷上册，商务印书馆，1984 年版，第 130 页。

想感情的纯粹性，这样也就使雕塑形象更具有崇高美，所以说纯粹性也可以有助于表现雕塑作品的崇高感。

综上所述，雕塑艺术作为实体占据空间，以三维作为语言的艺术形式，具有独特的审美价值，我国雕塑艺术源远流长，存世作品数量巨大，通过对中国传统雕塑艺术的欣赏，会极大地提高民族自信心和自豪感，无疑对提高大学生的人文审美素养会起到积极有效的作用。

第十三章 中国绘画艺术与大学生人文素养

六法者何？（一）气韵生动是也，（二）骨法用笔是也，（三）应物象形是也，（四）随类赋彩是也，（五）经营位置是也，（六）传移摹写是也。

——谢赫

在众多的艺术门类中，绘画属于人类童年时就情有独钟的一门艺术。它不像工艺美术、雕塑、建筑等美术门类那样不易操作，一支画笔，一张画纸，就足够创造出不朽的杰作。

中国传统绘画，简称“国画”，在世界美术领域内，自成独特体系。它是用毛笔、墨和中国画颜料，在特制的宣纸或绢上作画，在题材上有人物、山水、花卉、翎毛、草虫等之分，在技法上又可分为工笔和写意两种，各有蹊径，互有特色，在人物画方面，从晚周至汉魏六朝逐渐成熟，山水，花鸟等至隋唐之际，始独立形成画科，到五代、两宋流派繁多，为高度发展阶段，元代水墨画盛行，明、清和近代，大体承袭前规，在各个时期都出现了不少革新、创造的画家，中国画具有鲜明的民族形式和风格。在描绘物象上，主要运用线条，墨色来表现形体、质感，有高度的表现力，并与文学、书法和篆刻相结合，达到形神兼备，气韵生动的效果，它还有独特的装裱形式。

一、中国绘画艺术的一般审美特征

（一）线条美

德国艺术家保罗·克里有句名言：“用一根线条去散步”，也就是用线条的流动来凝聚人的敏锐感觉和细腻的情感。绘画经过了漫长的发展过程和画家长期的观察、描绘、体验、积淀了人的丰富的观点和情感内容，使线条成为人的审美对象。

线条主要有直线、曲线，它们各有自己的表现力和情感意味。直线包括水平线、斜线、垂直线等基本类型。水平线使人感到广阔、宁静、沉稳；垂直线使人感到升腾、昂扬、挺拔；斜线使人感到危急、不稳定或进取、搏击以及空间变化。较长的直线延伸能给人以快速流动和辽阔的感觉；短碎的直线给人以力量、阻隔和停顿的感觉。曲线有波纹线、螺旋线、弧线等类型。曲线的特性是流动、变化、柔和、轻巧、优美，给人轻快、愉悦的感觉。总之，线的长短、疏密、粗细、干湿、曲直、快慢等等节奏的变化；线的软硬坚柔、轻重缓急、光滑滞涩、清晰含混等品格，都可以表现出无限丰富的情感层次。又如马远的《水图》是十二幅专门画水的组画，画家只是用非常简练的线条就惟妙惟肖地表现出湖海江河多姿多态的变幻；郑板桥画竹的线条抑仰顿挫，尽托出他不求名利的傲骨；韩干画马的线条劲挺、修长而富有力度，展示出奔放雄浑的气度。

从艺术造诣上来讲，线条正是中国绘画的特点和长处。中国绘画的线条早已经脱离了对外轮廓的斤斤描绘，而很快进入了直抒胸臆的艺术殿堂。从顾恺之的如“春云浮空，流水行地”、“春蚕吐丝”的线条里，我们就可以充分领略到中国艺术的无穷魅力。“画以笔成，用笔既误，不及论画矣”。就是讲，中国画艺术是线条的艺术，如果线条的质量不过关，就完不成一幅高质量的中国画作品，中国画讲究用线，一幅画气韵好坏，主要看它的线条，线条本身就有气韵。线条本身的精神状态乃是作者精神状态的外化符号。吕凤子先生在他的《中国画研究》中谈到感情的表达，他说：“凡属表示愉快表情的线条，无论其状是方、圆、粗、细，其迹是燥、湿、浓、淡，总是一往流利，不作顿挫转折也不露圭角的，凡是表现不愉快的线条，就一往停顿，呈现一种艰涩状态。”为了总结中国传统绘画中的线条艺术形式，前人做过许多探索，著述颇丰。现仅以“人物十八描”为例谈谈：十八描是：高古游丝描，琴弦描，行云流水描，蚂蝗描，钉头鼠尾描，撅头描，混描，曹衣描，折芦描，橄榄描，铁线描，枣核描，柳叶描，竹叶描，战笔水纹描，减笔描，枯柴描，蚯蚓描。十八描分为三类：一是游丝描类。它行笔慢，多以中锋出之，压力始终如一，变化较少。铁线描、曹衣描、琴弦描皆属这一类。它的代表画家是顾恺之。二是柳叶描类，它行笔快，变化多，压力多在线条的中段。枣核描、橄榄描、行云流水描均属之。它的代表画家是吴道子。三是减笔描类，它的特点是行笔快，多用侧锋，压擦力大，压力多集中在线的一端，把线导向面的发展，线形变化很大。竹叶描，枯柴描皆属之。北宋画家梁楷最喜欢用这种描法，在中国传统绘画中，线条的艺术魅力不仅表现在线描的领域。皴法，也是用线表现物体的体感和质感的一种技法，唐以前用的很少。例如，在隋代大画家展子虔的《游春图》里，山石的笔墨表现，就体现了“空勾无皴”的技法特点。也就是说，在作品中，只有线条的勾勒，而没有皴法的运用，在唐代之后才逐渐多了起来。

（二）色彩美

色彩是人类认识事物的重要依据。也是获取形式美必不可少的要素。马克思说“色彩感觉是一般美感中最大众化的形式”。即专业术语“色感”。“色彩”包括两组内容：一组是“彩色”，再一组是与“彩色”相对应的“无彩色”。但无论是“彩色”还是“无彩色”，归根到底，无非是对颜色的一种印象。那什么是“彩色”的概念呢？——黑、白、灰以外的所有的颜色统称为“彩色”。例如：色相环上的红、黄、绿、蓝、紫等颜色。另外也包括虽然已经发生了明度变化却仍见彩色倾向的暗红或浅红、深黄或浅黄、深绿或浅绿、深蓝或浅蓝、暗紫或淡紫等一类颜色，以及已经发生了纯度变化却仍具彩色倾向的灰红、黄灰、绿灰、紫灰等一类颜色。那什么是“无彩色”的概念呢？——“无彩色”指的是不具任何彩色倾向的纯粹的“中性色”黑、白、灰。所谓“中性”是针对黑、白、灰的色彩属性而言，即黑、白、灰独立于彩色之外而存在，并在“彩色”的冷暖调中起中介作用。

在绘画中，色彩具有特殊的表现力。所谓色彩美，是指各种颜色及其浓淡变化在对象上的一种配置。这种配置不仅逼真地表现出物象的形状、体积、质感、量感，而且极其细致地反映出丰富而又强烈的情感意蕴。色彩之所以能使人获得美感享受，关键在于色彩能引起人生理和心理的感应并由此触动人的情绪，正如刘勰所说“物色之动，心亦摇焉”。在生理上，不同色彩会给人寒暖、远近、轻重、虚实、宽窄、大小、厚薄、强弱、软硬、动静等等不同感受。如红、橙、黄等颜色就给人以温暖、亲近、运动和膨胀的感觉，而青、蓝、绿、紫等冷色就给人以寒冷、遥远、静止、收缩之感。在心理上，不同色彩又会激起人不同的情感反映，或激动，或平静，或忧郁，或欢乐。一般说，暖色会引起人激奋、高亢、热烈的情绪，冷色则会引起人庄严、肃穆、凄凉的情绪。而人们将色彩与相关事物相联系，就会产生感情的联想，于是色彩就有了某种象征意义。当然色彩的直观性、丰富性使它的情感意味和象征内涵格外复杂。不同民族、阶级、时代、不同艺术流派、不同个人爱好，都会对色彩美有不同的理解。此外，色彩具有明显的象征性的特点，例如，黑色——庄重而有力的颜色。白色——明亮而圣洁的颜色。灰色——朴素而随和的颜色。红色——热烈而欢快的颜色。橙色——华丽而温馨的颜色。黄色——亮丽而神圣的颜色。绿色——充满生机和希望的颜色。青色——清爽而醉人的颜色。蓝色——深沉而悠远的颜色。紫色——神秘而矛盾的颜色。金属色——耀眼而华贵的颜色。

在中国传统绘画领域里，颜色的运用是需要艺术家有很高艺术造诣的，今天我们还可以看到不少着有色彩的古代绘画作品，重要的如辽阳、望都等地的汉墓壁画，西北各地的石窟壁画以及隋展子虔的《游春图》等，唐周昉的《簪花仕女图》、五代顾闳中《韩熙载夜宴图》，宋赵佶的《芙蓉锦鸡图》，这些作品距今最远的已有两千年左右，近的也有八九百年，而画上的颜色都还保持着一定的艳丽，还具有各种色调气氛，显示了古代画家使用颜色的才能。唐代大画家周昉，在他的代表作《簪花仕女图》里，颜色的运用是很独具匠心的，在传统画论里，有“红花还需绿叶配、若要俏，就带三分孝、青间紫，不如死”等等说法，以“青间紫不如死”为例，就是因为青色和紫色是补色关系，是不能并列使用的，如果画家采用了这样的色彩配置的话，效果是不会理想的。但是周昉在这幅杰作里，却大量的使用了这样的色彩搭配，它成功的突破了前人的窠臼，取得了很好的效果。可见色彩的运用也需要大胆创新，不要墨守成规。近现代国画大师吴昌硕曾经讲过“事父母色难，事色亦难”。这说明要想运用好颜色，在绘画领域是很困难的事，因为虽然在南朝著名理论家谢赫的“六法”理论里，有关颜色的运用提到的是“随类敷彩”，似乎，颜色的运用是很简单的一件事情，只要遵循按照所描绘事物固有色的原则就行，但是它绝非是想象的那样简单。以画竹子为例，苏东坡画竹子使用的是中国画颜料里的朱砂，可能有的观众刚开始不能接受，反对者认为，自然界的竹子是没有红颜色的，但是，回过头来想，在自然界里，竹子同样也没有黑颜色的，但是中国画家却常常使用墨汁来画竹子，但是观众却能接受，可见，这是一个审美习惯的问题。其实，这恰恰是中国画的特色所在，因为中国画的颜色的运用，都是遵循着“外师造化，中得心源”、“以心目成之”的艺术创作原则来进行描绘的。

（三）构图美

构图是绘画的重要造型手段之一，是画家思想感情转化为表现形式的桥梁，是艺术家为了表现自己的思想内容或美学主张，在画面里安排布置表现对象的形、色因素及其关系，将若干个别的形象组织成为有机的艺术整体的手法。清代邹一桂看过西方写实绘画之后，曾有这样一番议论：“西洋人善勾股法。故其绘画于阴阳远近，不差锱黍。所画人物屋树，皆有日影。其所用颜色与笔，与中华绝异。布景由阔而狭，以三角量之，画宫室于墙壁，令人几欲走进。”（清邹一桂：《小山画谱》下卷）绘画构图就是指形、线、黑白色块、色彩等如何在画面这个空间中的安排问题。你要画的东西在画面中有多大小，是上是下，空白留多少，留在什么位置上比较好看等等，这就是作画的第一步——构图。要在有限的画面中描绘出多种多样的图画来，把位置经营好很重要。“构图”是绘画的骨架，是一幅画的骨骼和结构。形、线、黑白色块和色彩的具体描绘则是它的皮肉。绘画大师们为了能更好地表现自己的构思，往往要做无数的探索和尝试。一幅好的绘画作品是来之不易的，而构图则起着决定性的作用。以国画家为例，他们有的不在纸上经营构图，在落笔之前，他们首先是面对的空白宣纸皱眉深思，苦心揣摩，他们的构图不是现之于纸而是藏之于心的。当他们认为已胸有成竹时，才提笔一挥而就，从容不迫，一气呵成。“构图”不是独立存在的东西，它作为一种艺术手段是为表达绘画内容和主题服务的。

绘画构图有着高度的美学要求。不同的民族在绘画构图上表现出不同的宇宙观和空间意识。西方绘画传统的主要趋势是以真求美，因而其构图方式是立体透视（或称焦点透视），画面上表现出纵、横、高的立体效果；而中国画崇尚神与物游，不为物所累，采用的是“高远”、“平远”、“深远”的散点透视，咫尺之间可纳千里之景。历史上有许多艺术大师的构图是非常精彩的，例如北宋画家，马远和夏圭，因为在构图上有独特造诣，被誉为“马一角、夏半边。”再如，清初的“四僧”，他们代表了中国艺术的最高品格，在构图上也形成了各自鲜明的风格，例如弘仁的构图“洗练简易”、髡残的构图“繁复缜密”、八大山人的构图“险怪空灵”、石涛的构图“新颖独特”。而现当代的艺术大师潘天寿的构图“造险破险”也是其艺术风格之一，这样的例子还有很多，可见构图修养的重要性。

二、中国绘画艺术的工具材料

工具材料不是决定一幅中国画艺术水平的最重要的先决条件，但是，它的重要意义是显而易见的。众所周知，在英文里，并没有相应的词汇来表达毛笔这个中国画的必备工具。英文里的笔只是类似于小刷子的东西。和我国传统绘画所使用的毛笔是大相径庭。中国画的毛笔是圆锥状的，在使用时，向下一按，就形成了一个点，随手一拖，就形成了一条线，使用侧锋一擦，就很自然形成了一个面，如此以来，点、线、面等绘画形式都具备了。可见，古人赞誉毛笔为“龙须友”是多麽有道理呀。毛笔的历史是非常久远的，传统文化中起到了关键的作用。

（一）毛笔

而湖笔是“文房四宝”之首，其工艺水平是相当高的。可以说世界上的任何一个民族都没有像我们国家对一种书画工具这样的重视，下了如此多的功夫。以制造笔杆的材料来说，就有玉、金、竹、象牙、犀角、珐琅、螺钿、元青花瓷等等名贵的材料，可谓无所不用其极。“尖、圆、齐、健”是一枝好毛笔的品德，也就是人们常说的笔有四德。尖——以羊毫笔为例，再起笔端的笔毛不是白的，而是黑的，专业术语叫“黑子”，是指笔的锋颖，一般来说，越长越好。圆——指毛笔四周饱满，无凹凸不平的感觉。齐——用手将毛笔的笔毛，捋整齐，如果参差不齐的话，质量就有问题。健——是指毛笔笔锋的弹性，也是一枝毛笔的灵魂。往往艺术大师，对毛笔的要求是很高的，而且倍感珍惜。

（二）宣纸

也是书画家的宠儿，袁枚曾赋诗云“胸中多少英雄泪，洒向云蓝纸不知”。以宣纸为例，一般来讲，是需要72道的工序才能最终完成的，它需要使用青檀树皮和沙田稻草等原材料来制作，其色不是纯白的，就像是漂浮在蓝天上的白云一样，带有淡淡的蓝色，所以，古人称其为“云蓝”。像一代大师李可染、张大千等杰出艺术家都对宣纸有着特殊的要求，可见对于他们的艺术创造是起到了举足轻重的作用的。宣纸一般分为熟宣纸、生宣纸、半生不熟的宣纸三大类，宣纸在刚生产出来的时候，都是生宣纸。将生宣纸用胶、矾、云母粉处理过以后，就变成熟宣纸了。而半生不熟的宣纸有一种办法是用豆浆来进行处理，所以这类宣纸就叫做豆腐宣。一般生宣纸，能很好地表现出中国画“墨分五彩”的艺术效果，往往用来画大写意，而熟宣纸，是用来画工笔画的，而半生不熟的宣纸是用来画兼工带写的小写意的。

（三）墨

“文房四宝”中的重要组成部分，中国画家认为黑色是玄色，而玄色是正色，所以提出了“墨分五彩”即浓、淡、干、湿、焦。近现代国画大师黄宾虹进一步题出“墨分七彩”的主张——浓墨、淡墨、破墨、泼墨、积墨、宿墨、焦墨。一般墨分为松烟墨、油烟墨、漆烟墨几种。以徽墨为例，南唐后主李煜，为了表达他对制墨工匠奚廷珪的技艺的敬佩，以至于把他的国姓赐给了这位工匠，以至于后世就称奚廷珪为李廷珪了。据相关文献记载，一斤李墨，是由，七两龙脑、三两玉屑和生漆捣十万次而成，浸到水里不翘，不裂、味道清香而著称，十分珍贵。现故宫博物院仅藏一小片李廷珪的墨。一般来说，墨的制造需要几十种中药材共同精制而成，像巴豆、金箔、地榆、虎杖、醋、石榴皮、珍珠屑、麝香等等制成，工艺是十分复杂的。后世制墨名家有罗小华、潘谷、曹素功等人。有“风流天子，无道昏君”的称谓的宋徽宗赵佶在画鸟的眼睛的时候，最后点睛之笔是用漆烟墨画成的，有立体感。十分传神。

（四）砚

我国的文房四宝的制作秉承天然合一，源于自然的工艺原则。我国著名的砚包括端砚、歙砚、洮河砚、澄泥砚四种。其中端砚产自广东肇庆端溪，在唐代就开始开采，端砚有“扪之如小儿之肤，叩之有朽木之音”的美誉。它有神奇的“鸲鹆眼”，即里面是青绿层晕，中间有黑点。非常漂亮动人。而且“哈气可磨”是指不用放水，只要哈口气就可以磨墨了。“熬釜涂蜡，上砚无声”。是指 在烧热的大铁锅里用蜡烛磨一样，毫无声响。因为釜就是古人所指的锅。而歙砚其色如碧云，有美丽的紫玉金星，其声如玉罄。在宋代著名的文人米芾用一件产于江西婺源龙尾山的歙砚竟然换的一座价值不菲的豪宅，它的价值可见一斑。在四大名砚中，澄泥砚比较特殊，因为它不是采用天然石材来加工制作的，它是将一个沙囊放到汾河的河床上，等一年以后，将贮存在沙囊里的细沙泥取出而制成的砚台，它的特点是“贮墨贮水”不易干涸。总之，中国画家非常重视“文房四宝”的质量，除了砚的实用性差一些之外，其它四宝的质量都是高度重视的。这样的例子很多。例如，像一代大师李可染，他的晚年的作品所使用的宣纸是是安徽宣城特制的，纸内有类似水印一样的“师牛堂”三个字。再有像当代“草圣”之誉的林散之，有人用古代的宣纸来求他的墨宝，屡试不爽。悬挂在人民大会堂中的由国画大师傅抱石和关山月合作的巨幅山水画《江山如此多娇》，是中国近现代国画的代表作。它所使用的宣纸是明代的宣纸而颜料是由荣宝斋提供的颜料。从以上的例子足以看出，绘画材料对于艺术创造而言是不可或缺的部分。

（五）颜料

中国画的颜料也是非常讲究的，例如像宋代的大画家王希孟的代表作《千里江山图》就是使用了很贵重的颜料，从而使得这幅距今1000多年的名作，看上去，依然熠熠生辉，因为画中使用的石青、石绿等颜料都是用孔雀石、蓝宝石、绿宝石等名贵材料研磨精制而成。中国画的天然石色，能经火不变。例如山西芮城永乐宫壁画，画中的石青、石绿，到近七百年的今天仍然艳丽夺目。如果使用金箔、或泥金等材料画中国特有的“金碧山水”画的话，就会使用纯度很高的黄金。近现代大画家于非闇的理论著作《中国画颜料的研究》则是一本题材丰富的中国画颜料使用的大百科全书。其中对中国画的传统颜料的制作及使用非常详细，从中我们也可以看出，在中国传统绘画中，颜料也是极其重要的组成部分，它和“文房四宝”等中国画工具材料一起成为中国画艺术不可或缺的组成部分。颜色也往往成为一个画家的艺术风格的标志。例如，齐白石的艺术风格被赞誉为“红花墨叶”派，他衰年变法，并自己亲自制作颜料——西洋红——并在绘画中大量使用。一变传统文人画家过分偏重“墨分五彩”，而造成的“曲高和寡”的艺术效果。近现代大画家于非闇，在近现代画坛享有盛誉，和他的深厚的艺术造诣，尤其是在中国画颜料方面的修养是分不开的。

三、中国传统绘画独特的表现手法

（一）描绘手段

中国画家却不关心局部光线对形象构成的影响问题。在他们眼里，光线是多变的，但物体对象的形体特征和结构特点却并不因光线的改变而变化，因此光线是次要的，而且是完全可以忽略的东西。中国画家关心的是对象的“轮廓”，这个轮廓不是对象瞬间幻象的视觉记录，而是对对象的“提纯”和“示意”。那么，为什么，中国画不采取类似西方绘画的“明暗造型”和“光影构象”呢？一是中国传统上的文人画思潮的影响。北宋苏东坡就提出“作画于形似，见于儿童邻，作诗必此诗，定知非诗人，书画本一律，天工与清新。”（《书鄢陵王主薄折枝》）明确地反对将绘画所表现的艺术形象画的太逼近生活中的真实形象。二是在清代。美术理论家如张庚和邹一桂，在将中国传统绘画和西方写实性的绘画进行比较以后，得出在艺术风格上不宜向西方看齐的主张。例如，张庚在其《国朝画征录》中比较了中西绘画的区别：“明时有利玛窦者，西洋欧罗巴国人，通中国话，来南郡，居正阳门西营中，画其主教，作妇人抱一小儿，为《天主像》，神气圆满，彩色鲜丽可爱。尝云：“中国只能画阳面，故无凹凸；

吾国兼画阴阳，故四面皆圆满也。凡人正面皆明，而侧处则暗，染其暗处稍黑，斯正面明者，显而凸矣。焦氏得其意而变通之，然非雅赏也。好古者不取。”邹一桂说：“西洋人善勾股法，故其绘画于阴阳远近，不差锱黍。所画人物屋树，皆有日影。其所用颜色与笔，与中华绝异，布影由阔而狭，以三角量之，画宫室于壁墙，令人几欲走进，学者能参一二，亦具醒法。西洋画但笔法全无，虽工亦匠，故不入画品”。这种批评认识上的时代性和局限性是显而易见的，但是可以看出为什么，中国画家在进行艺术实践的时候，它滤掉了对象的光影细节，突出了对象的整体结构的画风的由来。

中国画家对待色彩则要灵活和开放得多。他们把色彩当成是强化对象特征和表现主体情感的手段，为我所用而不拘泥于对象的形貌，既可用丹青作山水，也能以朱砂画松竹。虽然南朝的谢赫在“六法”中提出“随类赋彩”的观念，但是实际上，中国画家在具体实践中，往往采用的手法是“主观色”和“概念色”的作画方法。并秉持“色不碍墨，墨不碍色”的艺术主张。一言以蔽之，即画家在创作中，往往突破了固有色的束缚，而大胆进行色彩的表现。例如，五代·梁·荆浩《画说》中“红间黄，秋叶坠，红间绿，花簇簇。青间紫，不如死。”

中国绘画描绘对象的目的，不像西方写实绘画那样欲图建造一个视觉幻想的世界，而是从一定程度上把绘画当成一种“示意”行为，即通过笔下的形体表示创造者的情意。如郑板桥的诗中所传达的情感“衙斋卧听箫箫竹，疑是民间疾苦声，些小吾曹州县吏，一枝一叶总关情。”通过题在画中的诗，我们可以看出很明显的“示意”的含义，再如，在八大山人的作品《孔雀名花图卷》中，八大山人把本应画的很美丽的孔雀画的比落汤鸡还要丑陋。这其中暗含这对清朝官吏的讽刺，从其题画诗就可以看出。例如“孔雀名花雨竹屏，竹梢强半墨初成，如何了得论三耳，恰是逢春坐二更。”这时，什么明暗光影、色彩斑斓都隐退到创作者的关注视野之外，而借助灵活飞动的线条，挥洒自如的笔墨，造就一个饱含创作主体情感和意志的独特艺术世界，这才是中国画家描绘形象的真正目的

（二）画面构图

中国绘画具有非同西方之“焦点透视”的构图法则。西方的透视画法一般可分为平行透视、成角透视、倾斜透视和曲线透视等几种。它的前提

是在写生取景，首先要确定视向，视向确定了，视圈线才能固定，然后在视圈线的范围内选取画面，并在画面上作出绘画布局。它的前题必须有一个固定的视点，而不能轻易移动。而中国画的透视布局，恰恰相反，例如，一位艺术家如果到黄山去写生，往往采用游览、揣摩、感悟，独特的写生方法。南北朝之前，中国绘画以人物为主，人物居于画面的主要位置，四周或为空白，或以自然景色作为陪衬。这个时期的画面构图多有主次之分，而少有远近之别。这时的中国画这要起着“成教化，助人伦”的社会作用。到南北朝时期，受道家思想的影响，艺术家们逐渐把目光转向大自然，开始去领略和体会自然美的价值。他们尝试着表现自己从自然中或得的愉悦的心情。发展到后来，使得山水画成为人们足不出户而达到畅神的媒介。在宋代，有关中国画的传统透视的理论和实践，都得到了长足的发展。例如著名山水画家郭熙在《林泉高致》中描绘了三种透视的方法即高远、深远、平远。所谓高远就是指从山下往山上看，大山显得突兀，谓之高远。所谓深远就是指从山前往山后看，大山显得深邃，谓之深远。所谓平远就是指从近山遥望远山，山水显得飘渺谓之平远。在宋代另外一位很有造诣的美术理论家是韩拙，他在《山水纯全集》里也提出了三远有近岸广水，旷阔遥山者，谓之阔远；有烟雾冥漠，野水隔而仿佛不见者，谓之迷远；景物至绝而微茫飘渺者，谓之幽远。郭熙的三远主要指北方的崇山峻岭的画面的构图安排。而韩拙的三远是指在山水画中处理江南丘陵风景的构图安排。然而，中国山水画构图中“近大远小”的比例关系，与西方写实绘画所用的“焦点透视法”并不相同。“焦点透视”明确认定了作画者或观画着的眼睛在画面上所处的一个特殊位置，也就是说，作画者与画中对象之间有一种固定不移的空间关系。而在中国传统绘画中却不是如此处理画面的构图的。例如，一代山水画大师傅抱石曾讲“每到一个地方写生，千万不要看到一处风景很动人，马上就坐下来画，把看到的风景如实地搬上画来，这不是中国山水画写生的方法，首先必须“游”。“游山玩水”对中国山水画家来说，就是深入细致地去观察，一座山，你山上山下，山前山后跑遍了，从高处、低处 不同角度观察它的形象，分析它的特征，对它作全面的了解，你作画时才正真心中有数。“所以中国画特别是山水画，虽然也有“近大远小”的朴素三维空间概念，但从来不刻意描绘由一个固定视点建构出来的世界。因为中国的山水画不是简单的对景写生，不是只从一个特点的视点来描绘对象，画家通过对大自然的丰富感受，打破时间和空间的限制，以自己对自然景物的理解和情感反应为线索来组织画面，假定自己立足于高空，由近及远领略宇宙美景。中国画家喜爱大自然，他们并不是简单的对自然景物进行描摹，而是进行艺术上的再创造。以明末清初的山水画大师石涛的理论是最能说明问题的，例如石涛在其《苦瓜和尚画语录》中说“此于五十年前未脱胎于山川也，亦非糟粕其山川，而使山川自私也，山川使予代山川而言也，山川脱胎于予也，予脱胎于山川也，搜尽奇峰打草稿也，山川于予神遇而迹化也，所以终归于涤也。”① 从以上的论述中，我们可以看出中国画家喜爱大自然，他们并不对自然做一笔一划的模仿，不在画面上再现一个单纯视觉的真实景致，而是投身于田园山水之中，在大自然的怀抱中修身养性，净化人格，开启心智。在自然中，画家的位置是自由而多变的，既可以从浩渺宇宙的角度来观察局部景物，也可以通过展开想象的翅膀，在古与今，天与地，俯视与仰观等领域神思飞扬，去创造艺术作品。就像古人所说的“精骛八极，心游万仞”、“浮天渊以安流，濯下泉以潜浸”、“谢朝花于已披，启夕秀于未振，观古今于须臾，抚四海于一瞬”。在如此的自由的艺术创造过程中，艺术家的艺术灵感被充分的发挥，从而达到甚至在长不盈寸的画面空间里营造出大空间感、恢宏的气势及优美的意境。

（三）整体效果

中国传统绘画对于画面空白的处理是非常独具特色的。宗白华先生曾经指出中国画中这一独特现象：“中国画很重视空白。如马远就因常常只要一个角落而得名‘马一角’，剩下的空白并不填满，是海，是天空，却并不感到空。空白处更有意味。”② 中国画的空白其实也是简约笔墨的结果，钱钟书先生曾讲过：“用经济的笔墨获取丰富的艺术效果，以减削迹象来增加意境。”③ 此外唐代张彦远讲到“疏体画”的用笔特点时，即言“笔才一二，像已应焉。离披点画，时见缺落，此虽笔不周而意周也。”④

---

① 俞剑华：《石涛画语录》，江苏美术出版社，第55页。

② 宗白华：《美学漫步》，第一版，上海人民出版社，1983年版，第33页。

③ 钱钟书：《中国诗与中国画》，见《钱钟书论学文选》六，花城出版社，1990年版，第11页。

④ 俞剑华：《历代名画记》，江苏美术出版社，2007年版，第47页。

中国画家描绘事物以含蓄而鲜明地描绘主体为重，除必要的点缀或陪衬之外，大多不画背景，剔除一切多余之物，在画面上留有较多空白。宋代的画家马远有“马一角”的称谓，而夏珪则有“夏半边”的称谓。就是因为这两位画家，在处理画面的时候，往往留下大量的空白，以画竹子为例，传统画竹如写“个”字、“介”字，也可以理解为双叠“人”字。实际上竹子的生长排列正是如此，在作画时要灵活机动，安排自然，不能只想着写字，忘记是画竹子。不仅要考虑到所画的竹叶的疏密、形态等有形的地方，而且空白地方的处理才是最重要的。因为，画面上那些大小面积不同，形状各异的空白本身，即形成了一种节奏变化，又给观赏者的想象留有自由驰骋的余地，具有不可替代的艺术效果。画面的空白是艺术家简约笔墨的结果，中国画有崇尚简练的传统。

中国画的另一个引入注目的地方，具象与抽象的相互关系。著名的国画艺术大师齐白石曾经讲过“太似则媚俗，太不似则欺世，妙在似与不似之间。”元代的著名画家倪瓒曾经讲过“以中每爱余画竹。余之竹，聊以写胸中之逸气耳，岂复较其似与非，叶之繁与疏，枝之斜与直哉！或涂抹久之，他人视以为麻为芦，仆亦不能强辩为竹，真没奈览者何。但不知以中视为何物耳?”他认为画景只是将内在的情感抒发出来，所借之景像不像所画对象都无所谓。纵使他人将自己所写之竹当作麻蒿、芦苇也根本没有辩解的必要。中国传统绘画的特点，从以上的例子中可以看出，它的特点是既非完全的具象的艺术，也非是完全的抽象艺术。它是介于抽象与具象之间的一种艺术形式。

四、中国传统绘画独特的美学观点及范畴

要想深入比较和了解中西传统绘画的不同，必须了解中国传统绘画独特的美学体系，美学观点，美学范畴。下面分别予以论述。

（一）意境

意境是中国古典美学的重要范畴，也是中国传统绘画最富民族特色的审美标准，既是画家创作的原则，也是鉴赏原则。意境不同于自然主义的摹写或简单的自然忠实，也不同于抽象主义的表现，而是寓情于景，景因

情设，情因景生，从而产生出形象有限而意象无穷的艺术境界——“境”。意境是文艺作品中所描绘的生活图景和表现的思想感情融合一致而形成的一种艺术境界，在一幅优秀的作品上，渗透了画家的情感，使画面呈现出一种“情景交融”的艺术境界，这种艺术境界具有极大的魅力，作品的艺术价值在很大的程度上是通过艺术形象表现出来的，这以形象必须是“形神兼备”的理想的艺术形象，这样才能具有“诗情画意”，引人入圣的效果。宗白华先生在《论中国艺术意境之诞生》一文中指出：“意境是化实境为虚境”。后来，他又说：“艺术家创造的形象是‘实’，引起我们的想象是‘虚’，由形象产生的意象境界就是虚实的结合”那麽，一名在艺术上有深厚造诣的艺术家，在艺术实践中如何做到能是其作品焕发出高雅的意境呢，在进行中国画的艺术创作的时候，应该不仅把绘画看作成为手段，还应当视为目的，孔子说“志于道，居于德，依于仁，游于艺。”，涵泳其中，以画为“寄”、为乐，如此不执着于画，则其品高矣。中国画论讲“师造化”、“师自然”，不滞于实在的个别事物；中国画家讲“师心”，而反对“任意”。写物不挂碍于物，写心不耽溺于一己，写画不止于画，如此，三执破而种种界限泯，正如王国维在《此君轩记》中所概括的：其所写者即其所观，其所观者即其所蓄者也，物我无间而道艺为一，与天冥合而不知其所以然。孔子说：“我欲为仁，仁斯至矣。”〔《论语．述而》〕故境由悟得。在艺术中，作者与意境，处在同位，同一个层面。因此艺术家以如此的状态来进行艺术上的创作，才能在作品中得到较高的意境。

（二）形神统一观

形神是中国传统美学的一对古老的概念，也是绘画美学中运用得最多的概念。在绘画上形与神是辩证的统一体。“神”指人物的个性和精神面貌以及特定环境下表现出来的表情和性格。“形”就是人物的形体结构，位置比例，以及解剖，透视，空间和量感质感等因素。我国东晋时的顾恺之，就指出“实对”是空有形似而不能传神，只有“悟对”才能“通神”就是以形写神达到形神兼备。顾恺之的绘画理论文章共有三篇《魏晋胜流画赞》、《论画》、《画云台山记》。顾恺之认为，画家在反映现实时不仅应追求外在的形象逼真，还应追求内在精神本质的酷似。“神”应该以“形”

为依据。“若长短、刚柔、深浅、广狭与点睛之节，上下、大小、浓薄有一毫失”，就将“神气与之俱变矣”。但是仅仅做到形似，不能反映出绘画对象的特定神气。那麼，“传神”的关键是什么？顾恺之有明确的回答。他认为在绘画中对眼睛的处理最为重要。《晋书．列传》卷六十二记载：“顾长康画人，或数年不点目睛。人问其故，顾曰：四体妍蚩，本无关妙处；传神写照，正在阿堵中。”“阿堵”是无锡方言“这里”的意思，那“这里”是那里，就是指眼睛。画人要传神，画花鸟、山水同样要传神。古代画论说：“曹将军画马神胜形”、“徐熙画花传花神”、“得山之骨与山传神”，这里所说的神就是指事物的内在本质。山水虽然没有生命，但有气势、境界、神态。一幅山水画画出了对象特定的气势、境界、神态，也就是为山水传神写照了。

中国画论认为：没有脱离形的神，神要靠形去表现。不但可以“形写神”，还可以“以神绘形”，“传神写照”神似高于形似。

（三）气韵生动

古代画论词语。意指“六法”中之气韵生动，“气韵生动”是南齐谢赫在道家美学思想基础上提出来的，他把气韵生动放在六法中的第一位，足见其重要性，气韵生动最准确、最集中、最深刻地概括了中国绘画艺术的审美特征和基本精神，是构成中国绘画艺术的传统审美尺度最根本的审美特征。

气韵生动这个命题高于传神写照，着眼于宏观的自然与人生，立足于生命结构和自然生命运动的统一，更具有艺术本体论的深刻含义。气韵或在境中或在境外，取之于四时寒暑晴雨晦明，非徒积墨也，六法之难，气韵为最，意居笔先，妙在画外，如音栖弦，如烟成霭，无风冷冷，水波潺潺，艰苦实践，庶几心会。因为中国绘画艺术受儒、道、释影响是很深远的，所以，对气韵生动的诠释依然是学术上的难点之一，就像老子在《道德经》中所言：“道可道 ，非常道，名可名，非常名。”真正能用语言将它阐述的很清楚，也不是它真正的内涵了。“气韵生动”这一绘画命题有其复杂性和深刻性。气韵不能简单地归结为“笔气”或“墨气”等等，它是由多方面审美因素组成的一个动态的生命结构，古人把这个结构称之为“势”。郭熙在谈山水画时说：“远望之以取其势，近看之取其质“。王夫之也说："论画者曰'咫尺有万里之势'"。气韵生动要求画家放眼自然，胸有成竹，大处落墨，大胆下笔，一气呵成，在有限的画面里去表现无限的生命力和人生哲理。气韵之气在《易纬·乾凿度》有明确的阐述，更能体现出其本真的含义"昔者圣人因阴阳定消息，立乾坤，以统天地也。夫有形生于无形，乾坤安从生？故曰：有太易，有太初，有太始，有太素也。太易者，未见气也。太初者，气之始也。太素者，质之始也。气形质具而未离，故曰浑沦。浑沦者，言万物相混成，而未相离。视之不见，听之不闻，寻之不得，故曰易也。易无形畔。易变而为一。一变而为七，七变而为九。九者，气变之究也。乃复变而为一。一者形变之始。清轻者上为天；浊重者化为地。"可见中国传统绘画受道家学派影响很深，最终形成了独具特色的艺术风格。

（四）天人统一观

古代论画词语，作者以画寓意，描写景物时，名花折枝，构图别致，枝叶婉转，向日舒笑，迎风欹斜，含烟弄雨，初开盛放，布置笔端，具有天然之趣。天人统一观是中国古代的一种哲学思想，其大致内涵是：人和自然的关系不是对立的，而是亲密无间、相互统一的关系。宗炳在《画山水序》明确地提出"圣人含道映物，贤者澄怀味象"。他认为山水画不是对客观存在的机械反映，而是画家主观世界的表现，是蕴含思想、规律、智慧的感悟方式。"澄怀味象"中的"澄怀"有排除杂念、涤荡心胸之意；"味象"，指通过对宇宙万物的关照以观"道"。这种理论可以上溯到老子的"涤除玄览"与庄子的"以天合天"，它充分地说明艺术家应将自己融入自然，在自然中感受生生不息的生命力和诗情画意。艺术创作也应该像自然一样不断变化，自由自在。为了达到这一点，艺术家应该超凡脱俗、弃绝杂念，达到心灵的率直纯洁、精神高雅透彻，技艺毫不造作、自由而自然。在这个思想的影响下，许多文人画家隐居山林，追求自然情趣。例如，五代的荆浩一直隐居在太行山洪谷洞，自号洪谷子，以画山水名于世。善诗文，精通经史。范宽，初学荆浩、李成，后长期居住在太华、终南诸山，心领神会，终于创造出壮美的画面。这些画家在审美标准上提倡"清水出芙蓉，天然去雕饰"、"大巧若拙"、"天趣"、"大朴"。"天人合一"观对中国山水画的发展和影响极大。由于中国美学思想重视自然之美，山水画成了中国画的主流和正宗。天人合一观对南宗山水画影响很大。他们擅长表现高雅静穆和谐的田园诗意。宋代大文豪苏轼曾盛赞唐代的大诗人、大画家王维“观摩诘之画，画中有诗；品摩诘之诗，诗中有画”。其作品《辋川图》描写生活的环境，表现了恬淡闲居的生活理想。

在西方哲学中，人是自然的主宰，人要征服自然、战胜自然，艺术也着重表现人的意识、人的权利、人的欲望和审美趣味、正因为如此，人是西方绘画中的主角，人物画是西方绘画的主流，而山水画则成为中国绘画的主流。

（五）虚实统一观

清代范玑说：“画有虚实处，虚处明，实处无不明矣。人知无笔墨处为虚，不知实处亦不离虚。及如笔著于纸，有虚有实，笔始灵活，而况于境乎？更不知无笔墨处是实，盖笔未到，其意已到也。”、“空本难图，实景清而空景现，神无可绘，真境逼而神境生。位置相戾，有画处多属赘疣，虚实相生，无画处皆成妙境。”“三十辐共一毂，当其无，有车之用。埏埴以为器，当其无，有器之用。凿户牖以为室，当其无，有室之用。故有之以为利，无之以为用。”（《道德经》，十一章）。老子的哲学观点在中国传统绘画中的运用很广泛。

在一幅中国画作品中，虚与实的辩证的统一，才能完成艺术的表现，形成艺术的美。虚实是中国古典美学的一对重要范畴。它们相辅相成，对立统一，在美术创作和美术理论中被运用得十分广泛。可以说，中国画比任何一种画种都格外重视虚实的运用。中国画受老子的哲学思想的影响是很深刻的，老子的“道”通常以两种形态出现，一是“无”，一是“有”，“道”即“无”与“有”的统一，虚与实的统一。他说：“无，名天下之始；有，名万物之母。”“天下万物生于‘有’，‘有’生于‘无’。”“无”即是“道”的特征，是体现“道”的坦途。传统中国画的状态正是这种思辨哲学的状态。饶自然的《绘事十二忌》中第一忌就是“布置迫塞”，认为若“充天塞地”，满幅画了，便不风致了”。既然“有”、“无”是相互的，着笔与空缺同样具有真实意义。画面中的虚无绝不是一片空洞，它代表了云气、水气、神气，是遮蔽、隐约、包含；这种虚无一方面表示着朦胧的物象，一方面隐藏着更多的秘密，没有实际的指向，却有实际的作用。历代的画家将老子的“有”、“无”观念运用在绘画上，解放了视觉画面的局限性，将欣赏者的视线引向了更为广阔的空间，这正是中国画在唐宋以后弃真求写、偏重神似、意笔草草的出发点。正因为如此，“计白以当黑”、“挂一而漏万”才成为中国文人画的基本法则，成为真情实景的补充与升华，而“笔不周而意周”则自然成为中国画最终抛弃西方式写实追求的又一精神基础。此后中国画所不懈追求的弦外之音、笔外之韵，所体现的“气韵生动”的虚灵精神，文人绘画中的“意笔草草，不求形似”的审美意向，都在不知不觉中将老子哲学里的“有”、“无”观念、“虚”、“实”观念贯穿其中。

（六）笔墨和法度

艺术创作需要一定的创作法则，法度就是创作法则的范畴。“法”可以理解为方法、法则、法规。“度”可以理解为标准、尺度、规律、规范。中国画的创作原则是“有常理而无常法，有规律而无定准”。在中国画艺术中，最具代表性的画科是山水画，在山水画理论领域的代表画论是五代的大画家荆浩的“气、韵、思、景、笔、墨”六法理论。具体内容是气——心随笔运，取象不惑。韵——隐迹立形，备仪不俗。思——凝想形物，删拨大要。景——制度时因，搜妙创真。笔——虽依法则，运转变通，不质不形，如飞如动。墨——高低晕淡，品物浅深，文彩自然，是非因笔。关于“气”，荆浩认为“气”来自客观，而在形象中又看不见、摸不着；它随笔而生，寓于象中，是画面的活力所在。关于“思”，荆浩认为构思是将客观与主观结合起来的精神活动，是对生活体验、所见所历的选择、剔除、加工、改造，是主宰画面形象的关键。“删拨大要”即是构思当中的取舍，是山水画中的方法论，放映了艺术源于生活又不同于生活，高于生活之所在。“制度时因”是要求对自然景物的描绘应根据季节时间和环境条件的变化来确定，不可过于泥于形式规则；“搜妙创真”说明艺术创作中选材取景要求以妙为准，并非像形死摹，要在“妙造”的基础上创制“真”，达到形神兼备。关于“笔墨”荆浩将“笔”与“墨”联系起来，并把“墨”作为绘画要素的一种，这是荆浩的首创。作为中国画造型的两大关键要素，“笔”与“墨”在荆浩的《笔法记》中渐已成形。

他将二者有机地结合在一起，不仅是山水画的创作方法，更是山水画的评价标准。那既然在中国画的艺术实践当中笔墨是如此的重要，那麽，在艺术实践当中，笔墨之美是如何达到的呢？在近现代美术史论界有三个重镇，即“余紹宋、于安澜、黄宾虹”。而在近现代的中国画坛艺术造诣最高的四位大师即“吴昌硕、齐白石、黄宾虹、潘天寿。”由此可见集理论和实践于一身的唯一的艺术大师只有黄宾虹。“宾虹广收博取，不宗一家一派，浸经唐宋，集历代各家精华之大成而构成自己面目，我认为在综合方面，宾翁一人而已。” （傅雷《致刘杭书》）。[①] 所以，在诠释“笔”、“墨”的理论方面，黄宾虹的论述是迄今为止唯一被学术界所普遍认可的理论。黄宾虹说：“用笔之法有五：一、曰平。故称执笔必贵悬腕，三指撮管，不高不低，指与腕平，腕与肘平，肘与臂平，全身之力，运之于笔。用臂使指，用力平均，书法所谓如锥划沙是也。二、曰圆。画笔勾勒，如字横直。自左至右，勒与横同；自右至左，钩与直同。起笔用锋，收笔回转。篆法起讫，首尾衔接。隶体更变，章草右转，二王右收，势取全圆，即同钩勒。书法无往不复，无垂不缩。所谓如折钗股，圆之法也。三、曰留。笔有回顾，上下映带，凝神静虑，不急不徐。善射者盘马弯弓，引而不发；善书者，笔欲向右，势先逆左，笔欲向左，势必逆右。算术中之积点成线，即书法中如屋漏痕也。四、曰重。重非重浊，亦非重滞。米虎儿笔力能扛鼎，王麓台笔下金刚杵。点必如高山坠石，努必如弩发万钧。金至重也，而取其柔；铁至重也，而取其秀。五、曰变。李阳冰论篆书云：“点不变，谓之布棋，画不变谓之布算”。三点水为水，四点水为火，必有左右回顾，上下呼应之势，而成自然。故山水之环抱，树石之交互，人物之倾向，形态万变，互相回顾，莫不有情。”[②] 黄宾虹另外又提出了七种墨法的理论主张，这七种墨法为：“浓”、“淡”、“泼”、“破”、“积”、“焦”、“宿”。其中“浓”、“淡”指得是墨色的变化，在宋代，著名的宋徽宗赵佶就擅长使用漆墨来画鸟的眼睛，并可以使鸟的眼睛突出在画面之上，非常地传神生动。在清代“浓墨宰相刘墉、淡墨探花王文治”。就是因为刘墉擅长使用浓墨、而王文治则擅长使用淡墨而驰誉艺坛。“泼

---

① 王鲁湘，《中国名画家全集》，河北教育出版社，2003 年版。
② 赵志均，《黄宾虹论画录》，浙江美术学院出版社，1993 年版。

墨”和“破墨”不是一个概念。泼墨是指大面积的水墨渲染，近现代的艺术大师张大千就擅长此法。而“破墨”指的是“以浓破淡，以干破湿”，它的特点是在未干的墨色上进行或浓或淡的艺术表现，从而使墨色达到“墨分五彩”、“融浑化洽”的艺术效果的手法。“积墨”是墨色运用之中的最难点，它的特点是在干后的墨色上，继续用墨色进行艺术表现。一般来说，先用淡墨积，后用浓墨积，如果先用浓墨积，那么，后用淡墨积，先积之墨，要为后积之墨留有余地。近现代的艺术大师黄宾虹擅长此法。“焦墨”的使用的重心其实是放在“润泽”上，表面上看，墨色非常干涸，焦躁，但是要到达“干裂秋风，润含春雨”的艺术效果才好。它的立足点，不在焦，而在润。近现代的“长安画派”的艺术大师石鲁擅长此法。“宿墨”此种墨法是将新鲜的墨汁隔夜贮存，使得墨颗粒和胶脱离，从而达到在宣纸上有明显的墨色颗粒沉淀的特殊效果，在古代，这种画法往往是被认为是失败的，但是近现代大师黄宾虹本着推陈出新，另辟蹊径的艺术创作原则，而独创的一种画法，极大地丰富了中国传统绘画的技法领域。总之，中国画非常讲究笔法和墨法。笔墨占了绘画六要的三分之一，在笔法中有笔性、笔力、笔姿、笔韵、笔格。中国画的要素很多，笔墨是重要的一条，笔墨的涵义不仅包括 笔法和墨法，还包括皴法、线描、色染、没骨等等技法。例如，皴法是山水画中的常用技法，它一般用来表现山石的质感和土质面貌。唐以前用的很少。李思训开始用首重尾轻，形似钉头的点子来皴山石，画出的效果，像用斧子劈出来的，后人把它叫做“小斧劈皴”。王维还用过密集的短线来皴山石，后人称谓“雨点皴”或“雨雪皴”。由于南北方山脉的地质构造不同，也形成了不同的皴法，一般可以分为斧劈皴、牛毛皴、解索皴、豆瓣皴、荷叶皴、拖泥带水皴、泥里拔钉皴等等。随着线描技法的发展，各种皴法也逐渐增多，如荆浩、关同的斧劈皴，董源的披麻皴，范宽的解索皴，李唐、马远、夏珪的大斧劈皴等陆续出现了。皴法和十八描一样，是画家们根据客观不同的形象创造出来的，都是为了增强和丰富山水画的质感、体积感和厚重感，如卫协尝试过在人物衣褶轮廓线内，再加些附线的作用相同。皴法原只用于山水画，以后人物、花卉、动物也根据各自的画种，适当运用了皴法。这是在实践中对皴法这种线的运用的解放。在用笔上中国画有五忌：忌刻、板、枯、弱、结；讲究用笔“六要”：一是要自然有力，切忌呆滞；二是要有变化、有联系；三是要苍老而滋润；四是要轻松活泼而凝练；五是要刚柔相济；六是要巧拙互用。在中国传统画论中有“道子有笔而无墨，项容有墨而无笔”的论断。也就是说在中国美术史上享有盛誉的唐代大画家吴道子仅得用笔之法，创造了“吴带当风”的线描风格就被誉为“画圣”。可见运笔的重要性，那怎样运笔呢？运笔：笔的运动是为了造成各种线的动势，表现各种线的不同趣味。运笔有多种，如卧笔、拖笔、破笔、顺笔、逆笔等等。用顺笔中锋画出来的线多利、多挺、多秀丽；用逆锋画出来的线多涩、多险、多苍郁。此外，运笔还要注意擒纵、力度、速度、顿挫、回旋、伸缩、转换等。最后，运笔还要注意行与留的关系。凡直平画过去即是“行”，逐步顿挫，不使一下子画过去即是“留”。

古人讲：“画有大法无定法”，“法由我变”，“我之为我，自有我法”。齐白石大师讲得好：“学我者生，仿我者死”。李可染大师也讲：“为什么进去要钻呢？进去不容易，没有一股钻劲，是进不去的。为什么要攻出来呢？出来，求脱，独创，更不容易。没有攻关的精神，是出不来的。所以钻进去不易，攻出来更难！”。[①] 所谓“打进去”就是要继承传统，掌握传统，所谓“跳出来”就是要大胆地革新创造。

（七）中和为贵

要彻悟中国绘画所蕴涵的深层道理与规律，必须弄明白中和原理。中和原理早在中国易学智慧中就已经形成。《易经》中有“尚中正”、“大君之宜，行中之谓也”的卦辞。《礼记．中庸》则进一步从天人关系、宇宙规律的角度给中庸之道以形象而科学的解说：“喜怒哀乐之未发，谓之中。发而皆中节，谓之和。中也者，天下之大本也，和也着，天下之大道也。致中和，天地位焉，万物育焉。”这是中庸的核心思想，是以天道喻人道。其本质是中、和、度。和谐和秩序是宇宙的美，也是人生美的基础，达到这种美的道路。但是中庸之道并不是庸俗一流，并不是依违两可，而是一种不偏不倚的毅力综合的意志，力求取法乎上圆满地实现个性中的一切而得和谐。所谓“中和”就是指统一体的协调和均衡性。“中和”就是适度、中允、不偏不倚、反对过与不及。也就是说既对立又统一的事物，任何一方都不能过分地突出自己，只有相互渗透，相互协调，相互补充，才能达

① 王琢：《李可染画论》，广东高等教育出版社，1992年版，第71页。

到最佳状态。

孔子的“中庸之道”，讲的就是这个道理。“和”是传统的哲学概念，也是传统的美学概念，美就是和，和也就是美。美是调和矛盾以超入和谐。所以美对于人类的情感冲动有净化作用。这个艺术的有机体对外是一独立的“统一形式”，在内是“力的回旋”，丰富复杂的生命表现。这种观念与西方哲学中的“和谐起于差异的对立”基本上是一致的，但是略微不同的是，西方美学更侧重于对形式美法则的探讨，而儒家的中和思想与社会的政治伦理、修德养性有密切的关系，道家则以天地和谐为最高境界，必须抛弃功利杂念，进入“物化之境”。“解衣般礴”就是很典型的例子：“宋元君将画图，众史皆至，受揖而立，舔笔和墨，在外者半，有一史后至者……则解衣般礴裸。君曰：“可矣，是真画者矣。”[①] 庄子的这则寓言原本意在说明道家所奉行的人生态度，即要自然而然，不受礼法束缚，不受外界干扰，讲绘画的故事只是一种借喻。但它却同时说明了在绘画创作中作者应持有的正确心态。这种心态应该舒展胸襟，敞开怀抱，排除杂念，不受功名利禄或仁义礼智等观念因素困扰，保持一种自如真淳的精神状态。

儒道二家的这些思想对中国绘画影响很大；第一，由于崇尚自然，中国的山水画得到了很大的发展，隋唐之后，成为中国画的主流；第二中国的国画很少反映激烈的阶级冲突和社会冲突，追求中和，多表现山水树木，鱼虫花鸟，即便是人物画，也都是“成教化，助人伦”的作品。像《八十七神仙卷》、《听琴图》、《韩熙载夜宴图》、《清明上河图》等等，都充满了祥和、中和的思想倾向，像《自由引导人民》、《希阿岛的屠杀》、《梅杜萨之筏》、《1808 年 5 月 3 日马德里的枪杀》等表现战争或激烈的阶级矛盾和冲突的西方绘画作品，在中国传统绘画中是看不到的，这不能不看出中和思想对中国绘画的深刻影响。

大学生通过对中国传统绘画的系统学习，会大大提高自身审美素养，日本著名美术家中村不析在其所著《日本绘画史》中曾经提到中国画是日本绘画的母体，学习日本绘画而不研究中国绘画是不可思议的，镰仓、室町幕府时期的水墨画，其代表画家雪舟等扬，就是直接继承了中国南宋画

---

① 俞剑华：《中国画论选读》，江苏美术出版社，2007 年版。

家的画风，而富冈铁斋则学习中国文人画风格，都取得了很高的艺术成就。可见中国绘画是东方绘画艺术的代表，对日本绘画的影响是巨大的。中国画是与西方绘画并峙的两座艺术高峰，是非常值得广大大学生同学学习、感悟的。

第十四章　大学生职业规划与就业形势分析

大学生就业难是一个现实问题，更是一个社会问题。社会主义市扬经济体制的建立和发展，产业结构的不断优化升级，正猛烈地冲击着我国的高等教育，大学生就业在社会转型期遇到了很大的挑战，总体就业形势不容乐观。如何解决大学生就业难的问题，成了社会舆论的热点和高校及相关部门工作的焦点。面对严峻的就业形势，从大学生自身的角度来讲，大学生职业规划设计是解决大学生就业难的重要手段之一。同时，科学合理的职业规划是每一个大学生就业的必要工作，也是每一个大学生职业生涯发展过程中的必然要求。

一、大学生职业规划

职业规划也就是职业生涯规划。职业规划是大学生自身根据就业环境、就业能力等相关条件的影响，为创业、择业、就业提供确定的行动方案、行动目标及方向的过程。从动态方面分析，职业规划就是自身对职业发展方向进行的准备和规划，体现预测未来潜力、现实条件、影响因素的能力，制定大学生职业规划以及实现规划实际目标的相关活动。从静态方面分析，职业规划包括的主要内容就是这一环境分析、职业目标、职业方向、职业实践策略、职业能力分析等方案。

“不经历风雨怎么见彩虹，没有人能够随随便便成功”。成功需要积累，需要抓住机遇，而机遇往往只属于有准备的人。人生在世，要干成一番事业，只有树立了明确的目标，才能向着目标的方向努力，才能有意识地收集有关素材，创造有利条件，使事业尽快获得成功。大学阶段虽然算不上是职业生涯阶段，但是属于职业生涯准备期。大学生在学校阶段为自己的职业生涯准备情况，对自身未来的职业发展有着非常重要的影响。职业规划对于大学生实现自己的人生价值，对于一生的幸福和满足具有重要的意义。

（一）大学生进行职业规划有助于确定发展目标和发展方向

在传统理论的影响下，不管是学生自身或家庭，还是学校、社会都具备比较明确的目标，最终目的就是上大学，学生自身始终处于巨大压力中，所以，“在实现完成上大学目标以后，大部分学生都会出现一定的思想放松，形成了比较模糊的发展目标和发展方向。对于上述问题，需要进行有目标、有步骤、有规划的职业生涯规划，促使大学生在所有学习阶段都知道自身该怎样学习和努力，明确自身的发展目标和方向，保证大学生能够健康成长，具有丰富多彩的生活。”①

（二）大学生进行职业规划有助于更好地认识自我、实现自我

国内大部分教育体制还都处于传统模式，大多数学生和家长都把上大学作为最重要的人生目标，很少有人把上大学当做未来职业的准备和积累，所以，当学生进入大学后，需要合理地规划自身职业，分析我想干什么、我是谁、我想成为谁、我能干什么等相关问题。大学生职业规划可以促使大学生发展潜在资质、个性特质，为以后进行就业提供相关价值。对于每个人而言，认识自我就需要进行自我探索。特质因素论创立者帕森斯早在20世纪初期就提出了职业选择的三大任务：正确了解自己、了解外部环境和职业决策。而其中，认识自我是第一位的，是职业规划与发展的基础。大学生在大学期间学习并实践职业生涯规划的理念与方法，在自我成长的道路上将更加具有主动性、目的性和计划性，事业成功的概率会更高。

（三）大学生进行职业规划有助于发掘自身潜力，提高竞争力

随着改革的不断深化和发展，社会竞争越来越激烈，在大学生求学过程中，不能充分了解和分析职业规划的重要性和意义，很多大学生都是毕

---

①　朱晓飞、刘治国：《合理定位自我实现成功就业》，载《卫生职业教育》，2011年第1期，第11—12页。

业时带着求职简历四处投递，浪费了很多时间、资金以及精力，最后仍不能得到满意的工作，想要在社会竞争中体现出自身的优势，需要做好大学生职业生涯规划，明确自身实际。然后进行实践，可以得到一定效果，并且也是更加科学和经济的方式。

（四）大学生进行职业规划有助于形成积极上进的人生目标

积极上进的人生目标为个人努力实现职业目标提供原动力，是实现成功人生的基础。每个人的职业发展都是长期而曲折的过程，都会在前进的道路上遇到挫折和失败。缺乏积极上进人生目标的人，在遇到挫折时意志消沉，丧失重新站起来的力量。拥有积极上进人生目标的人会屡败屡战，越挫越勇，同时他们也会从一时的成功中解脱出来，不断超越自我，去实现更大的成功。

马克思 1835 年在特利尔中学毕业时写的一篇关于人生目标的文章——《青年在选择职业时的考虑》中提出了一些对今天大学生职业规划仍有深刻启迪的看法。他在谈到职业选择时指出："如果我们生活的条件容许我们选择任何一种职业，那么我们就可以选择一种使我们有尊严的职业；选择一种建立在我们深信其正确的思想上的职业；选择一种能给我们提供广阔场所来为人类进行活动、接近共同目标（对于这个目标来说，一切职业只不过是手段）即完美境地的职业。"① 在马克思看来，"我们的使命绝不是求得一个最足以炫耀的职业"，"我们应该遵循的主要指针是人类的幸福和我们自身的完善。"

在现实生活中，很多大学生在高中时把升入大学作为人生的奋斗目标，目标实现后感到非常迷茫。面对新的环境、新的同学、新的学习生活，显得不知所措。这是因为不知道自己的人生目的是什么，不知道自己的人生价值是什么，不知道以什么样的态度面对大学生活。运用职业生涯规划的方法和技术，能够帮助我们全面认识自我，了解社会，找出自己的人生目的，形成高尚的人生价值追求，并以积极的人生态度面对生活。

① 马克思、恩格斯：《马克思恩格斯全集》第 40 卷，人民出版社 1982 年版，第 6 页。

二、大学生就业形势分析

据有关部门统计，2014 年全国普通高校毕业生人数达到 727 万，2015 年全国普通高校毕业生人数达到 749 万，2016 年达到 772 万，2017 年的毕业生总人数达到 795 万，2018 年的毕业生总人数预计将达到 820 万。数字表明：大学生的就业春天不会来临，他们所面临的就业形势依然严峻。教育部要求各地各高校主动对接国家发展战略需求，结合“一带一路”建设、京津冀协同发展、长江经济带发展，引导毕业生到重点领域就业。要结合建设科技强国、质量强国、航天强国、网络强国、交通强国、数字中国、智慧社会要求，促进毕业生到新兴领域就业创业，拓展就业新空间；要加强政策支持力度，出台具体举措，鼓励毕业生到国际组织实习任职；同时，要鼓励毕业生服务国家发展战略，引导毕业生到基层就业创业。

为此，各地要落实基层就业学费补偿代偿等政策，服务乡村振兴战略，继续组织实施好中央基层就业项目，继续做好大学生征兵工作。要充分发挥中小微企业吸纳毕业生就业的主渠道作用，落实优惠政策，鼓励毕业生到中小微企业就业。

据人社部介绍，2018 年就业局势有望继续保持稳定，但就业形势可能更加复杂。从总量上看，就业压力依然存在，今年城镇新成长的劳动力保持在 1500 万人以上，其中高校毕业生达到 820 万人，是近年来的最高值，还有大量的登记失业人员及数百万农村转移劳动力需要就业，难度不小。从结构上看，随着转型升级的推进，劳动者技能水平和岗位需求不匹配的矛盾越来越突出，一方面技术技能人才严重短缺，另一方面部分高校毕业生和低技能劳动者就业更加困难。

（一）近年来我国大学生就业形势的总体形势分析

1. 内外经济增速趋缓，将对就业产生一定影响中国经济整体仍处下滑周期中，经济发展速度的放缓和结构的调整，客观上会对劳动者就业结构产生影响，同时也会对就业总体规模产生挤压效应，对劳动者就业产生影响。尤其是传统支柱产业企业改革的重组加快、淘汰落后产能、部分行业持续低迷及产能过剩将造成结构性失业和转型性失业，就业难度加大。国际经济发展形势仍然不确定，风险和变数依旧较多，欧美主要经济体面临着财政紧缩、主权债务风险上升等诸多问题，新兴经济体面临着经济结构调整、出口下滑等问题，世界经济艰难复苏，影响着出口型经济及就业的发展。

2. 市场预期和企业转型升级对就业的影响依然较大。一是企业转型升级的步伐缓慢。一些中小企业、民营企业技术创新的能力还比较薄弱，产品结构转型的步伐比较缓慢，受国内外市场竞争、产品技术含量、附加值等因素的影响，企业不得已实施低价竞争策略，部分企业过分控制人工成本，支付给员工的工资待遇偏低，导致员工流失；二是部分企业对近期的生产形势不够乐观，裁员频繁，急于消解成本压力，这在一定程度上伤害了员工对企业的感情；三是部分企业的社会责任感比较欠缺，长期沿袭的"需要就招工、不需要就解雇走人"的用工模式伤害了劳动者的感情，让他们没有安全感和稳定感。

3. 社会对于毕业生学历层次的需求越来越高。目前我国中高层次的人才严重短缺，社会对高层次的复合型、外向型和开拓型人才的需求日益迫切，呈现对人才结构的需求层次重心上移的趋势。在毕业生就业中研究生已越来越"抢手"，本科生还能基本平衡，专科生则较明显地呈现供过于求的趋势。高校、科研单位、大机关、大公司已经基本上以接收硕士生博士生为主，甚至连一些中小型单位都开始希望多接收研究生。这种社会现象致使现在不少用人单位存在"人才高消费"的错误观念，盲目追求高学历人才，因而对毕业生的需求出现扭曲，人为地制造了就业难。

4. 毕业生的就业期望值居高不下仍然是目前高校毕业生就业工作中的主要难题。毕业生们普遍感到"找不到理想的单位"，而同时有许多基层一线的用人单位急需人才但又招聘不到毕业生，这就反映出毕业生求高薪、求舒适、求名气的心态仍较普遍，目前毕业生中间以事业发展为重的并不占多数，而是普遍希望能到那些大城市、大机关、大公司、大企业等大单位工作，希望能去的单位名声好、工作条件好、生活待遇好、有出国机会，甚至离家比较近等等。

大多数毕业生想留在大城市、沿海开放城市工作，然而目前实际最需要毕业生的却恰恰是那些边远地区、中小城市、艰苦行业的基层一线中小型单位，这些地区和单位人才奇缺，非常希望能接收到大学毕业生，但年年要人却年年要不到人，没有多少毕业生愿意到这些地方去，分配去的毕业生也容易流失，叫做“要不到、分不来、用不上、留不住”。这样造成毕业生为一个较优越的职位竞争激烈，从而使不少毕业生错过择业良机。

5. 毕业生的能力素质与用人单位的要求存在较大差距。现在用人单位对高校毕业生的敬业精神、职业道德、思想道德觉悟和能力素质水平都提出了越来越高的要求，看重“人品”和能力，对专业反而越看越淡。不少单位已经开始对接收毕业生持“宁缺毋滥”的态度。因此，学生干部和学生党员以及那些综合素质好、动手能力强、敬业精神好以及有各种特长的毕业生越来越受欢迎。高等学校毕业生的就业形势是十分严峻的，即将进入就业市场的大学生应对此有足够的思想准备。

6. 人口结构变化使劳动力供给增长放缓。我国正在发生变化，在一定程度上反映了劳动力供求关系的变化。我国劳动适龄人口的总量开始减少，在新生劳动力供给方面，大学生将占据一半左右的水平，农民工总量特别是跨省流动农民工的增速减缓，并逐步趋于稳定。我国劳动年龄人口2016年达到峰值，总量为9.99亿人，之后逐渐下降，到2020年将下降至9.87亿人。2011—2020年就业年均增速将比前期下降0.9个百分点，拉动经济增长率下降约0.4个百分点。城镇化加速推进所释放的农村富余劳动力和劳动力素质的提高，仍然不能弥补劳动力人数减少对经济增长造成的负面影响。

党和国家对大学毕业生就业高度重视。根据不同的就业形势，国家每年都出台了相应的就业政策和措施，为引导、协调、安排毕业生就业提供了有力的保障；同时，随着社会的迅速进步，知识经济的突起，各种经济成分的共同发展、社会对人才的需求量愈来愈大，非公有制企业、乡镇企业、广大基层和欠发达地区更为毕业生提供了施展才华的广阔用武之地。国家政策大力扶持的就业项目有“预征入伍”“部队士官招聘”“西部计划”“大学生村官计划”“三支一扶”等。另外，国家积极鼓励高校毕业生自主创业的大形势，我们可以在一定的条件下，准商机，挥一技之长，自主创业，自谋职业的道路，解决自己就业的同时，为社会提供了新的就业渠道，缓解了就业压力。

（二）大学生要正确看待就业形势

1. 认真做好职业生涯规划，做好就业准备。职业生涯规划是指在客观

大学生创业就业成功的五种模式

(1) 白手起家打天下——积累演进模式

成功是积累出来的，积累就是让大家首先从小生意做起、从基础做起，在创业的过程中学习积累，把自己的知识和经验像滚雪球一样逐渐滚大，由量变引起质变，最后成就一番事业。大学生的资本就是年轻，较低的其实门槛会使大学生们走很长一段弯路，经历无数的挫折和失败，期间也会有很多的机会与陷阱，这也就意味着必须要付出代价，付出更多的努力，交更多的学费，承受更多的孤独，遭受更多的误解。但也应该感谢这些失败与挫折一次又一次推动自己向前更进一步。道路虽然坎坷，但尽头就是光明。

(2) 站在巨人的肩膀上——依附式创业模式

大学生如果以未来自主创业为目的的就业，首先要做好正确的选择。充分利用好公司或企业的平台资源，广泛结交和积累人脉资源和其他资源。就算比较成熟以后也不要盲目地、急迫地脱离这个平台。尝试利用现有的平台资源为自己做点事，先在职创业，做出了自己的事业基础，等各方面条件充分成熟以后，再开创自己的事业。与个人创业比起来，招商加盟能够为大学生创业者提供已有的品牌、规范的运营模式、健全的市场机制等一系列成熟的经营模式。它分享品牌资源、分享经营诀窍、分享资源支持的特点为大学生创业者省去诸多的创业烦恼，并且提高了创业的成功几率。

(3) 卖大脑空间无限——知识风险模式

知识风险模式就是大学生将自己拥有的专长或技术发明转化为直接的生产力，通过“知本+资本”的方式发展成企业。“知本”就是指大学生创业者所具备某一专业技术特长，或成功研制的一项新产品、新工艺；资本就是指投资者的风险投资。资本助力知本，就能获得成功，知识风险模式主要集中于电子信息、生物技术、高科技农业等技术含量高、知识密集型的行业。

(4) 大树底下好乘凉——模拟孵化模式

如果你已经下定决心创业，创业大赛将为你提供锻炼的机会和展示的舞台，你可以通过这个平台熟悉创业程序、储备创业知识和经验，以及接触和了解社会。业孵化器由于具备创业的良好物理空间和服务体系，是大学生自主创业的沃土。

（5）不走寻常路——网络创业模式

随着网络在我国的飞速发展以及网络经济的迅速崛起，网络经济所蕴含的巨大商机和良好的发展前景使得网络创业成为时代宠儿。网络创业模式包括：创办网站，网上开店，网上自由职业。大学生选择创业模式要根据自己的优势和劣势来选择最适合自己的创业模式，这样，可以去掉很多不利于你创业的因素。创业的舞台是巨大的，只要你怀揣自己的那份创业梦想，凭着一双勤劳的双手，你一定能闯出属于自己的一片天空。（2013 年 3 月 13 日全国大学生创业服务网）

5. 拓宽求职渠道，改变求职方式。大学生应改变“跟风求职”为“个性求职”，以往大学生求职存在“四大集中”，集中时间、集中地域、集中行业、集中用人单位，这不但加大了就业竞争激烈程度，而且导致社会行业的人才分布很不均衡，有的行业存在明显的人才过剩，而有的行业却人才匮乏。大学生应该根据自己的个性、能力、作出个性化的职业选择，不把求职的目光盯在传统的“集中”的区域、行业、单位，拓宽求职的视野；改变“短期求职”为“较长期求职”在选择工作时，大学生不能太理想化，一个人可能要经过 3 至 4 次的选择，才能找到自己喜欢的工作，所以对第一份工作不要太挑剔了。

6. 掌握求职方法，运用求职技巧

有这样一个求职成功的案例：

15 世纪 80 年代初期，即在意大利博学家列奥纳多·达·芬奇画出举世闻名的《蒙娜丽莎》的多年前，他曾在米兰的统治者卢多维科·斯福尔扎的宫廷谋职。达·芬奇很清楚斯福尔扎寻找的是军事工程师，便起草了一封求职信，有趣的是，他只在临近信末处稍稍提及了自己的艺术天赋。他最终被宫廷雇用。十年后，正是斯福尔扎委任达·芬奇绘制了《最后的晚餐》。

尊贵的大公阁下：

对于那些自诩为制造兵器的能工巧匠之人，我充分观察并思考了他们的成就，发现上述兵器的发明及性能与平常使用的并无二致。我对他人不抱任何成见，只是想斗胆求见阁下，允许我将自己的洞见悉数奉上：

1）我规划建造的桥梁轻巧、牢固、搬运便利，可用来追赶或驱逐敌军；同时它也坚不可摧，可以抵御大火和进攻。这种桥梁可轻易装卸。我也有良计能焚毁、破坏敌军的桥梁。

2）在围城之际，我知道如何从城壕中切断水源，也知道如何制造无数桥梁、掩体、云梯和其他工具攻城。

3）围城战时，如因据点地势过高，或因其地形和位置过于坚固，而无法用炮火轰击，只要它的地基不是岩石等石材，我便有方法摧毁每一个碉堡或其他障碍。

4）我还能制造既轻巧又易于搬运的大炮，可用来投掷小石块，犹似下冰雹一般；其中喷出的烟雾能使敌军遭受混乱与重大损失，从而震慑敌军。

5）我也有办法挖掘通往指定地点的坑道和蜿蜒的秘密地道，不出半点声响，必要时可在城壕与任何河流之下挖掘。

6）另外，我能制造带掩体的车辆，坚不可摧，可攻破敌军及其火炮，再坚固的武装也无法抵御。步兵可跟随这些车辆的掩护前行，将毫发无损，畅通无阻。

……

10）在和平年代，我的建筑才华也不亚于任何人，能令阁下称心如意。我能建造公共建筑和民用房屋，还能引水疏流。

我还善用大理石、青铜或陶土雕塑。至于绘画才能，我也绝不逊色于当今任何一位画家。

此外，我自荐承担雕塑青铜马之职，此一雕像将为已故令尊和声名显赫的斯福尔扎家族增添不朽的光彩和永恒的荣耀。

如上述之事有人以为不可能或不可行，我愿随时前往阁下庄园或其他任何地点一一展示。谨此以无限谦恭之忱，向阁下问安。

这个案例告诉我们，要求职成功，需要掌握求职的方法。特别是在就业机制市场化、就业渠道多元化的今天，大学生要想在求职过程中从容应对，找到自己理想的岗位，需要掌握和运用必要的求职方法与技巧：

一是要通过互联网等新兴媒体及其它方式，掌握更多更充分的就业信息。就业信息是选择工作岗位的重要依据，了解和掌握可靠的就业信息，才能争取择业的主动权。不掌握、少掌握或晚掌握就业信息，都可能使自己错失良机。因此，大学生应该以主动、积极的心态，寻找机会。平时多关注各种类型、各种形式的招聘会，企业说明会等企业信息，主动搜集相关的就业信息，而不能只一味地等待。

二是精心策划，做好应聘准备。毕业生获取就业信息后，精心准备好求职材料显得尤为重要。求职材料要紧扣用人单位的录用标准，表述自己的求职动机和优势，做到内容简明清晰、风格独特新颖、态度诚恳友好、材料真实可靠、包装整洁规范，切忌逻辑混乱不清、内容空洞无物、态度怯懦或自我吹嘘，这样才有可能在众多求职者中领先一步。

三是保持良好心态，巧妙应对面试。“由于面试时用人单位与应聘者面对面地交流，而且交流时间非常短暂，在这短短的时间内就会决定自己是否能够被录用，因此应聘者还需要注意给对方留下良好的第一印象，准时到场、打扮得体、称呼恰当、谈吐文雅、行为端庄、态度诚恳、体谅他人，切忌不守时不礼貌、服饰打扮过于夸张、由父母陪同前往、攀附炫耀与重要人物的特殊关系等等。”①

总之，解决大学生就业问题是一项复杂的系统工程，不可能一蹴而就，但是只要正确认清形势，不断提升自我，善于把握机会，敢于挑战困难，大学生施展才华的社会舞台将会更加广阔。

三、大学生职业规划对就业的影响

（一）可以缩短就业时间

就业时间也就是说在大学生刚开始准备找工作的时候，一直到成功就业的过程时间。及早地进行大学生职业规划可以最大限度缩短就业时间，可以让大学生尽可能地了解和掌握就业的相关政策及信息，分析自身的能

① 卢凤菊：《就业形势及应对》载《形势与政策》，山东人民出版社2010年版，第249页。

力、兴趣、优势、性格、劣势及能力。大学生职业规划可以借鉴专业人士及众多信息，帮助大学生冷静合理地分析自身的优势、适合的职业、想要从事的职业、从事职业具备的相关能力。对于没有社会阅历和工作经验的大学生来说，需要不断提高大学生职业规划教育的力度。

（二）可以有效控制人才市场中无序性和高流动问题

在规划职业的过程中，可以让大学生更加理性地对自己进行评价，“给社会中的自身正确、理性、准确的职业定位，保证可以有效控制现阶段就业市场中出现的高校毕业生盲目选择职业以及违约率，从而降低学生无业可就以及用人单位无人可用的现象，促使大学生可以完全就业，促进社会和谐稳定健康地发展。”①

（三）可以明确就业目标及就业方向

由于不断发展的社会出现越来越多的就业、择业、创业压力，只有具备优良成绩并且在正式就业之前就做好一切准备的人，才能够找到更多的就业机会，更好地面对社会选择，进一步在就业的前提下取得成功。美国心理学家约翰·霍兰德合理地把个人职业倾向分为六个方面：开拓型、研究型、常规型、艺术型、实际型、社会型，并且也将职业类型合理分为六种，职业倾向理论主要就是相适应职业类型和职业倾向。社会中所有职业都能够在上述倾向中得到相对应的职业类型。所以，在就业时，大学生需要充分分析职业和职业倾向的关系。现阶段，国内能够清晰认识自身职业规划的大学生数目并不是太多，所以，在就业过程中，大学生会出现相应的盲目性，也可以说大部分都是职业在合理选择大学生，而不是大学生依据自身实际情况来合理选择职业。

（四）增加就业能力和竞争力

合理有效的职业规划需要大学生首先可以充分认知自身的情况，并且有机结合相关规划理论，确定自身的价值观念、个人能力、个性特点、兴趣、气质、性格、缺陷等对发展职业和选择职业具有很大影响的相关因素。所以，大学生需要分析自身的优势和不足，正确理解自身实际特点，合理选择就业目标和方向。现阶段，“大学生存在一种比较普遍的问题，

① 李申亮等：《金融危机下大学生职业规划及就业心里压力问题的调研报告》载《科技信息》，2010 年第 36 期，第 37—40 页。

就是缺乏学习的明确目标，不知道自己将来想干什么、能干什么。因而，就需要不断提高、强化大学生职业规划的理念和意识，促使大学生及早确立奋斗目标和方向，了解和掌握目前社会就业形势、社会急需职业、职业发展空间以及现实和个人发展目标之间的差距，促使大学生可以不断丰富和充实大学生生活，为以后就业奠定基础。大学生从刚入学时，就需要结合未来进行相应规划，在努力学好大学专业课的同时，要有计划地完善自身知识结构。”①

① 蒋嵘涛：《大学生职业生涯规划与高等教育人才培养模式改革的思考》载《湘潭大学学报》，2014 年第 3 期，第 139—142 页。

后　记

此书系山东省高校人文社科研究计划思想政治教育专题研究项目“地方高校大学生形势政策教育研究”（J11SY55）的最终研究成果。本书由烟台大学马克思主义学院孟庆义教授牵头，高常营、刘宗、刘会清、李正梅等人参与撰写，系集体智慧的结晶。具体分工如下：全面认识“一带一路”、供给侧结构性改革与当前经济形势由孟庆义执笔；新时代坚持和发展中国特色社会主义的政治宣言——深入学习和领会习近平新时代中国特色社会主义思想、中国共产党党章的修改及意义、全面从严治党永远在路上、推进生态文明建设美丽中国由高常营执笔；中国传统雕塑艺术、中国绘画艺术由刘宗执笔；中国国际地位的提升、欧洲热点问题、非洲热点问题、非传统安全问题由刘会清执笔；大学生职业规划与就业形势分析由李正梅执笔；另外民族学研究生李园园、刘伟、高晶等人在资料收集、校对等方面做了大量细致的工作。最后由孟庆义、高常营通稿、审订。

以上作者李正梅为烟台大学文经学院教师，其他作者均为烟台大学马克思主义学院教师。

由于水平有限，尽管经过认真修改，呈现在大家面前的这本书难免会存在很多不尽如人意之处，恳请读者谅解。北京人文在线的范继义老师在本书策划方面付出了辛劳，新华出版社徐文贤老师对本书的出版付出了诸多辛劳。此书之所以能够出版，在感到欣慰的同时，必须要对上述单位和个人的大力支持表示真挚的谢意，同时也感谢为本书出版付出辛劳的其他同志。本书在撰写过程中参阅了大量相关文献资料，由于篇幅所限，恕不一一列出，在此一并表示感谢。

作　者

2018 年 3 月